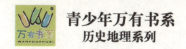

青少年万有书系
历史地理系列

*Zhongguo Guojia Dili*

青少年万有书系编写组 编写

# 中国国家地理

北方联合出版传媒（集团）股份有限公司
辽宁少年儿童出版社
沈阳

## 编委会名单（按姓氏笔画排序）

方　虹　冯子龙　朱艳菊　许科甲

佟　俐　郎玉成　钟　阳　谢竞远

谭颜葳　薄文才

### 图书在版编目（CIP）数据

中国国家地理/青少年万有书系编写组编写.—沈阳:辽宁少年儿童出版社,2014.1（2021.8 重印）

（青少年万有书系.历史地理系列）

ISBN 978－7－5315－6038－8

Ⅰ.①中… Ⅱ.①青… Ⅲ.①地理－中国－青年读物 ②地理－中国－少年读物 Ⅳ.①K92-49

中国版本图书馆CIP数据核字(2013)第003577号

出版发行　北方联合出版传媒（集团）股份有限公司
　　　　　辽宁少年儿童出版社
出 版 人　胡运江
地　　址　沈阳市和平区十一纬路25号
邮　　编　110003
发行（销售）部电话：024-23284265
总编室电话：024-23284269
E—mail：lnse@mail.lnpgc.com.cn
http://www.lnse.com
承 印 厂　三河市嵩川印刷有限公司

责任编辑　朱艳菊　谭颜葳
责任校对　贺婷莉
封面设计　红十月工作室
版式设计　揽胜视觉
责任印制　吕国刚

幅面尺寸　170mm×240mm
印　　张　12　　字　数　330千字
出版时间　2014年1月第1版
印刷时间　2021年8月第3次印刷
标准书号　ISBN 978-7-5315-6038-8
定　　价　45.00元

全案策划　唐码书业（北京）有限公司
WWW.TANGMARK.COM
图片提供　台湾故宫博物院　时代图片库 等
www.merck.com　www.netlibrary.com
digital.library.okstate.edu　www.lib.usf.edu　www.lib.ncsu.edu

# ZONGXU 总 序

青少年最大的特点是多梦和好奇。多梦，让他们心怀天下，志存高远；好奇，让他们思维敏捷，触觉锐利。而今我们却不无忧虑地看到，低俗文化在消解着青少年纯美的梦想，应试教育正磨钝着青少年敏锐的思维。守护青少年的梦想，就是守护我们的未来。葆有青少年的好奇，就是葆有我们的事业。

正是基于这一认识，我社策划编写了《青少年万有书系》丛书，试图在这方面做一些有益的尝试。在策划编写过程中，我们从青少年的特点出发，力求突出趣味性、知识性、神秘性、前沿性、故事性，以最大限度调动青少年读者的好奇心、探索性和想象力。

考虑到青少年读者的不同兴趣，我们将丛书分为"发现之旅系列"、"探索之旅系列"、"优秀青少年课外知识速递系列"、"历史地理系列"、"最应该知道的为什么系列"和"最惊奇系列"六大系列。

"发现之旅系列"包括《改变世界的发明与发现》《叹为观止的世界文明奇迹》《精彩绝伦的世界自然奇观》和《永无止境的科学探索》。读者可以通过阅读该系列内容探究世界的发明创造与奇迹奇观。比如神奇的纳米技术将如何改变世界？是否真的存在"时空隧道"？地球上那些瑰丽奇特的岩洞和峡谷是如何形成的？在该系列内容里，将会为读者一一解答。

"探索之旅系列"包括《揭秘恐龙世界》《走进动物王国》《打开奥秘之门》。它们将带你走进神奇的动物王国一探究竟。你将亲临恐龙世界，洞悉动物的奇趣习性，打开地球生命的奥秘之门。

"优秀青少年课外知识速递系列"涵盖自然环境、科学科技、人类社会、文化艺术四个方面的内容。此系列较翔实地列举了关于这四大领域里的种种发现和疑问。通过阅读此系列内容，广大青少年一定会获悉关于自然以及人类历史发展留下的各种谜团的真相。

"历史地理系列"则着重于为青少年朋友描绘气势恢宏的世界历史和地理画卷。其中《世界历史》分金卷和银卷，以重大历史事件为脉络，并附近千幅珍贵图片为广大青少年读者还原历史真颜。《世界国家地理》和《中国国家地理》图文并茂地让读者领略各地风情。该系列内容包含重大人类历史发展进程的介绍和自然人文风貌的丰富呈现，绝对是青少年读者朋友不可错过的知识给养。

"最应该知道的为什么系列"很好地满足了广大青少年朋友的好奇心和求知欲。此系列分生物、科技、人文、环境四卷，很全面地回答了许多领域我们关心的问题。比如，生命从哪里来？电脑为何会感染病毒？为什么印度人发明的数字会被称作阿拉伯数字？厄尔尼诺现象具体指什么？等等，诸多贴近我们生活的有意义的话题。

　　"最惊奇系列"则为广大青少年读者朋友介绍了许多世界之最和中国、世界之谜。在这里你会知晓世界上哪种动物最长寿，宇宙是如何起源的，中国人的祖先来自哪里，传说中的所罗门宝藏又在哪里等一系列神秘话题。这些你都可以通过阅读《青少年万有书系》之"最惊奇系列"找到答案。

　　现代社会学认为，未来社会需要的是更具有想象力、创造力的人才。作为编者，我们衷心希望这套精心策划、用心编写的丛书能对青少年起到这样的作用。这套丛书的定位是青少年读者，但这并不是说它们仅属于青少年读者。我们也希望它成为青少年的父母以及其他读者群共同的读物，父女同读，母子共赏，收获知识，收获思想，收获情趣，也收获亲情和温馨。

　　谁的青春不迷茫？愿《青少年万有书系》能够为青少年在青春成长的路上指点迷津，带去智慧的火花，带来知识的宝藏。

# Contents

# 目录 >>

**PART 3**

# 江河湖泊

**52**

**PART 4**

# 瀑布泉水　72

# PART 7

# 森林草原
**108**

PART 8

**自然保护区**　128

# Part 1
## 特色地貌

# 黄土高原：
# 中华民族的文化摇篮 ✤

黄土高原是世界上最大的黄土沉积区，沟壑纵横、崎岖不平。它与黄河一样，都是中华民族古老文明的发祥地。据说，中华民族的祖先轩辕黄帝就诞生于黄土高原。千百年来，这片广袤的土地，为中华民族的发展做出了重要贡献。

### ■ 1.世界最大的黄土沉积区

黄土高原是世界上面积最大的黄土沉积区，东西长约1000千米，南北宽约700千米。地理范围大致是北起阴山，南至秦岭，西抵日月山，东到太行山，横跨青海、宁夏、甘肃、陕西、山西、河南6省，面积达64万平方千米。

整个高原黄土的覆盖厚度一般在100米以下，但六盘山以东到吕梁山西侧，黄土层的厚度在100米至200米之间；兰州的黄土层最厚，达300米以上。黄土高原的黄土分布面积和厚度，均居世界之首。

### ■ 2.北风送土和黄河冲积

关于黄土高原形成的原因，在地质界有两种说法：风成说和水成说，即这些黄土的堆积是由于北风送土或黄河冲积。

风成说认为，黄土高原的黄土，来自我国北部和西北部的甘肃、宁夏和蒙古高原，或者是中亚等地的广大干旱沙漠区。这些干旱地区的岩石，白天因日照强烈，受热膨胀；夜晚因气温下降，冷却收缩，逐渐被风化成大小不等的石块、沙子和黏土。每逢西北风盛行的冬春季节，这些地区就会出现沙飞石走、尘土蔽日的景象。久而久之，石块残留在原地形成"戈壁"；沙粒落在附近地区，聚成片片沙漠；细小的粉沙和黏土，则卷在风中向东南飞扬，遇到秦岭山地后，风力减弱，黄土就会沉积下来。这样，经过几十万年的堆积，终于形成浩瀚的黄土高原。

> 黄土高原：
> 黄土主要分布于中亚到我国的西北、华北和东北一带。世界上最大的黄土分布区就位于我国黄河上中游地区的黄土高原。

水成说认为，堆积的黄土，主要是高山上的岩石被风化后形成的粉砂质与黏土质碎屑被雨水带到涧溪，经小河流入大河，又被大河

塞上柳

冲到盆地、平原所形成的。这些河流（主要是黄河及其支流）形成了一个广大的冲积扇，使得河床不断淤积，淤积到一定高度，河道就会迁移，原先的淤积处慢慢变成黄土。随着河床的淤积、河道的迁移，黄土越积越厚，最后终于形成大片的黄土高原。

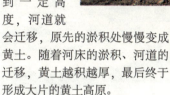

安塞腰鼓：
独具魅力的安塞腰鼓是一种非常独特的大型民间舞蹈艺术形式，像在黄土地上掀起的狂飙，展示出黄土高原农民朴素而豪放的性格。

### ■ 3. 奇特的高原地貌

黄土高原的地貌类型主要分为山、原（或塬）、川三种。

山犹如海洋中的孤岛一样，耸立在高原之上，主要有陇中高原的屈吴山、华家岭，陇东陕北高原上的子午岭、黄龙山等。

平坦的高原平面为塬，适于机械化耕作，是重要的农业区，主要有甘肃东部的董志塬、陕西北部的洛川塬等。塬易受流水侵蚀，被分割成长条状塬地，称为"梁"。梁再被沟谷切割，分散孤立，形成馒头状的山丘，称为"峁"。高原上有很多由梁和峁组成的丘陵，高出沟底大约100米至200米，水土流失严重，是黄河泥沙的来源。

梁峁地区地下水出露，汇成小河，河水中的泥沙沉积后形成小片平原，称为"川"。陕西的渭河平原和山西的汾河平原均为黄土高原上的著名川地。

### ■ 4. 孕育炎黄子孙的窑洞

黄土高原孕育了中国五千年的古老文明，中华民族就是从这里起源的。目前，还有将近1亿的人口居住在这片土地上。

当地人民依据黄土高原的特殊地貌，创造出一种别具风格的民居——窑洞。常见的是在坡上挖开的靠崖式窑洞，一般建在山腰或山脚向阳的坡面上，多为数洞相连，或上下数层由隧道式的小门连接。

在窑洞内，围绕着炕的三面墙上约1米高处，常贴满绘有图案的纸和由烟盒拼贴而成的画，当地人称为"炕围子"，由此形成了黄土高原上独特而悠久的民间艺术——炕围画。窑洞的窗户上都有剪纸组成的各种精致的图案，成为高原上的美丽风景。

窑洞始终承载着古老的黄土文化和人文情结。直到现在，仍是黄土高原居民的普遍住所。

**【百科链接】**

**地理百科：黄土高原的水土流失**

黄土高原地表的坡度较大，土质疏松，植被覆盖率极低，暴雨过后，泥沙与雨水一起向下流，因而水土流失现象极为普遍。目前，黄土高原的水土流失面积占高原总面积的90%，每年流失的土层达1厘米厚，流失速度比形成速度快100倍到400倍。鉴于这种情况，我国政府采取了一系列综合治理的措施，如植树造林、种草、改坡耕地为水平梯田等。

# 三江并流：地球上的历史公园

　　"三江并流"区域位于云南省西北部的横断山区，地处东亚、东南亚、南亚和青藏高原三大地理区域的交会处，是世界上罕见的高山地貌代表地区，也是世界上生物物种最丰富的地区之一。

## ■ 1. 三江并流，四山并立

　　在云南省西北部的横断山脉区域内，金沙江、澜沧江和怒江从青藏高原上奔腾而下，自北向南穿过大小雪山、云岭和怒山山脉，并排向前奔流了400千米，形成了十分壮观的"三江并流，四山并立"的自然奇观。

　　"三江并流"区由八大片区域组成，分别是高黎贡山片区、白茫—梅里雪山片区、哈巴雪山片区、千湖山片区、红山片区、云岭片区、老君山片区、老窝山片区。这八大片区域既有机地结合在一起，又分别代表了不同流域、不同地理环境下的各具特色的生物、地质地貌、景观的典型特征，相互之间具有整体价值上的互补性和典

高山栎：
　　常绿乔木，高达20米，生于开旷山顶，形状呈灌木状。

金沙江马蹄弯：
　　金沙江穿行在川滇边界的深山峡谷间，江面宽阔，水急浪大。当年红军就曾被此江阻拦，最后历尽艰险终于渡江。后来，毛泽东主席回忆起此事，便在《长征》中写下了"金沙水拍云崖暖，大渡桥横铁索寒"的诗句。

型资源上的不可替代性，由此构成了世界上绝无仅有的独特景观。

## ■ 2. "三江并流"的形成

　　大约在距今4000万年前，喜马拉雅山地区发生了造山运动，印度板块与欧亚板块相互碰撞，在板块挤压的过程中，青藏高原地区高高隆起，这使得担当力卡山、高黎贡山、云岭等巨大山脉和怒江、澜沧江、金沙江等大江相互挤压后，在宽150千米的地域内相间排列，从而形成了地球上独特的地理区域——三江并流区。这片区域被地质学家们形象地称为"地球演化过程的备忘录"。

金沙江、澜沧江和怒江"三江并流"是世界上少有的"江水并流而不交汇"的自然地理奇观。"三江并流"的区域是中国生物多样性最丰富的区域，同时也是世界上温带生物多样性最丰富的区域。

澜沧江：澜沧江是中国西南地区的大河之一，发源于青海省唐古拉山北麓，向东南流经云南西部到西双版纳傣族自治州南部，出中国境后改称湄公河。

*特色地貌*

### ■ 3.世界级物种基因库

三江并流地区是世界生物多样性最丰富的地区之一，是北半球生物景观的缩影。它名列中国17个生物多样性保护"关键地区"的第一位，是世界级物种基因库，也是中国三大生态物种中心之一。

由于三江并流地区未受第四纪冰期大陆冰川的覆盖，加之区域内山脉为南北走向，因此，这里成了欧亚大陆生物物种南来北往的主要通道和避难所，是欧亚大陆生物群落最富集的地区，也是许多珍稀的濒危动植物最后的生存家园。

在三江并流地区，一些原始孑遗动物如小熊猫、针尾鼹、林跳鼠等也得以躲过冰期，在此处繁衍生息。此外，三江并流地区还是与我国国宝大熊猫一样珍贵的滇金丝猴的保护区，其他珍稀濒危动物如羚牛、雪豹、黑仰鼻猴、戴帽叶猴、孟加拉虎、藏马鸡、黑颈鹤等也都在此生活。

### ■ 4.怒江地区的古孑遗植物

怒江地区到处是深郁的绿色，这里的许多植物都是300万年甚至是1亿年前的遗留物种，是古热带植物的后裔。

经植物学家测定，1亿多年前，地球上的气候温暖湿润，整个地球被喜欢暖湿气候的绿色植被覆盖。怒江地区许多孑遗植物的祖先就曾是当时地球上最普遍的植物。

随后，严寒袭击了地球，地球进入了第四纪冰期，许多物种相继灭绝。经历这场浩劫后，地球上再度生长起来的已是能够适应寒冷气温的生物。

20世纪初，西方的探险者进入怒江地区时，完全震惊了——他们眼前繁茂地生长着的古老植物正是西方教科书上认定为"化石"的植物。

### ■ 5.金沙江流域秀美的丹霞地貌

金沙江流域广泛地分布着红色的丹霞地貌，因而这片地区就像一位披着红色面纱的妙龄少女，给我国西南地区平添了几分妩媚。尤其是在丹霞地貌分布最为集中的老君山景区，因为奇峰、崖壁的相对高度极大，人们可以从不同角度、不同距离领略到不同的丹霞地貌之美：美轮美奂的悬崖奇峰，有的似情人相拥，有的似千龟爬行，有的似佛僧打坐，有的似美女梳妆，还有的像蒙古包、金字塔……

老君山丹霞地貌：

老君山位于云南省丽江市西部，它的深处有一片神奇的丹霞地貌，过去少有人知。近年来随着丽江旅游业的开发，已渐渐成为一块旅游热土。

**【百科链接】**

**地理百科：天然高山花园**

每年春暖花开时，三江并流地区绿毯般的草甸上、幽静的树林中、湛蓝的湖水边全开满了花，到处都是花的海洋，人们可以观赏到200多种杜鹃、近百种龙胆、报春及绿绒蒿、马先蒿、构兰、百合等野生花卉。因此，植物学界将三江并流地区称为"天然高山花园"。

# 罗布泊：荒漠中的谜题

罗布泊位于新疆若羌县东北部，因地处塔里木盆地东部的古"丝绸之路"要冲而著称于世。罗布泊沿岸至今还保存着不少古迹，包括楼兰古国的遗址。

罗布泊地区环境恶劣，发生过很多离奇的事件，是著名的神秘之地。

## ■ 1. 亚洲大陆的"魔鬼三角区"

罗布泊地区盐壳广布，地貌狰狞，环境十分恶劣。这里年降水量仅10毫米左右，而蒸发量可达3000多毫米，气候奇旱无比。加之平时风沙肆虐，沙暴滚滚，人们根本无法在此地生活。晋代高僧法显就曾在其所著的《佛国记》中描绘过罗布泊地区："沙河中多有恶鬼、热风，遇者皆死，无一全者……"

到了近代，这片"生命禁区"中也曾经发生过很多离奇的事件：1980年，我国著名科学家彭加木在罗布泊考察时失踪，有关部门出动了飞机、军队、警犬，耗费了大量人力物力，进行地毯式搜索，结果却一无所获。1996年6月，我国探险家余纯顺在罗布泊徒步探险时失踪。人们发现他的尸体后，经法医鉴定他已死亡5天，而食物和水就在距离他的尸体不足3000米的地方，简直让人感到不可思议。因此，这片神秘的地方被人们称为"生命禁区"、亚洲

龙城雅丹：
　　龙城雅丹是罗布泊地区三大雅丹群之一，位于罗布泊北岸。土台群皆为东西走向，为长条土台，远看为游龙，故被称为龙城。

大陆上的"魔鬼三角区"。

## ■ 2. 引人遐想的龙城雅丹

如今，干涸的罗布泊地区逐渐遭到风化，形成了大量的雅丹地貌。雅丹，也叫雅尔丹，原是罗布泊地区维吾尔族人对险峻山丘的称呼，现专指干燥地区的一种特殊地貌。它的成因是，由于沙漠里基岩构成的平台形高地内部有节理或裂隙，而暴雨的冲刷使得裂隙加宽和扩大之后由于大风不断剥蚀，渐渐形成风蚀沟谷和洼地，孤岛状的平台小山则变为石柱或石墩。

雅丹地貌由三叠纪、侏罗纪、白垩纪的各色沉积岩组成，这些沉积岩经过天长日久的演变，逐渐形成了这样绚丽多彩、姿态万千的自然景观。

在当地古老的传说中，往往把雅丹称作"龙城"，因为罗布泊周围的典型的雅丹地

罗布泊卫星图像：
　　在中国历史上，罗布泊地区曾经有过辉煌、灿烂的一页。西汉以后，它作为古丝绸之路上的门户，起着联结内地与西域、促进东西方经济和文化交流的作用。

罗布泊又名罗布淖尔，曾是中国第二大内陆湖，孕育过辉煌灿烂的楼兰文明，中国古代地理名著《山海经》称它为"幼泽"。虽然现在罗布泊已经干涸，成为寸草不生的荒凉之地，但它的神秘莫测深深吸引着世界各地的人们。

马可·波罗（1254—1324）：意大利旅行家。1271年取道中亚来中国游历，著有《马可·波罗行纪》一书。

特色地貌

形，既像盘曲的龙又像诡秘的城堡。意大利旅行家马可·波罗来过罗布泊地区之后，也在游记中写道："沿途尽是沙山沙谷，无食可觅，

行人夜中骑行，则闻鬼语。"

## ■ 3. 罗布泊迁移之谜

1876年，俄罗斯探险家普尔热瓦尔斯基在塔里木河下游考察后，在清朝地图标明的罗布泊的位置以南的地方，发现了一个淡水湖，认定它才是罗布泊，而地图是错误的。1900年，瑞典探险家斯文·赫定到塔里木盆地考察后，认为普氏看见的只是喀拉库顺湖，喀拉库顺湖以北的才是罗布泊，他由此提出了著名的"游移湖"理论，认为这两个湖盆中，湖水定期交互游移，周期是1500年。

他还进一步解释说，罗布泊之所以南北游移，是因

**罗布人村寨：**
罗布人村寨正门形如一个戴着帽子的人的头部，两侧是鱼形图腾。

为塔里木河水中携带有大量泥沙。当塔里木河河水注入罗布泊中时，泥沙便沉积在湖盆里，越积越多，从而使湖底抬高，导致湖水往湖边较低的地方流动。原来的湖底露出地面以后，经过一段时间的强风吹蚀，慢慢出现低洼，这时湖水又流到原来的湖盆之中。

"游移湖"理论影响广泛，曾一度被中外科学家所接受。但是20世纪50年代后期和80年代初期，一些科学家结合美国宇航局拍到的罗布泊卫星影像，否定了斯文·赫定的"游移湖"理论。如今罗布泊迁移的原因依然因为证据不足而难以下定论。

## ■ 4. 突然消失的楼兰古城

楼兰古城遗址位于罗布泊西岸，此地人迹罕至，环境异常荒凉、凶险。然而据史书记载，公元前2世纪时楼兰是西域最繁华的地区之一。奇怪的是，声名显赫的楼兰古城在繁荣兴盛了五六百年以后，却突然销声匿迹了，被无声无息地遗弃在沙漠之中。

到了近代，楼兰古城遗址被发现后，世界各国的考古家、探险者在这里发掘出了不少文物，其价值之大震惊世界，其数量之丰难以计数。除新石器时代的石斧、玉斧、石刀、石箭外，还有汉简、汉文书、铜器、玻璃制品、古钱币等等。中外学者盛赞楼兰是一个埋藏在沙漠中的"宝地"，是历史遗留下来的"博物馆"、"东方的庞贝城"。

**【百科链接】**

**地理百科：罗布人**

罗布人是新疆最古老的民族，他们生活在塔里木河畔的小海子边，其方言是新疆三大方言之一，其民俗、民歌、故事等，都具有独特的艺术价值。此外，罗布人是一个单一食鱼的民族，鱼类丰富的营养使许多罗布人都健康长寿，有些人直到八九十岁都是好劳力。

# 云南石林：石头的童话王国 ❧

云南石林地处云南省中部高原腹地，具有世界上最丰富的喀斯特地貌景观，如石峰、石柱、石芽、石钟乳、石笋、溶蚀洼地、地下河流等。因历史久远、类型齐全、规模宏大、发育完整，被誉为"天下第一奇观"、"造型地貌天然博物馆"，在世界范围内享有盛誉。

## ■ 1.典型的喀斯特地貌

石林是喀斯特地貌的典型代表。据科学鉴定，距今2.7亿年前，云南省的路南地区还是一片汪洋大海，海底沉积了厚厚的石灰岩。在中生代地壳运动的作用下，海底上升并露出水面，形成陆地。

后来，在高温多雨的环境中，这些石灰岩在强烈的溶蚀作用和日复一日的风化作用下，先形成石芽，又经过长时间的风剥雨蚀，形成无数石峰、石柱、石笋，最终形成今天这千姿百态的石林。

## ■ 2.奇异的石林景观

在云南省石林区400平方千米的区域内，遍布着上百个大森林一般的巨石群。有的独立成

云南石林：
云南石林是世界唯一位于亚热带高原地区的喀斯特地貌风景区，素有"天下第一奇观"、"石林博物馆"的美誉。

景，有的与其他石群纵横交错，连成一片，占地数十亩、上百亩不等。远远望去，那一支支、一座座、一丛丛巨大的灰黑色石峰、石柱直指青天，犹如一片莽莽苍苍的黑森林，故名"石林"。清朝何彤云曾写诗赞叹它："入望忽森森，苍然石气深。插天青玉笋，坠地碧瑶簪。长讶镡千尺，低犹笋一寻。不逢元镇画，狮子独名林。"

石林中大大小小的石柱、石峰等千姿百态，奇特无比。从近处看，只见座座石头拔地而起，有的巍然高耸、好似刺破青天，有的歪歪斜斜、仿佛摇摇欲坠；从远处看，则是一派犹如波浪翻滚的景象，令人心荡神摇。

这些石柱、石峰仿佛是有生命和灵性的，在外观上很像人或动物。其中既有双鸟夺食、孔雀梳翅、凤凰灵仪、象踞石台、犀牛望月等肖物石，又有唐僧石、悟空石、八戒石、沙僧石、观音石、将军石、士兵俑、诗人行吟、阿诗玛等无数像生石。它们都栩栩如生、惟妙惟肖，令人叹为观止。另有一奇特的"钟石"，能敲出许多种不同的音调，听起来十分悦耳。在比

位于云南省石林县境内的石林是世界上最著名的喀斯特地貌景观之一，该景区内石峰、石柱林立，石芽、石钟乳、石笋遍地开花，地下溶洞层出不穷，其奇特、精致、完整的石灰石溶岩景观有"世界第一奇观"之称。

石钟乳：石钟乳是碳酸盐岩地区洞穴内在漫长的历史和特定地质条件下形成的石钟乳、石笋、石柱等不同形态的碳酸钙沉淀物的总称，它的形成往往需要上万年或几十万年的时间。

特色地貌

目潭附近，还矗立着一座高约10米、上粗下细的危崖石峰，人称万年灵芝，或称蘑菇云。从远处望去，其形状如同原子弹爆炸后形成的蘑菇状烟云，十分独特。

石林中的阿诗玛石像：

　　阿诗玛右手扶着自己的左肩，头巾在风中飘飞着，背篓里装满了山茶花，形象非常逼真。

### ■ 3. 大规模的地下溶洞

　　只要存在喀斯特地貌的地方，就一定存在溶洞。因为石林的发育离不开地下水道的支持。完善的地下水道系统，能不间断地将溶解了石灰岩的水溶液冲走，保证溶蚀过程持续不断地进行下去，最终形成像石林这种规模巨大、造型千姿百态的地貌奇观。而与此同时，地下水道自身也被不断地溶蚀，因此就出现了地下溶洞。随着地壳的运动，地下水会不断改道，于是溶洞也变得错综复杂起来。

　　云南石林地区就有许多神奇的地下溶洞，例如芝云洞和奇风洞等。

　　芝云洞位于石林区西北面约3000米处，是喀斯特地貌的地下奇观之一。洞长为400米，宽3米至15米，高5米至30米，呈"丫"形。洞内有很多石钟乳、石笋、石柱等景观，形态多样，异彩纷呈。

　　奇风洞位于石林区东北面约5000米处，是云南石林风景区众多溶洞中最为奇特的一个。因经常有风吹进洞内，同时洞内的气流也会形成风吹出去，所以，洞中经常发出"呼吓"、"呼吓"的喘息声，像一头疲倦的老牛在喘粗气。

### ■ 4. 阿诗玛的故乡

　　云南石林的魅力不仅仅在于美丽独特的自然景观，还在于石林撒尼土著独具特色的风情。生活在这里的撒尼人，是彝族的一个支系，他们以勤劳、勇敢、热情著称，2000多年来，一直与石林共生共息，并创造出了以"阿诗玛"为代表的彝族文化。

　　其中最有影响的是"一诗"、"一影"、"一歌"、"一节"：彝文记录的古老的撒尼叙事长诗《阿诗玛》被译成20多种文字在国内外发行，同时被改编成中国第一部彩色立体声电影《阿诗玛》，享誉海外；撒尼歌曲《远方的客人请你留下来》名扬天下；每年农历六月二十四的彝族火把节是撒尼人传统的节日，被誉为"东方狂欢节"。

【百科链接】

**地理百科：喀斯特地貌**

　　1893年，南斯拉夫学者斯维奇在巴尔干半岛一个叫喀斯特的地方，首次详细研究了那里因石灰岩的溶蚀而形成的特殊地形。此后，地理学中便将因岩石的化学溶解而形成的地貌称为喀斯特地貌。

　　我国是世界上石灰岩分布面积最广的国家，石灰岩出露面积达125万平方千米，约占国土总面积的13%。同时，我国的喀斯特地貌分布广泛，类型极多，为世界罕见。

◎ 地理位置：广东省北部　　　　◁ 平均海拔：300米至500米
◁ 面　　积：290平方千米　　　　◁ 大事记：2004年2月13日被评为世界地质公园

# 丹霞山：中国的红石公园

丹霞山地处广东省北部的仁化、曲江两县交界地带，是广东省四大名山之一，被誉为"岭南第一奇山"。丹霞山山体由红色砂岩、砾岩组成，"色如渥丹，灿若明霞"，是世界上丹霞地貌发育最典型、类型最齐全、形态最丰富、风景最优美的地方，被誉为"中国红石公园"。

## ■ 1. "世界第一"的丹霞地貌

世界上的丹霞地貌主要分布在中国、美国、中欧和澳大利亚等地，而尤以我国的丹霞山面积最大、发育最典型、类型最齐全、形态最丰富、风景最优美。在世界上已发现的1200多处丹霞地貌中，丹霞山无论在规模上，还是在景色上，皆为"世界第一"。

丹霞地貌刚刚形成的时候，地球上气候炎热，岩石的沉积物中有大量的三氧化二铁聚集，使得岩石出现鲜艳的红色。此后，发生喜马拉雅造山运动，部分红色地层发生倾斜和褶曲，先是形成红色的盆地，再慢慢抬升，形成堡状峰林、石墙或石柱等地貌，之后，流水又把已经形成的峰林侵蚀为丘陵。

河流进一步深切丘陵，使之形成了各种各样的奇峰；峰上的岩层沿垂直节理大面积崩塌形成陡崖坡；陡崖坡再沿主要节理的走向发育，就形成石墙；石墙被流水蚀穿，形成石窗；石窗进一步扩大变成石桥……这一系列变化最终导致了今天丹霞山奇峰林立、形态万千的瑰丽景色的形成。

## ■ 2. 天然的红石雕塑园

在丹霞山风景名胜区中，所谓的丹霞山仅仅是由北部的长老峰、海螺峰和宝珠峰构成的山体。事实上，丹霞山景区包括了由红石组成的整个丹霞山区。

丹霞山风景名胜区由大小石峰、石堡、石墙、石柱以及680多座石桥组成，其中大石峰主峰巴寨海拔618米，其他山峰的海拔大多在300米至500米之间。整个风景区的红色山石错落有致地矗立着，形象各异却又天然和谐，宛如一个红石雕塑园。

丹霞山奇石最大的特点是"雄"，各种奇峰怪石都充满了阳刚之美。其中坐落在锦江之滨的阳元石，俗称"祖石"，造型酷似男性的生殖器，高28米，直径7米，是该景区的标志性景物。当地甚至有"不看阳元石，未到丹霞山"的说法。另有一座奇石与阳元石相对，叫处女渊，俗称"少阴石"、"玉女贞石"，因其形状和颜色都酷似少女的生殖器而得名。它

丹霞山位于广东省北部的仁化、曲江两县交界处，是广东省四大名山之一，被誉为"岭南第一奇山"。丹霞山有着世界上面积最大、发育最典型、类型最齐全、形态最丰富、风景最优美的丹霞地貌，有"中国红石公园"之称。

阳元石：据专家估算，阳元石已经有30万年的历史，被誉为"天下第一奇石"、"天下第一绝景"。

特色地貌

的外廓高10.3米、宽4.8米，内廓高4.3米、宽0.75米，被当地人称作"生命之源"。这两处景观象征着人类最原始的生命力量，具有一种永恒而神秘的美。

### ■ 3. 绮丽多姿的丹霞十二景

明末抗清义士澹归和尚曾在丹霞山挑出十二处风景，命名为丹霞十二景。这十二处风景是：锦水滩声、玉台爽气、杰阁晨钟、丹梯铁索、舵石朝曦、竹坡烟雨、双池碧荷、乳泉春溜、螺顶浮屠、虹桥拥翠、松涧涛风、片鳞秋月。

现在的丹霞山则有了新十二景：丹霞观日、群象过江、峭壁龙腾、玉女拦江、别传梵呗、仙山琼阁、锦岩飞瀑、长天一线、幽洞通天、九索长虹、碧海龙吟、流波撷胜。

丹霞山有许多岩洞，其中锦石岩最为出众，它因石壁五色间错、四时不同而得名。锦石岩由前后4个岩洞连成一体，分别叫千圣岩、祖师岩、伏虎岩和龙王岩。其中伏虎岩最大，洞深20多米，高约4米，可容数百人。与伏虎岩紧靠的是龙王岩，其洞内壁有一条因岩石皱起形成的蜂房形的纹路，长数十米，状如鳞甲，时隐时现，就像一条鳞甲鲜明的巨龙穿行于岩洞中。"巨龙"身上这些惟妙惟肖的"龙鳞"，表面附生着一种微生物，可随气温和湿度的变化而变换出赤、橙、黄、绿的颜色，显得斑驳陆离，十分神秘。此处就是丹霞山古十二景中的"片鳞秋月"，也称"龙鳞片甲"。

### ■ 4. 梵音弥漫的别传寺

在丹霞山，有一处景点无论古今，都被列入了丹霞十二景之中：每当丹霞山上别传寺

少阴石：
石高10.3米，宽4.8米。其形状、比例、颜色简直是一具扩大了的女阴解剖模型，被称为"母亲石"、"生命之源"。

的僧人理佛之时，寺内便钟鼓齐鸣，梵呗之音弥漫半山，古称"杰阁晨钟"，今言"别传梵呗"。

别传寺原建于明末清初，据说当时明朝遗臣李永茂和弟弟为避乱世，将丹霞山买了下来，并居住在此。不久，他的弟弟将丹霞山捐出，请澹归和尚建立寺院。澹归及其弟子经过一番努力，终于建成了一座颇具规模的寺院，取"不立文字，教外别传"之意，名别传寺。后来，此寺成为岭南十大古寺之一。

别传寺自建成后曾几经兵劫和火灾，1980年得以重建，现有大雄宝殿、天王殿、钟楼、鼓楼、禅堂、念佛堂、三圣殿、观音堂、菩提精舍、客堂、斋堂、老人堂以及僧舍等十多座建筑。这些建筑背靠长老峰，面对云海，前后相连，左右对称。整个建筑群红墙黄瓦，斗拱飞檐，辉煌而又不失庄严，与丹霞山交相辉映。

**【百科链接】**

**地理百科："丹霞地貌"名称的由来**

20世纪30年代至40年代，原中山大学陈国达教授提出了"丹霞地形"的概念。40年代至70年代末，原中山大学吴尚时、曾昭璇教授将红层地貌作为独立的岩石地貌类型进行了系统的研究，将"丹霞地貌"这一名词广泛传播。80年代以后，科学工作者先后对我国的400处丹霞地貌进行了实地考察，并将考察结果向全世界宣布。

# 雁荡山：古火山演化的教科书

　　雁荡山位于浙江省乐清市境内，因"岗顶有湖，芦苇丛生，结草为荡，秋雁宿之"而得名。雁荡山景色奇绝，自古以来素有"海上名山"、"寰中绝胜"之美誉，历史上很多名人雅士都对它作了很高的评价，称其为"东南第一山"。

## 1. 古火山地质博物馆

　　雁荡山是亚洲大陆边缘环太平洋火山带中最完整、最典型的白垩纪流纹质古火山。它比安第斯火山带和美国西部火山带还要古老和神奇。雁荡山就像一本教科书，用1亿多年地质作用所造就的优美的自然景观生动地向我们展示了中生代古火山爆发、演化的历史和深部地壳、地幔相互作用的过程，这种完整而又绝美的景观在世界上都是少有的。

　　地质考察的结果显示，雁荡山原本是火山地带，形成于1亿多年前。到了4000多万年前，雁荡山所在的地方被海水淹没，整个山体被海水侵蚀；过了2000多万年，随着地貌的变化，它又从海底逐渐升起；到了冰川期，雁荡山遭遇了冰川洪水，岩体进一步崩解和剥蚀，导致岩体裸露，最后形成了众多的深谷、峰林，因此雁荡山有"造型地貌博物馆"之称。

## 2. 天下灵峰北雁荡

　　雁荡山按地理位置，可分为北雁荡山、中雁荡山、南雁荡山、东雁荡山和西雁荡山。其中北雁荡山就是我们通常所说的雁荡山风景区。北雁荡山最初因为山下有一个芙蓉村而被称为芙蓉山，唐代的时候才改称雁荡山。明朝陈仁锡题了"花村鸟山"的词，意思是雁荡山的村子以花为名，而山又以鸟为名。

　　北雁荡山山体奇特，景色丰富多彩，峰、嶂、柱、墩、岩、石、洞、穴等一应俱全，它们相互结合，构成了变化多端、妙趣横生而又气势磅礴的景观。北雁荡山的水景也别有一番迷人的姿态，有溪有泉、有洞有潭，更有激荡的瀑布，令人不禁为之叫绝。

> 雁荡山：
> 　　雁荡山位于中国浙江省乐清市境内，素有"寰中绝胜"、"海上名山"之誉。

位于浙江省乐清市境内的雁荡山是环太平洋火山地震带中最完整、最典型的白垩纪流纹质古火山，被称为"古火山地质博物馆"。雁荡山风景秀丽、景色怡人，奇峰异岭众多，享有"海上名山"、"东南第一山"等美誉。

果盒桥：鸣玉溪上的果盒桥横跨在凝碧潭上，紧靠果盒岩，与凝碧潭、果盒岩合称为"果盒三景"。

特色地貌

**雁荡山灵峰：**
灵峰景区为北雁荡山的东大门，总面积约46平方千米。它以悬崖叠嶂、奇峰怪石等著称。

## 3.寰中绝胜——雁荡三绝

灵峰、灵岩和大龙湫是北雁荡山较出名的三处景点，简称"二灵一龙"，自古以来被誉为"雁荡三绝"。

灵峰景区是北雁荡山的东大门。沿着山脚的鸣玉溪溯游而上，只见幽幽的古洞、高耸的危峰伴着潺潺的溪水——一展现。当夜色朦胧时，群峰在夜幕的衬托下呈现出形态各异的倩影：有的像雄鹰敛翅、有的像犀牛望月、有的像相思女、有的像夫妻……这些幻影惟妙惟肖，让人叹为观止。上到塔头岭后往下走，向右进入南坑可以抵达真济寺，一路上两山夹溪，溪伴驿道；向左经卷云谷可以到达长春洞，感悟古洞奇穴之幽奥、佛寺道观之清净，又是一番别样的情调……

灵岩景区是北雁荡山的中心地带。穿过钟鼓岩，进入安禅谷，只见这里古木参天、绝壁四合，让人感觉好像到了世外仙境。而站在谷内的灵岩寺前，仰望苍茫的天空，环视耸立的奇峰，肃穆的景色不禁让人屏息凝神。从灵岩寺向右攀登可以到天窗洞、霞客亭、莲花洞，在探险寻幽的过程中，俯览灵岩诸景；向左攀登可以到龙鼻洞、小龙湫、卧龙谷，在欣赏惊险奇绝之胜景的同时，享受登山览胜之愉悦。此外，灵岩也是雁荡山的文化圣地，许多文人墨客都曾在此赋诗为文歌咏灵岩，从而使得雁荡山名扬天下。

大龙湫景区是北雁荡山的标志性景点之一。大龙湫瀑布是中国四大名瀑之一，可与黄果树瀑布相媲美，因而大龙湫景区深受游人称赞。大龙湫景区不仅以飞瀑、奇峰、巨嶂、碧潭称胜，更有"谢灵运履痕"等多处历史遗迹（雁荡山有18处宋代古刹遗址，大龙湫占了7处）。难怪有人说，雁荡山的人文历史在大龙湫得到了充分展现，可谓"千年雁荡看龙湫"。

# 火焰山：中国西部的大火炉

火焰山位于新疆吐鲁番盆地北缘，古时被称为赤石山；唐人曾把它命名为"火山"；维吾尔语称它为克孜勒塔格，意思是红山。

火焰山寸草不生，每当盛夏来临，红日当空，地气蒸腾，山上焰云缭绕，山体形如飞腾的火龙，十分壮观。

## ■ 1. 中国最热的地方

火焰山呈东西走向，东起鄯善县兰干流沙河，西止吐鲁番桃儿沟，最高峰在鄯善县吐峪沟附近，海拔851米。

火焰山山体雄浑，靠近它时，灼热的空气会使人产生幻觉，以为整座大山是正在燃烧着的"熊熊烈火"，同时会感觉到一股股炙热的气流扑面而来，令人汗流浃背、头昏目眩。

火焰山夏季最高气温达47.8摄氏度，地表最高温度达70摄氏度以上，山顶温度可达到80摄氏度，山脚下的沙窝里可烤熟鸡蛋。因此，火焰山称得上是中国最热的地方。不过，这里的昼夜温差也很大，正像当地民谚说的："早穿皮袄午穿纱，守着火炉吃西瓜。"

火焰山：

　　火焰山山脉呈东西走向，东起鄯善县兰干流沙河，西止吐鲁番桃儿沟，长100千米，最宽处达10千米。这里重山秃岭，寸草不生。每当盛夏，红日当空，地气蒸腾，焰云缭绕，形如飞腾的火龙，十分壮观。

## ■ 2. 高温干旱和热量聚集

火焰山上的温度如此之高，是因为火焰山深居内陆，湿润气流难以进入，因而云雨稀少，气候十分干燥。同时，这里地处高原，云层稀薄，太阳辐射的能量难以被大气所吸收，大部分热量直接到达地面，而干旱的地面又没有水分可供蒸发，热量散发得少，因而，地面温度越升越高，高热的地面又把能量源源不断地传给大气，于是山周围就产生了蒸腾的热气。再加上火焰山地处闭塞低洼的吐鲁番盆地中部，阳光辐射积聚的热量不易散失，更加剧了增温作用。所以，即使站在远处看火焰山，也会清楚地看到整座大山在灼热阳光的照射下涌出滚滚热浪，并有绛红色的烟云蒸腾缭绕，好像一大盆炭

火焰山位于新疆吐鲁番盆地北缘，夏季最高气温达47.8摄氏度，地表最高温度达70摄氏度以上，山顶温度可达到80摄氏度，是中国最热的地方。在神话小说《西游记》中，唐僧师徒被这里的熊熊烈焰所阻，幸好孙悟空借来芭蕉扇，才得以熄灭火焰，继续西行取经。据说现在这里还有唐僧的拴马桩和踏脚石。

新疆歌舞：新疆维吾尔族舞蹈的特点是与民间音乐结合得十分紧密。舞者从头、肩、腰、臂、肘到膝、脚都有动作，传神的眼神更具代表性。

特色地貌

火在燃烧。

## ■ 3. 唐僧的拴马桩和踏脚石

拴马桩和踏脚石是火焰山上两个奇特的景观。站在山下的312国道上向西北望去，只见火焰山山顶上有一石柱巍然矗立，形同木桩，人称"拴马桩"。据说当年唐僧赴西天取经，路过此处，曾把白龙马拴在石柱上，拴马桩由此而得名。离拴马桩不远处，有一巨石，相传是唐僧上马时用的踏脚石。由火焰山南麓的木头沟进入火焰山腹地西洲天圣园，就能看见唐僧师徒四人西天取经的群塑，群塑形态生动，表情逼真。

## ■ 4. 最壮美的峡谷——吐峪沟

由于地壳运动与河水切割，火焰山一带留下了许多沟谷。虽然火焰山上炎热难忍，但这些沟谷中却绿荫蔽日，流水潺潺，风景秀丽，瓜果飘香。

在这些景色怡人的沟谷中，最著名的当数吐峪沟大峡谷。该峡谷位于鄯善县境内，北起苏巴什村，南到麻扎村，长约12.5千米，面积约为12平方千米。

峡谷内有火焰山的最高峰，海拔851米，气势磅礴；峡谷的东西两峰，素有"天然火墙"之称，温度最高时可达60摄氏度；峡谷两岸山体本是赭红色，在阳光的照耀下显出五彩缤纷的光环，且色彩浓淡随天气的阴晴雨霁而变化；谷底的小溪蜿蜒曲折，十分清澈；此外，峡谷内还有千姿百态的奇石，奇石上面有红、黄、褐、绿、黑等多种色彩组成的图案，就像一幅

吐峪沟：
吐峪沟大峡谷是我国西部极具神秘色彩的地方，也是多种宗教文化的交会地。

幅多彩的油画。

## ■ 5. 瓜果飘香的葡萄沟

葡萄沟是火焰山西侧的一个峡谷，南北长8千米，东西宽0.6千米至2.0千米。沟谷西岸悬崖对峙，崖壁陡峭，犹如一道天然的屏障，东岸则比较平缓。沟谷内溪流不断，溪水十分清澈。溪流两侧遍布着数不清的葡萄架，使沟内变得绿意葱葱，景色秀丽，同火焰山光秃秃的山体形成了鲜明的对照。

葡萄沟里世代居住着维、回、汉等民族的果农，他们主要种植无核白葡萄和马奶子葡萄，以及玫瑰红、喀什哈尔、比夫干、黑葡萄、琐琐葡萄等优质葡萄。其中，无核白葡萄堪称天下最甜的葡萄。

唐僧取经群雕：
火焰山背后有唐僧师徒取经的群雕。雕像惟妙惟肖，形态逼真动人。

### 【百科链接】

**地理百科：高昌古城遗址**

著名的高昌古城遗址位于火焰山南麓的木头沟河三角洲，是古丝绸之路的重要门户。维吾尔语称其为都护城，即"王城"之意。高昌古城始建于公元前1世纪的汉代，为古代高昌回鹘王国的都城。汉唐以来，它一直是联结中国内地和中亚、欧洲的枢纽。

# 织金洞： 岩溶博物馆

织金洞原名"打鸡洞、乾宏洞"、"织金天宫"，位于贵州省织金县城以东23千米的官寨乡东街口。织金洞的景观，囊括了世界目前所发现的各种岩溶形态，它既是一座岩溶博物馆，又是地下艺术宝库，堪称"世界岩溶奇观"。

## ■ 1. 地下艺术宫殿

织金洞是世界上景色最美、造型最奇、容积最大的溶洞之一，享有"溶洞之王"、"天下第一洞"、"岩溶博物馆"、"地下艺术宫殿"等美誉。

织金洞是一个巨大的、系统的岩溶洞穴，属高位旱洞。它全长12.1千米，总面积70万平方米，最宽的地方可达到175米，最高的地方达到150米。洞内的岩溶堆积物最高处达70米，平均高度也有40米。由于洞内地形起伏、岩质复杂，岩溶物有着多格局、多类型、多阶段的特点，因此，织金洞除了可供旅游观光之外还有很高的科研价值。

织金洞的整体气势十分宏大，洞内共有11处大厅、47处小厅可供游览。厅内景点极多，景致迷人，可谓包罗万象、风光无限。像"地下塔林"、"铁山云雾"、"广寒宫"、"灵霄殿"、"银雨树"、"卷曲石"、"雪香宫"、"讲经堂"等造型奇特的景观比比皆是，这些景观简直就像一幅幅隽美的画卷，令人不由得发出阵阵赞叹。

## ■ 2. 宏伟壮观的广寒宫

广寒宫是织金洞的58个厅堂中最大的一个，"大"、"奇"、"全"这三方面特征在广寒宫内得到了完美的体现。整

> **织金洞霸王盔：**
>
> 织金洞最美之处在于洞腔空间的宏大壮阔而富于变化，景观壮丽雄浑，空间与景观的组合疏密有致、精妙绝伦。其中，霸王盔更是鬼斧神工、令人称奇。

位于贵州省织金县县城以东23千米的官寨乡织金洞是亚洲第一大溶洞，洞中有地下宫殿、地下塔林、讲经堂、雪香宫等奇特景观。织金洞也是世界上景色最美、造型最奇、容积最大的溶洞之一，享有"溶洞之王"、"天下第一洞"的美誉。

苗族少女：织金洞位于苗族地区，在这里，可以尽情领略苗族人射弩的伟力，可以与苗胞相携跳起芦笙舞。

特色地貌

个广寒宫长400余米、宽100米、高70余米，面积达5万多平方米，规模宏伟壮观；同时，宫内钙质沉积物种类丰富，琳琅满目。

广寒宫中群峰耸立，陡峭险峻，两峰之间却是开阔的平地，地下湖也为该宫增色不少。宫内有60余米高的"梭罗树"，上面长满了成千上万朵石灵芝，堪称奇绝；又有高17米的帽状石笋——霸王盔；还有一尊高50米的石佛巍然耸立，栩栩如生；更有洁白如玉的"银雨树"从白玉似的"托盘"中冲天而起，亭亭玉立，美丽无比。据说，形成"银雨树"这样巨大的花瓣状石笋，需要15万年的时间。

### ■ 3. 姿态万千的地下塔林

地下塔林是织金洞中一处有名的景观，又称"金塔城"，里面有岩溶堆积成的石塔100余座，颜色金黄，熠熠闪光。这些石塔最高的有30余米，底部直径达20余米，形态各异，气象万千。

塔林洞内有一处有名的"塔松厅"，里面有两株位置相对的石松：一株呈黑褐色，高5米，酷似针叶的钟乳石聚成片状凝结在主干上；另一株高近20米，层层叶面上如覆白雪，因而得"雪压青松"之名。

### ■ 4. 神话世界讲经堂

织金洞中有这样一处非常奇妙的景观，它的岩溶堆积物形状好像罗汉在讲经，因而得名"讲经堂"。讲经堂长约200米，堂中央有一个面积300平方米的水潭，被其中升起的钟乳石分成两部分，人们形象地称其为"日月潭"。"日月潭"中的岩溶物高20余米，上下分3层，形如宝塔，顶端岩溶堆积物的形状好像一尊佛在聚神讲经。而东侧半圆形石台上的岩溶堆积物形如众多罗汉齐集谛听：有的手捧经卷，有的托腮凝思，有的低头默想。游人如果长驻于此，便仿佛进入了神话世界，奇趣无穷。

洞壁上的岩溶物异彩纷呈，好像七色俱备的天然壁画，画中有山峦、林海、田野诸景，

织金洞：

织金洞风景名胜区以织金洞为主体，包括织金洞景区、织金古城区、洪家渡高原平湖景区、裸结河景区，总面积307平方千米，是1988年国务院审定公布的第二批国家级重点风景名胜区之一。

蔚为壮观。洞下潭北是一个陡坡，沿着坡上的石径盘麓而上，伸手便可摸到顶棚，这里叫作"摩天岭"。"摩天岭"左侧有九根石柱，并排竖立，形如蟠龙，从洞底直抵顶棚，如"九龙撑天"，这里是全洞最矮处。

### ■ 5. 北国风光雪香宫

雪香宫是织金洞中的又一胜景，全长300余米，里面的岩溶堆积物如茫茫雪原，俨然一派北国风光。宫中有自然形成的谷针田、珍珠田、梅花田20余块；有大小不一的石盾20余面；有数十面红色透明的钟旗，敲上去会发出钟鸣的声音；还有百余株石竹形成的"竹苑"，呈现出一派田园风光，意趣横生。在200余米长的洞厅顶棚上，布满数万颗晶莹透亮的卷曲石，有的横生，有的倒长。这一切让游人感到如梦如幻，好像进入了童话世界。

**【百科链接】**

**地理百科：织金古城**

与织金洞相距23千米，素有"小桂林"之称的织金古城，是贵州省的4个历史文化名城之一。城中有很多庙宇、阁、石拱桥，与奇山、秀水、清泉相映成趣，再加上明代奢香夫人和清代重臣丁宝桢等名人遗迹，使织金古城成为自然景观和人文景观相结合的风景名胜区。

◁ 地理位置：新疆准噶尔盆地东南部　　◁ 地　貌：雅丹地貌
◁ 面　积：约3平方千米

# 五彩湾：大自然的抽象派绘画

在新疆准噶尔盆地东南部的吉木萨尔境内，有一片五彩缤纷的区域，叫作五彩湾。五彩湾又称五彩城，因其五彩缤纷的地貌特征而得名。

五彩湾西邻沙漠，北靠卡拉麦里山，好像大自然的神来之笔在新疆大地上创作的一幅抽象派绘画作品。

## ■ 1. 煤层燃烧后的奇特景观

五彩湾仿佛一个梦幻世界，到处都是光怪陆离的色彩，鲜艳而层次丰富，令人目眩神迷。顺着山势望去，只见那些大小不一、错落有致的山岗都是五颜六色的，而且呈现出千姿百态、扑朔迷离的景象。

神奇的五彩湾完全是大自然的杰作。几十万年前，由于地质变化，这里储藏了大量的煤层。后来在某个地质时期，由于地壳的强烈运动，地表凸起，那些煤层也随之露出地表。经过烈日暴晒，雷电袭击，地表上的煤层开始燃烧。燃烧的面积越来越大，便形成了烧结岩堆积的大小山丘。由于各个地质时期煤层中矿物质的含量不尽相同，燃烧后的残留物颜色便丰富多样，因此这里就呈现出以赭红为主，夹杂着黄、白、黑、绿等多种色彩的绚丽景观。

## ■ 2. 变化多端的自然色彩

五彩湾颜色绚丽，一座座小山丘连绵起伏，千姿百态，色彩会随着时间的推移发生变化。五彩湾在早、午、晚3个时段所展现的姿态各不相同，给人的感觉也大不相同。

早晨，红红的太阳从东方升起，散发出万道光芒。碧蓝的天空飘浮着一朵朵棉花一样的白云，连绵起伏的山丘，如同一个刚刚出浴的圣女，身披五彩的飘带，伫立在晨曦之中，秀雅而多姿。

中午，光照强烈，仿佛整个世界的阳光都聚集在了这里，让五彩湾变得炙热如火。那些山丘的色彩在阳光的照耀下渐渐淡化，只能看见一层白色的光环。同时，炙热

> 五彩湾：
> 　五彩湾就像是一幅色彩纷呈的现代派绘画，又像一个身着彩衣，面东而视的沉静美人。

五彩湾位于新疆准噶尔盆地东南部，这里有千姿百态、色彩缤纷的各式山岗，地表的颜色还会随着一天中时间的不同而发生变化，形成光怪陆离的奇观异景。

玛瑙石：玛瑙是一种胶体矿物，在矿物学中，它属于玉髓类。玛瑙纹带美丽，是人类最早利用的宝石材料之一。

**白垩纪时代：**
　　地质学家和古生物学家根据地层自然形成的先后顺序，将地层分为5代12纪。白垩纪是中生代的最后一个纪，距今1.37亿至6500万年。

的空气仿佛一场熄灭了几万年的大火在重燃。

　　黄昏，阳光渐渐变得柔和，落日的余晖使那些本已淡化的色彩突然恢复了光彩，五彩湾又变得绚丽多彩。被晚霞映红的天空就像一块柔软的面纱，和五彩湾融合在一起，让人感觉似乎进入了美丽的梦境。

　　夜色下的五彩湾则安详而静谧。星光熠熠的夜空下，五彩湾浸润在一片如水的月光里，若隐若现的山头就像一片灰色的云烟，更给这里增添了几分神秘色彩。

## ■ 3. 曾经的恐龙家园

　　侏罗纪、白垩纪是地球上生物大爆发的时期，而远古时代的新疆处于热带气候之中，暖热湿润，植被十分繁茂，正好为巨型爬行动物——恐龙和其他大型动物提供了充足的食粮，使它们得以生存、繁衍。

　　沧海桑田，海陆变迁，如今，在厚厚的沉积岩层中，人类可以发现当时的生物的遗体、遗迹，并根据它们来推测地球斗转星移的变化。自20世纪20年代末起，我国地质人员先后在这一带进行了深入考察，发现了许多规模巨大、保存完好的陆相、海相动植物群化石点，其中有许多化石还是首次发现的新属种。

　　迄今为止，在这里出土并经中科院古脊椎动物与古人类研究所命名的恐龙化石的种类有：中

**石鸡：**
　　五彩湾不但风光雄奇，还是一个动物王国，栖居着野驴、石鸡等珍禽异兽。

加马门溪龙、江氏单脊龙、董氏中华贼龙、戈壁克拉美丽龙、明星天池龙、五彩湾工部龙和苏氏巧龙，还有一些尚待命名的种类。

## ■ 4. 火烧山和化石沟

　　火烧山是由烧结岩构成的一片赭红色山体。在朝阳或晚霞的映照下，山体仿佛在熊熊燃烧，十分壮丽。

　　化石沟是五彩湾的一大盛景，沟中分布着壮观的硅化木林，各种树木种子化石、果实化石及各种动物化石散布其间。

## ■ 5. 天然宝库

　　五彩湾还是一座天然宝库，储藏着丰富的石油资源和大量的黄金、珍珠、玛瑙等矿产资源。

　　在五彩湾东南1千米处，有一处"玛瑙山"，它的表层盖着半尺厚的彩色粉末和晶莹的玛瑙石，在"玛瑙山"上，游人可以尽情地挑拣、收集玛瑙石。

　　五彩湾的有植被的沙漠地带，还栖居着石鸡等珍禽异兽。

### 【百科链接】

**地理百科：关于玛瑙的美丽传说**
　　传说爱和美的女神阿佛洛狄特躺在树荫下熟睡时，她的儿子爱神厄洛斯，偷偷地把她闪闪发光的指甲剪下来，并欢天喜地拿着指甲飞上了天空。飞到空中的厄洛斯，一不小心弄掉了指甲，而掉落到地上的指甲变成了石头，就是现在的玛瑙。因此有人认为，玛瑙象征爱情的纯洁与圆满。

# 天坑奇观： 天然的漏斗

在我国西南部连绵的群山之中，有一些巨大的坑洞，坑洞周围的悬崖峭壁十分陡直，好像斧砍刀削一般，峭壁围成的坑洞则怆然地对着苍天。这种奇异的自然景观，民间俗称"天坑"，是大自然留给人类的神奇造化。

## ■ 1. 地下水溶蚀出的世界奇观

天坑通常由陡峭的岩壁圈起来，深陷成井状或者桶状的大坑。一般在厚度特别大、地下水位特别深的可溶性岩层中。它往往从地面通往地下，平均宽度与深度均大于100米，且底部与地下河相连接（或者地下河道曾经存在，现已迁移）。

这些仰面朝天的"天坑"，学名叫作喀斯特漏斗或岩溶漏斗。其成因是：在可溶性岩石大片分布且降雨比较丰富的地区，地表水沿着可溶性岩石表面的垂直裂隙向下渗漏，裂隙不断被溶蚀，从而在距地面较浅的地方开始形成隐藏的孔洞。随着孔洞的扩大，地表的土体逐步崩落，最后便形成漏斗状地貌。

世界上的天坑主要分布在中国、俄罗斯、墨西哥、斯洛文尼亚等地。近年来，我国西南各省屡次发现天坑，轰动了世界。

黄猄洞天坑：

黄猄洞天坑位于广西百色市大石围天坑旁，地貌惊险壮观，坑口森林茂密，坑底森林中栖息着大型野生动物野猪，坑内有两个季节性瀑布。

## ■ 2. 惊险奇绝的天下第一坑——小寨天坑

小寨天坑位于重庆市奉节县小寨村，深666.2米，坑口直径622米，坑底直径522米，是目前世界上发现的最大的"漏斗"，被洞穴研究专家评为"天下第一坑"。

小寨天坑不仅巨大，其色彩也极其丰富。绝壁上的岩纹颜色奇特，红、黄、黑相间，犹如一幅国画。此外，飞禽在岩缝中飞进飞出，鸣叫、觅食，又给这幅巨大的国画平添了几分生机。

小寨天坑：

小寨天坑不仅有众多暗河，还有四通八达的密洞，被誉为"天下第一坑"。

站在荆竹乡九盘河右岸的山顶上俯瞰，可以看见几座山峰之间的小寨天坑深不见底，四面坑壁异常陡峭，但奇怪的是，在东北方向的峭壁上，有一条羊肠小道从坑口沿竖直的石壁盘旋而下直至地心深处。

小寨天坑坑壁上有两级台地：位于300米深处的一级台地，宽2米至10米，上面有两间古朴的茅草小屋。据说曾有两户人家在这里隐居，绝壁上的羊肠小道是他们与外界的唯一通道。另一级台地位于400米深处，呈斜坡状，坡地上草木丛生，野花烂漫，坡地旁的坑壁上有几处泉水，倾泻而下。

## ■ 3. 世界上最大的地缝——天井峡

在我国西南省区，有一条从海拔2000米左右的高山河谷中流下来的叫作"撒谷溪"的河流，它不仅溶蚀出了世界最大的天坑——小寨天坑，而且还割裂出了一条最宽处达30米的地

在中国西南部，有一些由石灰石溶岩形成的"天坑"，属于喀斯特地貌，是由于地下水长期作用而形成的。这一地区拥有世界上最大的天然"漏斗"和地缝。"漏斗"所在的小寨天坑更因地貌奇绝，被人们誉为"天下第一坑"。

棕竹：天坑森林的中层，即灌木层，主要生长着以棕竹为优势种群的美丽植物。

特色地貌

林，面积达十几万平方米。

乐业天坑所在地在6500多万年前曾是一片汪洋大海，海底有非常厚的沉积物，以碳酸盐为主的石灰岩占80%以上。此后，海西运动（晚古生代地壳运动的总称）使陆地面积相对扩大，燕山运动（侏罗纪和白垩纪期间，在中国境内发生的地壳运动）使这里隆起了高高的山岭，从此这里经历了长时间的风化剥蚀时期。

缝，这么宽的地缝在世界上都是罕见的。此地缝叫作"天井峡"，由峡谷、消水洞和地下河构成，峡谷两边的山崖高达数百米。

该地缝分上下两段，上段为隐伏于地下的暗缝，下段是长约6千米的暗洞，1994年8月由英国探险人员探通。地缝中部的峭壁下还有一个大坑，叫作"黑眼"，坑壁上全是黑得发亮的石头，形状怪异。

在地理学上，地缝被称为"干谷"或"盲谷"。因为在石灰岩地区，河床上如果形成了"漏斗"和落水洞，流经的河水就会全部被截入地下，因此而干涸的河床叫作"干谷"；有的河流则从头到尾全部流入溶洞之中，于是没有出口的河谷便形成了，叫作"盲谷"。撒谷溪下的地缝中有无数天坑，因此河水很容易转入地下，河床也因此形成干谷。

天井峡地缝：

天井峡地缝全长14千米，深80米至200米，底宽3米至30米，两壁陡峭如刀削，是典型的"一线天"峡谷景观。

在这漫长的历史中，各种物理的、化学的地质作用一直在发生，厚厚的石灰岩层长时间受到侵蚀，形成大量的小孔洞，小孔洞渐渐形成了巨大的溶洞群。随着溶洞群的不断扩大，地表的土体逐步崩落，最后便形成了乐业天坑。

### ■ 4. 世界岩溶圣地——乐业天坑

乐业天坑形成于6500多万年前，被称为"天坑博物馆"和"世界岩溶圣地"。它位于中国广西壮族自治区百色市乐业县，由20多个天坑组成，其中最大、最深的天坑叫大石围天坑，深613米、东西长600米、南北宽420米，周边为悬崖绝壁，底部有一片苍苍茫茫的原始森

**【百科链接】**

**地理百科：乐业天坑中的珍稀植物**

乐业天坑中上层布满以香木莲为主的乔木，底部的香木莲一般为成年大树，树围2米左右，树高30米左右。天坑中也有很多针阔常绿落叶混交林植物群落。其中，乔木有短叶黄杉、福建柏、细叶云南松、鹅耳枥、苦丁茶、青冈、细叶青冈等；灌木和草本植物有九里香、鼠刺、寒兰等。天坑中还有大片的棕竹，生长年代久远，高度一般在5米至6米，这种成片分布的天然野生棕竹在我国十分罕见。

◁地理位置： 四川省阿坝藏族羌族自治州松潘县　◁平均海拔： 3100米
◁面　　积： 1340平方千米　　　　　　　　　　◁大事记： 1992年12月被列入《世界遗产名录》
◁地貌特征： 碳酸钙华沉积岩

# 黄龙钙华池：九天瑶池落人间

黄龙钙华池位于中国四川省阿坝藏族羌族自治州松潘县，平均海拔3000米以上，是中国平均海拔最高的风景名胜区之一，于1992年12月被联合国教科文组织列入《世界遗产名录》。

黄龙景区以特殊的岩溶地貌与丰富的珍稀动植物资源著称，具有雄、峻、奇、野的风景特色，因而享有"世界奇观"、"人间瑶池"的美誉。

## ■ 1. 造山运动与钙华沉积

在200万年前的喜马拉雅造山运动中，岷山山脉与青藏高原一起快速隆起，黄龙沟这个典型的冰川U形谷地也随之形成。

黄龙景区地处高寒山区，在具备充足的钙华（湖泊、泉水或河流的碳酸钙沉积物，多呈黄色）的基础上，低温的环境和良好的植被，便成为促进地表大量钙华堆积的主要原因。

黄龙景区内有一个黄龙古寺，其南侧的望乡台断裂带是重要的地下水通道，含有大量碳酸氢钙的地下水通过深部循环在这里露出地表。

> 黄龙风景区：
> 黄龙主景区黄龙沟位于岷山主峰雪宝顶下，以彩池、雪山、峡谷、森林"四绝"著称于世，是中国唯一保存完好的高原湿地。

凹凸不平的地表使得水流分布不均，加上树根、落叶对沟渠的堵塞，在温度、压力、水动力等因素的影响下，水中的碳酸钙沉积下来，形成钙华塌陷、钙华滩流、钙华瀑布等独特的露天钙华堆积地貌。

## ■ 2. 金色巨龙彩色鳞

"金沙铺地，千层碧水走黄龙"，黄龙风景区的钙华坡谷，好像一条金色巨龙，蜿蜒于苍茫的林海和石山冰峰之间，被称为"中国一绝"。景区内连绵分布的钙华段长达3600米，

黄龙风景区位于四川省阿坝藏族羌族自治州境内，以其雄、峻、奇、野的特色，享有"人间瑶池"的美誉。该景区以特殊的岩溶地貌与丰富的珍稀动植物资源著称，景区内的钙华坡谷，犹如一条蜿蜒的金色巨龙，有"金沙铺地，千层碧水走黄龙"之说。

龙背鎏金瀑：该瀑布长84米，相对高差39米。宽大的坡面上钙华呈鳞状层叠而下，形成一道形状奇异的玉垒，一层薄薄的水流淌在坡面上，在阳光下荡漾起银色涟漪，远处看去宛如一条金龙的脊背。

特色地貌

最长的钙华滩长1300米，最宽的为170米，彩池多达3400余个，钙华边石坝最高达7.2米，扎尕钙华瀑布高达93.2米，这些都属中国之最。

这里的钙华边石坝彩池、钙华滩、钙华扇、钙华湖、钙华瀑布、钙华洞穴、钙华盆景等钙华景观不仅规模宏大、结构奇巧、色彩鲜艳，而且类型齐全，构成了一座罕见的天然钙华博物馆。

浅黄色的钙华堆积在地表，如同巨龙黄色的皮肤一样；八大彩池群层层叠叠，如巨龙的鳞甲闪耀着五彩缤纷的波光；黄龙飞瀑的轰鸣与岩溶流泉的轻唱遥相呼应，构成了一首悦耳的交响乐。

丹云峡：

从松潘县东黄龙沟口三涪源桥至小河乡洞桥，顺松（潘）平（武）公路而下，其间35千米长的峡谷深切，峰险崖奇，林深蔽日，涧哮如雷，飞瀑悬泉，藤萝野花，目不暇接，秋来红叶如云霞般绚烂，故称丹云峡。

### ■ 3. 八大彩池群

在黄龙沟中，丰盈的水流沿沟谷缓缓流淌，再层层跌落，穿林越堤。在这一过程中，大量的钙华沉积，形成了8个如鱼鳞覆盖般的彩池群。

8个彩池群规模不同，形态各异。它们的共同点是池埂低矮，池岸洁白，水平如镜，每个都像一个碧玉盘。冬天，彩池周围的古木、老藤被钙华塑成一件件奇异的雕塑品，有的似雄鹰展翅，有的似猛虎下山，栩栩如生。

### ■ 4. 千层滩流和黄金飞瀑

黄龙景区内的钙华滩流长2500米，宽100米，晶莹的流水在浅滩上翻滚跳跃，波光粼粼。如果在滩上漫步，则有"千层之水脚下踏，万两黄金滚滚来"之感，不禁使人惊叹大自然造物之神奇。

在黄龙景区中，黄龙瀑布规模虽不大，但它飞泻于黄色钙华坡上，流泻于彩池之间，给这里绝美的景观增添了动感十足的韵味。在如纱似绢的瀑布后面，掩映着许多别有情趣的洞穴。

### ■ 5. 动植物乐园

黄龙风景名胜区不仅以独特的岩溶景观著称于世，还以丰富的动植物资源享誉人间。景区内有65.8%的面积被绿色覆盖。在这里的林木中，长龙云杉、中国铁杉、威尔松云杉和西藏的针叶树等，都是珍稀树种。

大熊猫：

黄龙是大熊猫的栖息地。在这里不仅可以看到典型的大熊猫野外栖息环境，了解大熊猫的生活习性，还可以看到大熊猫嬉戏的场面。

另外，黄龙景区有59种珍稀哺乳动物，如大熊猫、熊、四川野牛、红狗、鬣羚、斑羚和野绵羊等；还有155种珍稀鸟类，如绿尾红雉等。

**【百科链接】**

**地理百科：黄龙风景区得名的原因**

关于黄龙风景区得名的原因有两种说法：一种是传说远古时期有一个黄龙真人生活在岷江上游，他曾经辅佐大禹治理江、河、淮、济等水域，功成名就后骑着白鹿到了现在的黄龙地区，在黄龙洞内修身养性，"黄龙"因此而得名。另有一种是因为整个景区的河床以黄色为基调，在高空俯瞰，好像一条黄色巨龙卧于万山之中，故名"黄龙"。

# Part 2
## 山岳峰林

◁ 地理位置： 中国西藏与尼泊尔的交界处　◁ 地　质： 结晶岩系
◁ 海　拔： 8844.43米　　　　　　　　　◁ 大 事 记： 1989年3月被列为国家自然保护区

# 珠穆朗玛峰：
# 天国的界限

珠穆朗玛峰简称珠峰，位于中国和尼泊尔的交界处，在西藏日喀则地区定日县正南方。它傲立于"世界屋脊"青藏高原之上，是喜马拉雅山的主峰，海拔8844.43米，为世界第一高峰。

珠穆朗玛峰峰顶终年积雪，远远望去银峰高耸，好像一位女神披着洁白的哈达，呈现出一派圣洁景象。同时，珠峰更以其雄伟高大，被誉为"地球第三极"。

## ■ 1. 印澳板块与欧亚板块碰撞的产物

距今2亿年前，地球大致由南北两大古陆地构成，南为冈瓦纳古陆，北为劳亚古陆。古太平洋伸入古陆地后，渐渐形成了几个海湾，珠峰所在地在当时属古地中海海湾。

到了中生代末期，冈瓦纳大陆彻底解体成几个小的板块，其中的印澳板块与欧亚板块发生碰撞，使得古地中海慢慢地缩小、变浅。珠峰所在地虽仍是海湾，但更大的地质变化已经在悄然孕育了。

到了第三纪末期，地球上发生了喜马拉雅造山运动，地壳的变动使得印澳板块斜插入欧亚板块之下，造成地壳加厚和地表的大面积、大幅度抬升。到了距今4000万年前的始新世末

登山者：

攀登珠峰不仅仅是专业登山者的专利，近年来不断有业余爱好者挑战珠峰。随着越来越多的人登上山顶，珠峰的神秘面纱逐渐被揭开。

期，珠峰所在地区的海水已经被海拔2500米的大陆所取代。到了距今300万年的第四纪，这里的板块进一步被抬升，雄伟的珠峰拔地而起。

同时，第四纪发生的大规模冰川活动与高寒导致的降雨，使珠峰地区变成了一个几乎没有生命的冰雪世界。

## ■ 2. 群峰的海洋

珠峰雄伟壮观，气势磅礴。在它周围20千米的区域内，耸立着多座山峰，其中有4座海拔8000米以上的高峰，38座海拔7000米以上的山峰。

喜马拉雅山的主峰珠穆朗玛峰海拔8844.43米，是世界第一高峰，因其雄奇、伟岸被誉为"世界第三极"。这里终年积雪，冰川丛生，极度寒冷，形成了独特的高原冰川景观。

雪豹：一种濒危的猫科动物，因终年生活在雪线附近而得名，又名草豹、艾叶豹。

山岳峰林

在珠穆朗玛群峰的外围，也耸立着许多世界闻名的高峰：珠峰的东南面耸立着世界第三高峰干城章嘉峰，海拔为8586米，是尼泊尔和锡金的界峰；西面有海拔7998米的格重康峰、海拔8201米的卓奥友峰和海拔8012米的希夏邦马峰。这些高峰与珠穆朗玛群峰一起，形成了一片山峰的海洋，从天空中俯瞰，气势蔚为壮观。

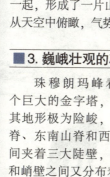

### ■ 3. 巍峨壮观的冰川地貌

珠穆朗玛峰看上去像一个巨大的金字塔，巍峨壮观。其地形极为险峻，它的东北山脊、东南山脊和西面的山脊中间夹着三大陡壁，在这些山脊和峭壁之间又分布着548条大陆型冰川，这些冰川的总面积达1457.07平方千米。

印度洋强烈的季风使这里形成了两大降水带，降水带的积雪变质后使得冰川层不断加厚。同时，冰层构造也变得十分复杂，既有千姿百态、瑰丽罕见的冰塔

珠穆朗玛峰：
　　珠穆朗玛峰峰顶的最低气温可达零下34摄氏度。山上一些地方常年积雪不化，冰川、冰坡、冰塔林到处可见。峰顶空气稀薄、含氧量很低，且常年刮着十几级的大风。狂风吹起的积雪四处飞舞，弥漫天穹。

林，又有高达数十米的冰陡崖和如同陷阱的明暗冰裂隙，还有险象环生的冰崩雪崩区。

### ■ 4. 奇妙的冰塔林和冰桌

过去，在珠峰地区的中绒布冰川中，从海拔5300米至5400米处开始就存在一种奇特的自然景观——冰塔林，而现在要到海拔5600米至5700米的高处才能看见，冰塔林的高度也从过去的30米至40米缩减到现在的20米至30米。

冰塔林冰清玉洁，好像一座座水晶宫——冰川内部在冰雪消融时会形成排水道，当排水道干涸后，就形成了水晶宫似的冰洞。

还有一种最为奇特的景象——"冰桌"，许多冰柱都顶着一块大石头，酷似结构奇妙的桌子。冰桌的成因是，被石块盖住的冰块表面受到遮蔽，融化速度比较慢，而冰块未被遮蔽的部分融化得相对较快，所以最后就形成了石头被下面的冰柱顶托而呈桌状的景象。

### ■ 5. 资源丰富的珠峰自然保护区

1989年3月，我国正式成立了珠穆朗玛峰国家自然保护区，将世界最高峰——珠穆朗玛峰和其他4座海拔8000米以上的山峰都包括在内，面积为3.38万平方千米。整个保护区划分为核心保护区、缓冲区和开发区三个部分。区内生态系统类型多样，生物资源丰富。

保护区内随着山势，垂直分布着多个植物自然带，里面生活着很多珍稀濒危物种，还有很多新种和特有种。经初步调查，这里共有高等植物2348种，哺乳动物53种，鸟类206种，两栖动物8种，鱼类10种。其中包括代表该地域特色的国家重点保护珍稀濒危动植物47种，国家一级保护动植物10种，二级保护动植物28种。比如雪豹、藏野驴、长尾叶猴等都是国家重点保护动物，雪豹还是珠穆朗玛峰自然保护区的标志性动物。

**【百科链接】**

**地理百科：独特的冰川风**

　　珠峰北侧海拔5300米至7000米的高处被厚厚的冰雪覆盖，日出后，冰雪表面的气温仍然低于山谷中海拔相同的地方，因而几乎昼夜都刮着下山风，这种因冰川分布而形成的下山风又称作"冰川风"。冰川风在当地时间下午2时至6时最强，在离地面1000米以下的地方，平均风速可达10米/秒，风级能达到7级至8级。

# 贡嘎山：低纬度的现代冰川

贡嘎山位于四川省甘孜藏族自治州康定县城南55千米处，地跨康定、泸定和九龙等县，海拔7556米，是横断山脉的主峰。

贡嘎山高耸入云，山体雄伟，雪岭争辉，是四川省第一高峰，被誉为"蜀山之王"，也是青藏高原东南缘横断山系的最高峰。

## ■ 1. 低纬度的现代冰川

贡嘎山一带地处低纬度，但现代冰川发育得比较完善，有很多奇特的冰川。

据统计，贡嘎山区一共有71条现代冰川，其中，海螺沟冰川、贡巴冰川、巴旺冰川、燕子沟冰川、麾子沟冰川是最著名的5条冰川。

在这5条著名的冰川中，海螺沟是最奇秀的成员，素有"海螺天下奇"之盛誉。海螺沟冰川在原始森林带内蜿蜒前进了6000米，形成了冰川与森林共存的奇观。沟内还有一条凌空垂挂的"大冰瀑布"，落差1080米，宽1100米，由无数巨大的冰块组成。这条巨型冰瀑横亘天空，好似奔腾咆哮的河水在一瞬间被冻结，雄伟壮观，气势恢弘，堪称举世无双的奇迹。

贡嘎山：
　　贡嘎山高峰林立，冰坚雪深，险阻重重，是科学研究的重要对象之一，也是备受登山爱好者青睐的名山。

## ■ 2. 高山明珠——冰川湖

除了现代冰川外，贡嘎山周围还有不少古冰川遗迹也很有特色，特别是那些星罗棋布的冰川湖，宛如一颗颗晶莹夺目的明珠镶嵌在这广阔的雪山中，其中较大的有50多个，如木格措、伍须海和五色海等。

木格措位于康定西北的折多山和雅拉河之间，藏语意为野人海、长海子。木格措海拔3780米，东西长约3000米，南北宽约1500米，面积4平方千米，是川西北面积最大的高山湖泊。湖水由地下水、冰雪融水及雨水混合补给，水满时，经东南端的泄水口一落千丈，在王母村注入雅拉河。

木格措风景多变，时而水平如镜，波光粼粼，时而波涛澎湃，浪花翻滚。湖边有深绿色的参天冷杉，也有绵软细洁的金色沙滩。每年4月至5月份，湖边的各种杜鹃花竞

贡嘎山位于四川省甘孜藏族自治州境内，海拔7556米，是四川省第一高峰，也是横断山区第一高峰，被誉为"蜀山之王"。贡嘎山冰川景观瑰丽多姿，是一个梦幻的冰川世界，冰川湖、高山温泉等奇景应有尽有。

红景天：海螺沟地区的特产，生长在海拔3500米以上的山峰上。

山岳峰林

相开放，十分绚烂，好似为木格措镶上了一条美丽的花边。

## ■ 3. 重要的自然地理分界线

贡嘎山是我国重要的自然地理分界线，主要表现在该地区的气候上。

贡嘎山东西坡的气候有较大差异。从贡嘎山东麓的大渡河谷西行，到达贡嘎山西北侧的新都桥，直线距离为75千米，虽然海拔只上升了2140米，但气候已经产生了很大变化：东部为湿润的亚热带气候，而西部则成了干冷的寒温带气候。气候差异使东西坡的动植物区系也截然不同。

## ■ 4. 奇特的热岛效应

贡嘎山的独特之处，还在于它的植物、气候、土壤、动物的垂直自然带分布十分丰富。

科学家们曾经把贡嘎山的垂直自然带与同其纬度相近的峨眉山的垂直自然带作过比较，结果发现贡嘎山的东坡、南坡从山脚到山顶约有7个自然带，而峨眉山只有3个。科学家们还发现：尽管峨眉山比贡嘎山纬度低，但许多亚热带常绿阔叶树木却在峨眉山上没有分布。还有，峨眉山海拔2000米以上的地方不生长常绿的樟树、山毛榉，但这些植物在贡嘎山海拔2400米的地方还可以见到。

原来，青藏高原在地球上大块凸起，额外吸收了大量的太阳辐射能量，已经成了一个"热岛"。正是由于"热岛效应"，地处青藏高原

**木格措**

木格措距康定县城31千米，景区内绮丽多彩的自然风光，使人仿佛进入了神话世界。

的贡嘎山才会有如此丰富的自然带。

**海螺沟温泉**

热泉从地表的石缝中涌出，终年不断，水质透明，无异味，无污染，有"仙泉瑶池"之称。每年来此旅游的游客络绎不断。

## ■ 5. 冰川世界的高山温泉

还有一种现象非常令人称奇——在常年平均气温只有10摄氏度左右的海螺沟，却有众多大小不一的温泉。泉水从半山腰流出，温度高达92摄氏度，足可用来沏茶和煮鸡蛋。

在万木葱茏的海螺沟，泡在热气腾腾的温泉里，看四周白雾飘忽不定，群山若隐若现，不由得让人发出此生无憾的感慨。

**【百科链接】**

**地理百科：贡嘎山自然保护区**

1987年，贡嘎山被列为第二批国家重点风景名胜区，同年，贡嘎山海螺沟建立了国家冰川公园。整个景区集雪山、森林、草原、河流、湖泊和温泉等于一体，包括海螺沟、木格措、康定跑马山、伍须海、塔公草原和塔公寺等景点。1996年贡嘎山自然保护区建立，主要是为了保护高山自然生态系统以及维持生物多样性。1997年，贡嘎山自然保护区晋升为国家级自然保护区。

# 四姑娘山：东方的阿尔卑斯山

四姑娘山的藏名为"斯各拉柔达"，意为保护山神。它坐落在横断山脉的东北部、邛崃山脉的中段，四姑娘山景区由"三沟一山"组成。"三沟"是双桥沟、长坪沟、海子沟，"一山"即四姑娘山。

四姑娘山的名气在四川仅次于"蜀山之王"贡嘎山，有"蜀山之后"和"东方圣山"之美誉，人称"东方的阿尔卑斯山"。在高原特有的洁净无比的蓝天下，山上的皑皑积雪、奇峰异树、瀑布飞泉、草甸溪流相互交融，共同展示出一幅美丽的画卷。

## ■ 1. 东方的阿尔卑斯山

四姑娘山由4座海拔分别为5355米、5454米、5664米、6250米的毗连山峰组成，人们分别称这4座山为大姑娘山、二姑娘山、三姑娘山、四姑娘山，其中四姑娘山的主峰幺妹峰最高，海拔6250米。

关于四姑娘山的来历，当地流传着一段动人的传说：很久以前，有一个魔王，经常制造暴雨和山洪危害村民。在村子里生活的阿巴郎依在与魔王决斗时牺牲了，他的四个女儿运用

智慧杀死了魔王，但魔王临死前打开了天河，引来了洪水。于是，四位姑娘毅然化作四座山峰，将洪水挡了回去。后来，人们便尊这四位姑娘为四座山的山神。

传说毕竟只是传说，其实四姑娘山是在地质运动中形成的，而且刚形成时属于古生代褶皱带，后经多次断裂、隆升、变质才形成现在的地貌。

四姑娘山风景区主要分布于群山的南侧，双桥沟、长坪沟和海子沟这三条沟从北向南纵深十余千米到几十千米，在高山峡谷之中蜿蜒穿行。由于景区内山麓森林茂密，绿草如茵，溪流潺潺不绝，俨然一派秀美的南欧风光，因此，人们形象地将四姑娘山称为"东方的阿尔卑斯山"。

## ■ 2. 神秘壮观的幺妹峰

四姑娘山主峰幺妹峰海拔6250米，因为海拔较高，峰顶气温低，故长年被浓雾遮罩，平

幺妹峰：

四姑娘山主峰幺妹峰海拔6250米，山体陡峭，直指蓝天，冰雪覆盖，银光照人。

位于四川省阿坝藏族羌族自治州境内的四姑娘山山体雄伟、景色壮丽，有"蜀山之后"、"东方圣山"和"东方的阿尔卑斯山"等美誉。四姑娘山景区囊括了神秘壮观的幺妹峰、多姿多彩的双桥沟、景色怡人的长坪沟、湖泊密布的海子沟等著名景观。

白唇鹿：我国特产的珍贵动物，国家一级保护动物。其吻端两侧和下唇为纯白色，故名。

山岳峰林

日里难得一见它的真面目。只有在晴空万里之时，幺妹峰才撩起神秘的面纱，在蓝天的映衬下显得格外壮观。

峰下的溪沟沿南北方向穿行于峡谷之中，夏日里，两岸的沙棘树十分茂密，好像绿色长龙绵延数千米。每到金秋，沟旁的树叶转红，又会形成另一番绝美的景色。

### ■ 3. 多姿多彩的双桥沟

双桥沟是目前四姑娘山景区中唯一不需要骑马就可游览的景区，该景区内主要景观有雪峰、牧场、草地、森林等，是四姑娘山中最美丽的地方。

双桥沟现在已经开发出20多个景点。沟的前段有杨柳桥、阴阳谷、白杨林带、日月宝镜山、五色山等奇景；中段为撵鱼坝，包括人参果坪、沙棘林、尖山子、九架海等景点；后段为牛棚子草坪和长河滩，包括内阿妣山、猎人峰、雪筑墙垣、械松逸彩、牛棚子、长河坝等景点。

### ■ 4. 景色怡人的长坪沟

长坪沟全长29千米，面积约为100平方千米。该景区包括古柏幽道、喇嘛寺、干海子及飞瀑等景点。景区内既有历经沧桑的翠柏青松郁郁葱葱，又有飞瀑流泉在密林中哗哗作响，还有古代驿路在茫茫林海里穿梭延伸。春天，这里山花与油菜花齐开；秋日，这里赤桦与红枫竞艳，景色美不胜收。

### ■ 5. 湖泊密布的海子沟

海子沟全长19千米，面积达126平方千米，景区空旷平坦，有很多原生草甸和湖泊。

**【百科链接】**

**地理百科：朝山会**

朝山会是四姑娘山地区藏民的一种传统节日。传说四位姑娘化作山峰的这一天，正好是藏历七月十三（农历五月初四）。因此每年的这一天，村民们都要身着节日盛装，带着酥油、青稞酒、糌粑等食物，来到四姑娘山祭祀四位山神，感谢山神赐予人们丰收和幸福。

顺沟上行17千米，就会看到一个高山冰蚀湖泊，人称大海子。大海子湖水清澈见底，倒映出蔚蓝的天空和铅灰色的山峦。站在大海子边，看着高原黄鸭在水面飞翔，听着鸟儿美妙的鸣叫声，人们仿佛可以用灵魂和这些美丽的景色沟通，所有的烦恼也好像无影无踪了。

### ■ 6. 珍稀动植物自然保护区

四姑娘山是中国西南地区珍稀动物的基因库，山中有国家一级保护动物扭角羚、棒鸡、白唇鹿、金丝猴、绿尾虹雉、云豹、雪豹等；还有国家二级保护动物毛冠鹿、红腹锦鸡、小熊猫、藏马鸡、血雉、盘羊、猞猁、马鹿、林麝等。

此外，这里还是中国西部亚热带植物区系向青藏高原植物区系过渡的地带，是中国特有的珍稀濒危植物四川红杉、岷江柏、四川牡丹、独叶草、星叶草、延龄草等的主要分布区。

四姑娘山：
四姑娘山长年冰雪覆盖，如同头披白纱、姿容俊俏的少女，屹立在长坪沟和海子沟两道银河之上。

# 泰山：历代帝王封禅之地

　　泰山又称岱山、岱宗，同我国的衡山、恒山、华山、嵩山合称"五岳"，因地处我国东部，故称东岳。传说我国古代神话中开天辟地的盘古死后，他的头部化作泰山，所以泰山又有"五岳之首"的称号。

　　浑厚的山体和苍松巨石使泰山显得庄严神圣、古朴静穆，浓厚的历史文化底蕴又使泰山文化成为中国文化的重要组成部分。正如泰山天阶坊上的对联所书："人间灵应无双境，天下巍峨第一山"。

## ■ 1.独一无二的封禅之地

　　泰山的名字寓意深邃，"泰"字既体现出泰山雄伟崇高、峻极于天的自然形貌，又阐发出稳重安宁、国泰民安的深刻意境。泰山雄踞东方，而东方是太阳升起的地方，是万物交替、循环往复之始，极受古人崇拜，因此，泰山备受历代帝王的推崇，是为数不多的受过皇帝封禅的名山之一。

　　《诗经》上说"泰山岩岩，鲁邦所瞻"，后人也总结道，"山莫大于泰山，史亦莫古于泰山"。因此，封建社会的许多帝王都向往到泰山祭拜天地，以表示自己当皇帝是受命于天，于是就出现了泰山封禅这种旷世大典。

　　"封"是指在泰山顶上筑一个圆台来祭天，以增泰山之高来向天表示尊敬；"禅"是指在泰山

　　脚下的土丘上筑一个方坛来祭地，以增大地之厚来向地表示感恩。帝王把天下太平、国家兴旺的希望寄托在泰山封禅上，也含有以自己的功绩告慰天地的意思。

　　历代帝王在泰山封禅，是想借助泰山的神威巩固自己的统治，而泰山也因为封禅仪式而被抬到与天相齐的神圣高度——一处自然景观，能够吸引一个文明大国的历代最高统治者亲临封禅，这在世界上也是独一无二的。

　　帝王们还在泰山建庙塑像、刻石题字，留下了大批的文物古迹，如岱庙、王母池、南天门、五松亭等。其中岱庙最为有名，它是历代帝王到泰山封禅时举行大典的场所。岱庙主殿

> ⑤ 碧霞祠：
> 　　碧霞祠位于泰山之巅，是被尊为泰山女神的碧霞元君的祠殿，始建于宋大中祥符二年（公元1009年）。整组建筑金碧辉煌，巍峨耸立，气势恢弘，远远望去宛若天上宫阙。

东岳泰山位于山东省境内，因雄伟崇高、峻极于天，故有"五岳之首"的称号，泰山十八盘及泰山日出更是名扬海内外的自然奇景，吸引了众多游客前来观光。

"五岳独尊"景观石群：位于泰山极顶，海拔1532米。四个大字是用正楷书写，系清光绪年间泰安知府玉构题写。

天贶殿为我国三大宫殿建筑之一，始建于北宋年间。殿正中奉"东岳泰山神"像；殿内壁画为"东岳泰山神出巡图"，它生动地描绘了东岳大帝出巡的盛大场面。

## 2. 天门云梯——泰山十八盘

泰山群峰起伏，山势南高北低，中天门海拔847米，南天门海拔1460米，玉皇顶海拔1532米，它们层层迭起，形成了一种由抑到扬的节奏感和高旷气势。

泰山上比较有名的景点多达56处，其中最为游人称道的还数犹如天梯一样的十八盘。十八盘位于对松山北面，是登泰山的盘路中最险要的一段，也是泰山的主要标志性景观之一。

十八盘共有台阶1633级。前面393级称为慢十八盘，中间767级为不紧不慢十八盘，后面473级为紧十八盘。因此，在当地一直流传着"紧十八，慢十八，不紧不慢又十八"的顺口溜。台阶全长不足1000米，垂直高度却有400余米，攀登的难度可想而知。中国的传统习惯往往以9或9的倍数表示数量之多，十八盘即暗示着天门虽然在望，但是道路险峻，不能轻易攀登上去。明朝人祁承濮在《十八盘》一诗中写道："拔地五千丈，冲霄十八盘。径从穷处见，天向隙中观。重累行如画，孤悬峻若竿。生平饶胜具，此日骨犹寒。"

沿着十八盘攀爬泰山，最顶端是南天门。南天门位于泰山群峰之一的新盘口，新盘口以北两山矗立，东为飞龙岩，西为翔凤岭，中有"一线天"——石壁谷。南天门恰处此谷谷口，是泰山古建筑充分利用地理环境，以人工之力突出和美化自然环境的典范。

## 3. 摄人心魄的旭日东升

神奇的大自然为泰山创造了许多奇美壮观的自然景色，其中，旭日东升、晚霞夕照、黄河金带、玉海云盘被称为岱顶的四大奇观。在这四大奇观中，"旭日东升"之美最为摄人心魄，显得魅力非凡。

泰山十八盘：

泰山十八盘是泰山登山盘路中最险要的一段，共有石阶1600余级，为泰山的主要标志性景观之一。

清晨，太阳缓缓升起，散发出一缕细小的曙光，撕破黎明前的黑暗。不久，东方渐渐发白，慢慢透出一片暗红色的光芒，随着时间的推移，这片暗红色慢慢变成橙红、玫瑰红、紫红、大红，最后变成耀眼的金黄色，喷射出万丈耀眼的霞光。最后，朝阳如同火龙一样跃出云海，腾空而起，整片云海也全部燃烧起来。这个过程宏伟壮观，瞬息万变，令人叹为观止。

泰始皇：

泰始皇第一个封禅泰山，带动了之后2000多年连续不断的泰山封禅之事，形成了为泰山所独有的封禅文化。

【百科链接】

**地理百科：泰山佛光**

泰山佛光是岱顶的奇观之一。每到云雾弥漫的清晨或傍晚，游人站在较高的山头上顺光而视时，经常会看到缥缈的雾幕之上，呈现出一个内蓝外红的彩色光环，将游客的影子或头像映在里面，恰似佛像头上五彩斑斓的光环，故名"佛光"。

# 黄山：黄山归来不看岳

黄山与黄河、长江齐名，是中华民族河山锦绣的象征之一。它集众名山之长于一身——泰山之雄伟，华山之险峻，衡山之烟云，庐山之飞瀑，雁荡山之巧石，峨眉山之秀丽，黄山无不兼而有之。尤其是闻名天下的黄山四绝——"怪石、奇松、云海、温泉"，更是吸引着无数中外游人慕名前往。

> **黄山：**
> 黄山山体主要由燕山期花岗岩构成。前山岩体节理稀疏，岩石呈球状风化，山体浑厚壮观；后山岩体节理密集，岩石呈垂直状风化，山体峻峭优美，也因此形成了黄山"前山雄伟，后山秀丽"的地貌特征。

## 1. 最奇最险天都峰

天都峰位于玉屏楼南，是黄山三大主峰中最为险峻的一个。攀登天都峰，必须手攀石栏、铁索，走完一段陡峻奇险的"天楼"，接着跨过"天桥"，穿过名为"鲫鱼背"的隆起的峰岗，再穿过3个洞，方可登上峰顶。峰顶有一块巨石矗立，高约数十丈，上刻"登峰造极"四个大字。石中有天然石室，可容数十人。室外有石，形如醉仙斜卧，名为"仙人把洞门"。

峰顶下面有"催楼"和"按云"两个天然石洞。其中催楼洞较为有名，它深30余米，左右为石壁长廊，传说这里曾是仙人聚会之处，有"仙桌"、"仙几"、"仙床"、"仙灶"等。

## 2. 观音宝座莲花峰

莲花峰位于黄山中部，海拔1864米，为黄山第一高峰。此峰峻峭高耸，气势雄伟，且主峰被许多小峰簇拥，宛如一朵绽放的莲花。

传说很久以前，观音奉玉帝之命，乘坐象征吉祥如意的莲花宝座，驾五色彩云到人间巡察。观音到黄山后，受到山神、水神、花神及仙猿、百鸟的欢迎，她迷恋这里的山水，于是久住不归。玉帝派使者催其回天宫，观音不愿遵旨，玉帝遂降御旨，令观音不得再回天宫，前往南海长驻。观音因十分喜爱黄山，便在赴

黄山位于安徽省境内，名闻天下。这里有险峻奇绝的天都峰，美若莲花的莲花峰，灵幻奇巧的怪石，风韵无穷的奇松以及千变万化的云海美景。黄山四绝——"怪石、奇松、云海、温泉"名扬宇内，古人赞之曰："黄山归来不看岳。"

南海之前将自己乘坐的莲花宝座点化成峰，于是黄山上才有了莲花峰。

梦笔生花：
传说古代文人墨客若文思枯竭，只要到梦笔生花处一游，便会茅塞顿开，妙笔生花。

## ■ 3. 灵幻奇巧的怪石奇观

星罗棋布的怪石，点缀在波澜壮阔的黄山峰海之中，有的酷似珍禽异兽，如"猴子望太平"、"松鼠跳天都"、"鳌鱼驮金龟"、"乌龟爬山"等；有的宛如各式人物，如"仙人下棋"、"天女绣花"、"夫妻谈心"、"童子拜观音"等；有的形同各种物品，如"梦笔生花"、"笔架峰"、"仙人晒靴"、"飞来钟"等；有的又以历史故事、神话传说而命名，如"苏武牧羊"、"太白醉酒"、"武松打虎"、"达摩面壁"等。它们或大或小，争相竞秀，意趣无穷。

## ■ 4. 风韵无穷的满山奇松

"峰奇石奇松更奇，云飞水飞山亦飞"，黄山上处处有松，奇特的古松给黄山带来无穷的风韵。它们大多盘根于危岩峭壁之中，挺立于峰崖绝壑之上，苍劲挺拔，显示出顽强的生命力。

据《黄山旧志》记载，黄山有十六大名松：迎客松、送客松、黑虎松、双龙松、凤凰松、接引松、连理松等。它们各有各的特点，各有各的妙处。

## ■ 5. 千变万化的云海美景

几乎每座名山都有云海景观，黄山云海更是奇绝。由于黄山秀峰叠嶂，危崖突兀，幽壑纵横，气流在山峦间穿行，上行下跌，环流活跃。因此，漫天的云雾和层积云随风漂移，时而上升，时而下坠，时而回旋，时而舒展，构成了一幅奇特的千变万化的云海大观。

每当白云茫茫、一铺万顷之际，无数的山峰皆被白云淹没，只剩下几个峰尖，像是大海中的岛屿。但转瞬之间，又是风起云涌，宛如浪花飞溅，惊涛拍岸。

## ■ 6. "天下名泉"——黄山温泉

黄山温泉与陕西骊山的华清池、云南安宁的碧玉泉并称我国温泉中的"三奇"。

黄山温泉属高山温泉，水温常年保持在42摄氏度。每天的出水量约400吨左右，泉水久旱不涸、久雨不溢，水质纯净，可饮可浴，不仅对皮肤病，对消化、神经、心血管等系统的某些病症也均有一定疗效。

迎客松：
迎客松姿态优美，枝干遒劲，虽然饱经风霜，却仍然郁郁苍苍，充满生机。

### 【百科链接】

**地理百科：玉屏楼**

玉屏楼地处天都峰和莲花峰之间，这里的景色可谓集黄山奇景之大成，故有"黄山绝佳处"之称。

玉屏楼左侧有驰名中外的迎客松，右侧有送客松，前面有陪客松、文殊台，后面有玉屏峰，著名的"玉屏卧佛"就在玉屏峰的峰顶，惟妙惟肖。

◁ 地理位置：陕西省华阴市　　◁ 地貌特征：花岗岩断块山
◁ 海　拔：2154米

# 华山：华夏文明的发祥地

华山古称太华山，是我国五岳之中的西岳，它南接秦岭，北临黄渭，扼守着大西北进出中原的门户，素有"奇险天下第一山"之称。

古语说"自古华山一条路"，这句话道出了华山的特点——险。华山上有刀削斧劈的万丈绝崖，有惊心动魄的长空栈道，更有令人胆寒的鹞子翻身……这些都充分显示了华山阳刚威严、难以被攀登者征服的一面。然而正是因为险峻，才让华山卓尔不群，为世人所仰慕。

## ■ 1. 华夏文明的起源

根据史料记载，华山与黄土高原、黄河一样，是中华民族文化的发祥地之一，也是中华民族民族精神的象征。早在成书于春秋战国时

> **华山：**
> 华山南接秦岭，北临黄渭，群峰林立、山势奇险，素有"奇险天下第一山"之称。

期的《尚书》里就有关于华山的记载；西汉司马迁在《史记》中也记载了黄帝、尧、舜等到华山巡游的事迹；秦始皇、汉武帝、武则天、唐玄宗等十余位帝王，也曾多次到华山进行过大规模的祭祀活动。

华山自古就是风雅之士向往的游览胜地。华山上留下了无数名士的足迹，也留下了无数故事和历史遗迹，这些使得华山成为先进思想和文化的传播、发祥之地。此外，金庸先生在小说中所写的"华山论剑"、神话中流传的沉香"劈山救母"等故事，也都使得华山不单单是一处自然景观，更多了一层文化内涵。

## ■ 2. 奇险天下第一山

华山素有"奇险天下第一山"的美誉。所谓"奇"，就奇在金龟戏玉蟾、二仙痛饮、狮子滚绣球、日月崖、笔峰等奇石栩栩如生，还奇在玉泉山下的龙藤树，枝干虽枯而树叶翠

西岳华山位于陕西省华阴市，它南接秦岭、北临黄渭，群峰林立、山势奇险，素有"奇险天下第一山"之称。华山有东峰朝阳、南峰落雁、西峰莲花、北峰云台、中峰玉女五座山峰，五峰中又以朝阳、落雁、莲花三峰为主峰，这三峰也被誉为"天外三峰"。

金锁关：是建在三峰口的一座城楼般的石拱门，是经五云峰通往华山东西南三峰的咽喉要道，锁关后则无路可通。

*山岳峰林*

绿；所谓"险"，则险在千尺幢令人心胆俱寒、百尺峡摇摇欲坠、擦耳崖傍临深渊、苍龙岭两侧万丈深沟……

华山山体有着花岗岩垂直节理的特性，正是这种特性使其具有"削成而四方，其高五千仞"的险峻形象。据《山海经》记载："太华之山，削成而四方，其高五千仞，其广十里。"

### ■ 3. 东峰朝阳观日出

华山东峰峰顶有一平台，居高临险，视野开阔，是著名的观日出的地方，人称朝阳台，东峰也因之被称为朝阳峰。当晴天破晓之际，登临朝阳台，便可看见一轮红日冉冉升起，天边闪烁出万道霞光。这般奇幻而瑰丽的景色曾经让无数登临者陶醉其中。

### ■ 4. 南峰落雁摘星斗

落雁峰因为大雁北回时常在这里落下歇息而得名，它海拔2154米，是华山三座主峰中的最高峰，也是五岳之中的最高峰，古人尊称它为"华山元首"。

登上落雁的峰顶，马上会有抬手可触苍穹之感。落雁峰峰顶就是华山极顶，登华山的人都以攀上极顶而倍感自豪。历代的文人们往往在这里大发豪情，挥毫泼墨，吟诗兴赋。

### ■ 5. 石作莲花云作台

华山西峰海拔2082米，古代文人多称其为莲花峰、芙蓉峰。明代著名旅行家、地理学家徐霞客在《游太华山日记》中记载："峰上石耸起，有石片覆其上，如荷花。"李白诗中的

莲花峰：

　　西峰海拔2082米，为华山主峰之一，因位置居西而称西峰。又因峰巅有巨石形状好似莲花瓣，古代文人多称其为莲花峰、芙蓉峰。

"石作莲花云作台"也指此峰。

西峰为一块完整的巨石，浑然天成。它的西北面绝崖千丈，似刀削斧劈。南崖有山脊与南峰相连，脊长300余米，石色苍黛，形态好像一条屈缩的巨龙，人称为屈岭，也称小苍龙岭，是华山著名的险道之一。西峰上景观比比皆是，最著名的有翠云宫、莲花洞、巨灵足、斧劈石、舍身崖等。

#### 【百科链接】

**地理百科：自古华山一条路**

　　人们常说："自古华山一条路。"这是为什么呢？原来，从华山山脚通往山顶，只有一条从百尺峡、老君犁沟到云台峰、三元洞、苍龙岭的山路。由于这条山路陡峭危险，明代以前除少数道士和樵夫外，很少有人去山顶。明清以后，由于山路的扩展，游人才渐渐多了起来。

# 嵩山：中华武林圣地

嵩山位于河南省登封市西北，是五岳里的中岳，古称外方山，夏商时称嵩高，西周时称岳山；唐朝初期，武则天登临此山，封其为中岳，后世称中岳嵩山。嵩山地区是中国夏、商、周三代的立国中心，是中国踏入文明时代最早的地方，也是中国传统文化的发祥地之一。

## ■ 1."五世同堂"的地貌特征

据地质学家考察，嵩山一带岩石发育完善，在地球发展史上历太古代、元古代、古生代、中生代、新生代，可谓"五世同堂"。

嵩山一带古老的岩石系形成于23亿年前，当时地壳发生了一次剧烈运动，地质学家们将这次运动叫作"嵩阳运动"。此前，嵩山所在地是一片大海。此后，此地地壳受到嵩山群地层的冲击，开始下沉到海平面以下。这种状态持续了10亿多年，现存2100米厚的嵩山群底层基本上就是在这个时期形成的。

距今8亿年前，嵩山所在地地壳再次发生变动，地质学家们称其为"中岳运动"。在这次变动中，石英砂岩开始慢慢隆起，并且褶皱成山。同时，强烈的褶皱作用使有的岩层被挤得直立了起来。

在2.3亿年前后，中国境内又发生了一次持续很长时间的地壳运动——"燕山运动"，在此期间，嵩山地区受到南北方向作用力的推挤，从而形成了今天的山势地貌。

> 嵩山：
> 　　嵩山是五岳之一，称为中岳。它东西横卧，雄峙中原，最低海拔为350米，最高海拔为1491米。

## ■ 2. 雄浑的太室与险峻的少室

嵩山主要由东部的太室山和西部的少室山组成。太室山海拔1440米，山势雄浑，逶迤绵延，宛如醉卧苍龙，显示出"嵩山如卧"的特征。据说，禹的第一个妻子涂山氏生启于此，山下建有启母庙，故人们称此山为"太室"。到了清代，乾隆帝游嵩山时，曾在此赋诗立碑，所以后来人们也称此峰为"御碑峰"。

少室山山势陡峭，层峦叠嶂，由御寨山和

中岳嵩山位于河南省登封市西北，历史悠久，是中国最早迈入文明时代的地区，也是中华文化的发祥地之一。嵩山是人文景观与自然景观完美结合的典范，既有秀美、雄浑的奇峰峻岭，也有享誉海内外的"天下第一名刹"少林寺。

武则天：一代女皇武则天上承"贞观之治"，下启"开元盛世"，是我国封建时代杰出的女政治家。她与嵩山有着不解之缘，也是历史上唯一一位封禅嵩山的皇帝。

山岳峰林

九朵莲花山组成。据说，禹的第二个妻子涂山氏之妹栖于此，故此山名为"少室"。据《河南府志》记载，金宣宗完颜珣与元太祖成吉思汗交战时，宣宗被逼出京，曾退入少室山，在山顶屯兵，故少室山又被称作"御寨山"。

### ■ 3.武林圣地少林寺

嵩山地区拥有众多历史遗迹，是中华文明遗产的一大保存地，尤其是嵩山少林寺，更是扬名海内外。少林寺是享誉世界的禅宗祖庭和少林武术发源地，素有"天下第一名刹"之美誉。

少林寺位于嵩山腹地，在少室山五乳峰上，四周有群山环抱，林峦错峙，环境清幽。因寺院处于少室山阴，周围竹木蔽翳，故名少林寺。

少林寺始建于北魏年间，原有建筑较多。而现在的少林寺，只包括主体建筑常住院，离寺西不远的塔林，寺西北阜地上的初祖庵，少溪河南岸的南园，钵盂峰下的二祖庵，寺东太室山麓的三祖庵以及分散在寺周围的古塔等。

寺内中心建筑——大雄宝殿是寺院佛事活

藏经阁：
藏经阁是少林寺僧人藏经之处，始建于明代，1928年被毁，1994年重建。

动的中心场所，重建工程于1986年6月完成。殿内供奉着佛教释迦牟尼、阿弥陀佛、药师的佛像，屏墙后面有悬塑观音像，两侧有十八罗汉像侍立。

少林寺内保存的文物十分丰富，有珍贵的碑碣石刻，如武则天撰文的《大唐天后御制诗书碑》，以及《唐秦王告少林寺主教碑》、《皇唐嵩岳少林寺碑》等。还有米芾、赵孟頫等著名书法家书写的碑刻，这些碑刻不仅是重要的史料，而且有很高的艺术价值。

### ■ 4.人文景观荟萃的书香圣地

嵩山不仅有奇特壮丽的自然风光，更是人文景观荟萃的书香圣地。

嵩山上有最重要的一处儒家文物遗迹，它就是位于嵩山北麓偃师市佃庄镇的东汉太学遗址（太学是古代的"国立大学"，是传授儒家经典的最高学府）。

此外，坐落在嵩山南麓的嵩阳书院是我国北宋时期著名的四大书院之一。宋代名儒司马光、范仲淹、程颢、程颐以及明清许多学者都在此讲过学。

少林武僧：
唐朝初年，少林武僧曾协助秦王李世民南征北讨，立下赫赫战功。

**【百科链接】**

**地理百科：嵩山观星台**

嵩山南面的观星台是一座古老的天文观测台，是元初科学家郭守敬主持修建的。观星台为砖石混合结构，由台身和量天尺两部分组成，平面呈方形，台高12米多。当年郭守敬利用针孔成像原理，凭借多年的天文观测的经验，推算出一个周年的时间，与现在测定的时间仅差26秒。同时，他还制定了当时世界上最先进的历法——《授时历》。

| 地理位置： | 江西省九江市 | | 海　拔： | 1473米 |
|---|---|---|---|---|
| 面　积： | 302平方千米 | | 大事记： | 1996年12月被列入《世界遗产名录》 |

# 庐山：匡庐奇秀甲天下

庐山位于长江中游南岸江西省九江市南部，北濒长江，东临鄱阳湖，以雄、奇、险、秀闻名于世，素有"匡庐奇秀甲天下"之美誉。

庐山险峻与柔丽并济。这里既有巍峨挺拔的青峰秀峦，又有喷雪鸣雷的银泉飞瀑；既有瞬息万变的云海奇观，又有俊奇巧秀的园林建筑……唐代著名诗人李白曾这样赞美庐山："予行天下，所游山水甚富，俊伟诡特，鲜有能过之者，真天下之壮观也。"

## 1. 天公造化的美景胜地

庐山是一座崛起于平地的孤立形山系。它曾经历过漫长而复杂的地质运动。第四纪时，庐山所在地区的岩层明显上升，形成了许多高岭和山峰。其中，北部以褶曲构造为主要特征，形成一系列谷岭地貌，南部和西北部则为一系列断层崖，形成高峻的山峰。而以庐山为中心的山地中分布着宽谷和峡谷，外围则发育

庐山：庐山山体呈椭圆形，长约25千米，宽约10米，绵延的90余座山峰犹如九座屏风，把守着江西的北大门。

为阶地和谷阶。正是这些神奇的地质构造和强烈的地质运动，造就了今天美丽的庐山。

"庐山"之名始见于史书是在西汉时期，司马迁在《史记》中记载道："余南登庐山，观禹疏九江。"由此算来，人们游览庐山已有2000多年的历史了。

庐山以其优美的自然景观和优越的地理位置，吸引着东西南北、古往今来的游人。无论是文人墨客，还是僧人羽士，都曾在此驻足建舍，刻石留文，于是庐山变成了一座文化名山。

## 2. 庐山之奇仙人洞

仙人洞又称佛手岩，是庐山最奇特的景观之一，位于锦绣谷的南端。这是一座因风化而形成的天然岩洞，相传是中国神话传说中的八仙之一吕洞宾修道成仙的地方，故名仙人洞。

仙人洞洞前有圆门，过了圆门有一块悬空巨石往北伸展，名为"蟾蜍石"。石背裂缝处长有虬曲古松，人称石松。松下石面上刻有"纵览云飞"四字，被视为仙人洞乃至庐山的标志。

## 3. 姿态各异五老峰

五老峰是五座山峰，位于庐山东南侧，因为从山麓仰视，这五座高峰仿佛五个姿势不同的老人并坐一起，故名五老峰。

从不同的角度去观察，五老峰便会展现出不同的姿态：像诗人吟咏，像勇士高歌，像渔翁垂钓，有时像老僧盘坐。

## 4. 庐山顶峰汉阳峰

汉阳峰位于庐山东南部，海拔1473米，是庐山最高峰。它虽不及五老峰奇险，但雄伟高大，气概非凡。登临峰顶，远眺长江滚滚东流，近观鄱阳湖水波浩渺，俯视脚下

庐山位于江西省九江市南部，北濒长江，东临鄱阳湖，山势雄浑，诸峰争奇，景色秀丽，有"匡庐奇秀甲天下"的美誉。这里有奇特的仙人洞、姿态奇异的五老峰、雄伟高大的汉阳峰以及佛教名寺东林寺等名胜古迹。

白鹿洞书院朱熹像：宋朝著名理学家朱熹重修书院之后，白鹿洞书院扬名国内，与岳麓书院一样，成为宋代传习理学的重要基地。

山岳峰林

群山连绵，令人感到山河壮丽，气象万千。

汉阳峰顶有一石砌平台，名汉阳台。汉阳台附近有一石碑，上刻"大汉阳峰"四字。台前悬崖形同靠椅，据说大禹治水时，就曾坐于此崖之上俯视长江，思考如何治水，此崖因此被人们称作"禹王崖"。

### ■ 5.净土宗发源地——东林寺

位于庐山西北山麓的东林寺，是中国佛教净土宗发源地，该寺曾是全国八大道场之一。东晋太元十一年（386年），一个叫慧远的僧人在此建寺讲学，并创设莲社（亦称白莲社），倡导弥陀净土法门，后被推为净土宗始祖。

东林寺在唐朝时最为繁盛，有殿堂建筑310余间，门徒千余人，藏经及论著数万卷。明清以来，东林寺屡遭兵祸，现存殿宇基本为清末遗物。寺中现有"唐经幢"、"护法力士"、"柳公权东林寺残碑"、"李北海东林寺残碑"、"王阳明游东林寺碑"等珍贵文物。

### ■ 6.绿色宝库——庐山植物园

庐山不仅是旅游胜地，还是一座天然植物园。这里的植物种类丰富，起源古老，我国南北地区的植物资源在这里交会过渡，因此庐山被地理学家称为"绿色宝库"。

庐山植物园占地近300万平方米，引种栽培植物3400余种，建有松柏区、国际友谊杜鹃园、温室区、草花区、树木园、岩石园、猕猴桃园、药圃、茶园等9个不同类型的专类园和展览区。其中，国际友谊杜鹃园收集的国内外杜鹃多达300余种。每年5月，杜鹃园杜鹃盛开，万紫千红，溢彩流光。

**五老峰：**
五老峰位于庐山东南侧，为庐山著名的高峰，海拔1436米，山顶苍莽，下压鄱阳湖，壁立千仞，绵延数里，十分壮观。

庐山植物科的地理分布类型共有7个，其中尤以"中国特有类型"引人注目，这种类型的植物大多属于第三纪以来的古老孑遗植物，主要有鹅掌楸、香果树、大血藤、青钱柳、血水草、长年兰、杜仲、喜树等。

**庐山瀑布：**
瀑布、云海与绝壁一同构成了庐山三绝。远远望去，庐山瀑布有如蛟龙一般从天而降，气势逼人，不禁让人想起李白"飞流直下三千尺，疑是银河落九天"的名句来。

### 【百科链接】

**地理百科：匡谷羽化之地**

关于庐山之名的来历有很多传说，其中流传最广的是匡谷修炼的故事。相传殷周之际，有个叫匡谷的人，在庐山静心修炼。他居住的地方十分隐蔽，于是人们称之为"仙庐"。周定王知道后，派使者去山里迎接匡谷，匡谷避而不见。200年后，周成王又派使者去接他，也不见其仙踪。使者找了几个月，才找到匡谷居住的地方，但他早已羽化成仙，"唯庐独存"。从此，人们就把匡谷结庐隐居的山称为"庐山"，又名"匡庐"。

# 五台山：佛光普照清凉山

五台山五峰高耸，峰顶平坦宽广，如垒土之台，故称五台山。它是驰名中外的佛教圣地，与峨眉山、九华山、普陀山并称中国佛教四大名山。

五台山上悠久的建寺历史和宏大的寺院规模，放射着特有的人文光辉，使五台山成为享誉海内外的旅游胜地。

## 1. 佛教圣地五台山

据古籍记载，五台山在东汉年间已有寺庙建筑。到唐朝时，盛行"文殊信仰"，五台山的寺院建筑多达360多处。清朝时喇嘛教传入，五台山出现了独具特色的青、黄二庙。

文殊菩萨：
文殊菩萨是释迦牟尼佛的左胁侍，专司"智慧"。传说五台山便是文殊菩萨说法显灵的道场。

五台山有东、西、南、北、中五个台顶，台顶中间部位称台内，以台怀镇为中心，其外围称台外。台内寺庙林立，殿宇鳞次栉比，圣景圣迹荟萃，其中显通寺、塔院寺、殊像寺、罗睺寺和菩萨顶被称为五台山五大禅处；台外的寺庙则以佛光寺最为著名。

纪时期，五台山所在地又经历了著名的"五台隆起"运动，形成当时华北地区最雄浑壮观的山地。第四纪时期，冰川覆盖了五台山所在地，留下了弥足珍贵的冰缘地貌。后来，随着构造运动的发展，五台山所在地开始隆起上升，同时又经受着外力的风化剥蚀，到距今1亿多年前的中生代后期，已进入准平原状态。随后，在喜马拉雅造山运动的影响下，五台山所在地再次抬起，上升了近2000米，成为典型的断块山地。

## 2. 地质研究的教科书

五台山地质历史悠久，地层发育典型，被专家称为"地质研究的教科书"。

五台山的地质基础可追溯到地球最早的地质年代——距今20多亿年前的太古宙。到震旦

## 3. 五峰胜景天下奇

五台山的五座主峰，风景各不相同：在东台望海峰可看云海日出，望海寺坐落峰中；在西台挂月峰可赏明月娇色，法雷寺藏于峰中；南台锦绣峰是花的海洋，普济寺扬帆于花海中；在北

五台山坐落在山西省东北部，它拥有厚重的人文历史底蕴，是驰名中外的佛教圣地，也是中国四大佛教名山之一。五台山现存有佛教寺庙43处，其中最著名的是中国修建时间最早、规模最大的寺院显通寺和有"中国第一国宝"之称的佛光寺。

台叶门峰可览群山层叠，灵隐寺掩映其中；在中台翠岩峰可见巨石如星，更有天造奇观"热融湖"、"冰胀丘"、"龙翻石"、"写字崖"、"佛母洞"等，美不胜收。

### ■ 4. 华北屋脊清凉山

由于海拔较高，所以五台山有终年不化的冰雪，山上四季清凉，就连夏天也不曾炎热过。同时，因台顶上曾有夏天飞雪的记载，所以古时五台山就被称为"清凉山"。东台的山口处立着一块汉白玉牌坊，上写"清凉圣境"，也是此意。

五台山气候十分清凉，僧人们必须忍受经

> **五台山：**
> 　　五台山是驰名中外的佛教圣地，传说文殊菩萨的道场即建于此。五台山以其建寺历史之悠久和规模之宏大而居佛教四大名山之首，故有"金五台"之称。

年累月渗入骨髓的寒气。这种寒气使人警醒，因此僧人们在五台山修炼，其效果格外好。

### ■ 5. 中国第一国宝——佛光寺

日本学者曾宣称，中国在唐代以前没有木结构建筑。我国著名建筑学家梁思成带着强烈

> **【百科链接】**
>
> **地理百科："天然植物园"**
> 　　五台山的植物种类多达600余种，其中有观赏价值的开花植物200多种。相传唐朝女皇武则天闻听"佛地"花卉奇异，曾从五台山移植了许多名贵花草，栽种在御花园内。同时，五台山有药用价值的植物达150余种，其中台参、黄芪、黄芩等药材质量上乘，名闻中外。菌类植物台顶香蘑，既是珍贵药品又是食用佳肴，在我国古代曾被钦定为贡品。

**显通寺：**
　　显通寺坐落在山西省五台县台怀镇。它是五台山众多寺庙中最大、最古老的一座。该寺历史悠久，珍贵文物很多，是佛教圣地五台山中的一颗明珠。

的民族自尊心和责任感不停地寻找，终于在五台山找到了正宗的唐代木结构建筑——佛光寺东大殿，因此佛光寺被誉为中国的国宝。

佛光寺位于佛光山山腰。寺因势建造，坐东向西，三面环山。寺区松柏苍翠，殿阁巍峨，环境清幽。该寺的主殿东大殿，建于唐宣宗大中十一年（857年）。东大殿外表朴素，柱、额、斗拱、门窗、墙壁等全用土红色油漆涂刷。大殿内完整地保存着唐代泥塑和壁画，是中国现存木结构建筑中唯一存留的早期壁画。

### ■ 6. "镇山之宝" 圆光奇景

五台山最奇妙的自然景观莫过于"圆光"奇景。一般的彩虹多发生在雨后，呈弧形。但在五台山，不下雨也会出现"彩虹"，这种"彩虹"呈圆环状，有时圆环有内外两圈。更奇特的是，七彩圆环中会出现各种景观，有时是飞禽，有时是跑兽，有时是殿堂，有时是佛像，有时甚至是观察者自己。这种由物理、地理、气象等诸多条件综合巧汇而成的自然景观，秀丽壮观，被宗教界视为五台山"镇山之宝"。

◁ 地理位置：四川省乐山市　　◁ 面　　积：22万平方米
◁ 海　　拔：3079米　　　　　◁ 大 事 记：1996年被列入《世界遗产名录》

# 峨眉山：秀美的佛国仙山

**万佛顶：**
　　万佛顶为峨眉山最高峰，海拔3079米，寓意"普贤住处，万佛围绕"。

**峨眉山：**
　　峨眉山集自然风光与佛教文化为一体，是著名佛教圣地和旅游胜地，索有"峨眉天下秀"之称。峨眉山层峦叠嶂，雄伟壮丽，气象万千，有"一山有四季，十里不同天"之说。

　　峨眉山位于四川省乐山市，以优美的自然风光和"佛国仙山"闻名于世，是我国的四大佛教名山之一。

　　峨眉山是大峨山、中峨山、小峨山的总称。远望大峨、中峨，只见两山并列对峙，细而长，仿佛美女两条细长的眉毛，故名峨眉。峨眉山景观奇特，金顶的云海、日出、佛光、圣灯、朝晖、晚霞等，令游人流连忘返。

## ■ 1. 一山有四季，十里不同天

　　峨眉山山势雄伟，景色秀丽，气象万千，素有"一山有四季，十里不同天"之妙喻。峨眉山海拔较高，气温垂直变化显著，因而植被垂直带谱明显。据统计，山上的植物多达3700余种。

　　此外，峨眉山以多雾著称，山上常年云雾缭绕，雨丝霏霏。弥漫山间的云雾，变化万千，把峨眉山装点得婀娜多姿。

## ■ 2. 历史悠久的佛国仙山

　　《峨眉山志》等多部资料中均记载了这么一段传说：东汉明帝永平六年（63年），有一个蒲姓老者上山采药，看见一只鹿十分美丽，于是便开始追，追至山顶时，鹿却失去了踪迹。最后，他漫山寻遍，终无所获。在山上结庐修行的宝掌和尚说鹿是普贤菩萨化身来到此地，自然无人能捉。

　　据此，峨眉山被公认为普贤菩萨的道场，以后历代人修建寺庙时都以普贤为中心，峨眉山也因此发展成为中国四大佛教名山之一。

## ■ 3. 变幻无穷的金顶日出

　　每座名山都可观看日出，但峨眉山的日出却别具一格——在峨眉山的金顶看日出，会因

峨眉山集自然风光与佛教文化于一体，是中国四大佛教名山之一。峨眉山与其他名山一样有着多种自然奇观，其中以"佛光"与"圣灯"最为出名，它们之所以被这样命名与峨眉山是佛教圣地密切相关。

峨眉金顶：金顶是峨眉山寺庙和景点最集中的地方，为峨眉山精华所在。金顶有四奇：日出、云海、佛光、圣灯。

山岳峰林

为气象条件和季节的不同而景观迥异。

天气晴朗时，太阳如火球般从地平线一跃而起，游人在金顶可以观赏到壮丽日出的全过

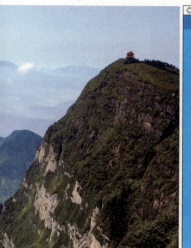

【百科链接】

**地理百科：乐山大佛**

乐山大佛位于峨眉山东麓的栖鸾峰，古称"弥勒大像"、"嘉定大佛"，始凿于唐代开元初年（713年），历时90年才得以完成。大佛通高71米，是世界现存最大的一尊摩崖石像，享有"山是一尊佛，佛是一座山"之盛誉。佛像雕刻细致，线条流畅，身体比例匀称，气势恢弘，体现了盛唐文化的宏大气派。

程；天边有云雾时，等到看见日出，朝阳已经是一轮耀眼的红日了；云层弥漫时则仅能看到朝霞、云海。

### ■ 4. 奇妙的金顶佛光

有人说佛光是普贤菩萨向凡夫俗子显露真容。实际上，佛光是一种光的自然现象，是光的衍射作用形成的。中国科学家将其命名为"峨眉宝光"。

在峨眉山观看佛光，最佳的时间是下午2时至5时，最佳的地点是舍身岩。选好时机后站在舍身岩上，当观者背向偏西的阳光时，会突然发现光环中有自己的身影。更离奇的是，即使成千上百人同时同地观看，观者也只能看见自己的影子。

峨眉金佛：

峨眉金佛全名为"金顶四面十方普贤金像"，位于峨眉金顶上，是世界上最高的金佛。

### ■ 5. 壮观的峨眉云海

峨眉云海是峨眉金顶的另一奇观。每当晴空万里之时，只见深谷云起，形成浮云。云层渐渐弥漫，越积越厚，以至大部分山体都淹没在了云层之中，只有峰尖露出，犹如岛屿耸立。此时若是无风，波澜不动，云面似镜，仿佛蓬莱仙境；一旦风起，只见云海翻滚，波涛汹涌，犹如万马奔腾，扑面而来，令人感到十分惊骇。

### ■ 6. 独一无二的金顶圣灯

圣灯也是峨眉山四大奇景之一。秋季雨后初晴、明月归隐之夜，站在崖边朝谷底望去，便见深谷一片漆黑，只有几个绿莹莹的豆大光点来回穿梭，渐渐地，光点越来越多，既而满谷皆是，像菩萨撒下的夜明宝珠，僧人称其为"佛灯"。

其实，这是磷在淋雨后发出的绿光。因其光度不强，故必须在没有月光的夜晚才能看见。

### ■ 7. 佛教圣地古刹多

近2000年的佛教发展历程使峨眉山的寺庙宫观得到很大发展，全山建有大小寺院近百座。其中尤以报国寺和雷音寺最为有名。

报国寺原名"会宗堂"，康熙御赐"报国寺"之名，寺内的匾额为康熙御书。雷音寺建于明代嘉靖年间，原名观音堂，清代改名为雷音寺。寺内供奉着释迦牟尼像和千眼观音佛像。

# 武当山：道教第一名山

的升腾与凄婉，意态的高远与宽阔，在中原腹地凝聚成一种奇特的人文景观，千百年来，吸引着无数游人慕名前往。

> **武当山：**
>
> 武当山方圆400里，高险幽深，云飞雾荡，磅礴处势若飞龙走天际，灵秀处美似玉女下凡来，被誉为"亘古无双胜境，天下第一仙山"。

武当山又名太和山，是中国著名的风景名胜区，被誉为"亘古无双胜境，天下第一仙山"。武当山集雄、奇、险、秀、幽于一身，峰奇谷险，异常秀丽。此外，山上还分布着许多道教建筑。这些建筑大多始建于公元7世纪，到明代形成了大面积的道教建筑群，代表着我国元、明、清三朝的建筑艺术成就。

## ■ 1. 天下第一仙山

据记载，唐朝贞观年间唐太宗曾诏令在武当山灵应峰创建五龙祠。宋、元以来，武当山的道教建筑几经扩建。明成祖曾于永乐十年（1412年）动用军夫30多万人在此大兴土木。

相传武当山是道教玄武大帝修仙得道后飞升之胜地，历代许多道教名士也都曾在此修炼，比如唐代的吕纯阳（即吕洞宾）、五代的陈抟、宋代的寂然子以及传说中武当派的宗师张三丰等等。

武当山以难以言表的旨趣和透脱通达的胸怀，将山的雄奇与妩媚，水的流荡与静谧，雾

## ■ 2. 一柱擎天

武当山有72峰、36岩、24涧、11洞、3潭、3泉、10石、5台等自然胜景。其中，72峰中的主峰天柱峰顶天立地，海拔1612米，素有"一柱擎天"之誉。

布满金银色石头的天柱峰在群山之中拔空峭立，远方无依附，犹如金铸玉琢的宝剑。因此，远眺天柱峰，有"光镀三界，翠流九州"之感。

## ■ 3. 最大的古铜建筑物

金殿又名"金顶"，是武当山的标志，也是我国现存最大的古铜建筑物。金殿高5.45米，宽4.4米，深约4米，周围有12根立柱，檐脊上立着68个玲珑精巧、栩栩如生的铜兽。殿内所置铜像、铜案、供器金光闪耀，灿烂夺目。正中宝座上供奉着玄武大帝的神像，高1.86米，重10吨，神像身材魁梧，面容丰润，神情庄严宁静，显示出玄妙与睿智，展示着力量与

武当山坐落在湖北省西北部，峰奇谷险，景色秀丽，同时也是道教文化的发祥地，山上建有精美的道教建筑。武当山被誉为"中国道教第一名山"，享有"亘古无双胜境，天下第一仙山"的美名。

龙头香：是古代工匠采用圆雕、镂雕、影雕等多种手法凿刻的浑为一体的两条龙。传说这两条在万仞峭壁上悬空伸展的龙是玄武大帝的御骑，玄武大帝经常骑着它们到处巡视。

山岳峰林

仁慈，是全山尚存神像中造型最美的一尊。在玄武神像前的御案下，有铜铸鎏金龟蛇，据说这是玄武神的原始形象。它状如蛇绕龟腹，首尾相对，非常传神。

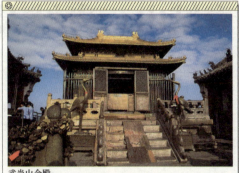

武当山金殿：
位于武当山主峰天柱峰的顶端。始建于明永乐十四年（1416年），是中国现存最大的铜铸建筑物。

## ■ 4. 道教宫殿玉虚宫

玉虚宫全称"玄天玉虚宫"，是武当山道教建筑中最大的宫殿之一。道教中所说的"玉虚"指玉皇大帝的居处，因玄武神被玉皇大帝封为"玉虚师相"，此宫因此得名。

宫观前后崇台迭砌，规制严谨；左右两边院落重重，楼台毗连；中部有玉带河穿插，曲折萦回；四周红墙高垒，环卫玄宫，其气势和格局都可以与北京的太和殿相媲美。令人惋惜的是，清乾隆十年（1745年），一场大火使玉虚宫的大部分建筑被毁。

## ■ 5. 皇室修建的道家宫殿太和宫

太和宫位于武当山主峰天柱峰南侧，全称为"大岳太和宫"，建于明永乐年间。整个宫室布局巧妙，既充分利用了天柱峰一柱擎天的气势，又按照皇家建筑格局，体现出永乐皇帝神权至高无上的思想。

太和宫由永乐皇帝亲自策划营建，他还派大量人力来管理。太和宫规模之大，规划之妙，构造之严谨，装饰之精美，神像、供器之多，在中国现存道教建筑中都是绝无仅有的。

## ■ 6.浑然天成的南岩宫

南岩宫也叫"紫霄岩"，全称是大圣南岩宫，因朝向南方，故又称南岩。

南岩宫所在的山上接碧霄，下临绝涧，峰岭奇峭，林木苍翠，是武当山36岩中最美的一处。工匠们在此修建建筑物时，巧借地势，在手法上打破了传统的完全对称的布局和模式，使建筑物与周围环境达到了高度的和谐统一。因此，南岩宫成了武当山人文景观和自然景观结合得最完美的一处景点。

武当香炉：
香炉是焚香的器具，用陶瓷或金属制成。

在南岩宫附近，有一座伸出悬崖的石雕，叫作龙首石，也就是人们常说的"龙头香"。它长3米，宽0.55米，是古代工匠采用圆雕、镂雕、影雕等多种手法凿刻成的双体合一的两条龙。龙首石悬于绝壁外，前临万丈深渊，形成了一处绝妙的景观，历来被人们所称道。

【百科链接】

**地理百科：武当道教**

自宋代开始，历朝历代的皇帝均对道教大力扶植，还出资兴修宫观，并敕封一些道人各种尊贵的称号。同时，道教的各个教派在长期共存中不断融合，逐渐形成了以崇奉玄武大帝为主要特征的武当道教。武当道教既是中国道教的一个重要组成部分，本身又具有鲜明的特点。

# 青城山： 青城天下幽

青城山位于四川省成都平原西北部，古称丈人山，素有"洞天福地"、"人间仙境"、"青城天下幽"之誉。青城山分为青城前山和青城后山两部分：前山景色优美，文物古迹众多；后山水秀林幽，有金壁天仓、圣母洞、山泉雾潭、白云群洞等著名景点。

## ■ 1. 道教的祖庭

东汉顺帝汉安二年（143年），道教"天师"张道陵来到青城山，看中青城山的深幽涵碧，遂在这里设坛传道。他运用黄帝、老子的学说，将古代巴蜀的"五斗米巫"学说进行了一番改造，创立了道教，历史上称之为"天师道"。天师道的创立，标志着中国道教体系的正式建立。此后，青城山便成了道教的祖庭、祖山。

青城山成为道教圣地以后，1800多年来道脉不断。唐代的玉贞公主于712年出宫向道，

> 青城山：
> 　　青城山空翠四合，溪谷、宫观皆掩映于繁茂苍翠的林木之中。道观亭阁不假雕饰，与山林岩泉融为一体，体现出道家崇尚朴素自然的风格。

后进入四川，在青城山丈人观西筑室修炼；"广成先生"杜光庭于881年以青城山为中心重振道教，他在青城山生活的30年中著述甚丰，共写成著作30部250多卷，这些著作在中国道教典籍中占有重要地位。

## ■ 2. 喜马拉雅造山运动的产物

青城山位于邛崃山脉与龙门山脉两大山脉的交会处，是1.8亿年前在喜马拉雅造山运动中形成的。

由于青藏高原在逐步抬升，青城山的山体也随之抬升。在抬升的过程中，山体受到强烈挤压，岩层破碎，形成较大的起伏和明显的褶皱。所以，今天我们看到的青城山山形千奇百怪，有绝壁深壑，有断崖裂石，奇峰叠嶂、幽谷深潭、古洞苍岩纵横其间，处处显现出大自然的鬼斧神工。

## ■ 3. 青城风景天下幽

青城山是邛崃山脉南段的东支，地处四川省成都平原西北部，属中亚热带湿润气候区。这里夏无酷暑，冬少严寒，雨量多，湿度大。

青城山坐落于成都平原西北部，是道教"天师"张道陵的创教之所，为中国著名的道教圣地之一。青城山风景清幽秀丽，素有"人间仙境"、"洞天福地"之称，人们赞之为"青城天下幽"。

天师洞石碑：相传东汉时，天师道创始人张道陵曾在今四川青城山山腰第三混元顶蛸壁间修炼布道，故称天师洞。

山岳峰林

满山林木葱茏，繁花似锦，景象绮丽华美。

青城前山是青城山风景名胜区的主体部分，面积约15平方千米，主要景点有建福宫、天师洞、朝阳洞、祖师殿、上清宫等。后山总面积约100平方千米，主要景点有金壁天仓、圣母洞、山泉雾潭、白云群洞、天桥奇景等。古时候，青城山有"三十六峰"、"八大洞"、"七十二小洞"、"一百八景"之说。

青城山空翠四合，溪谷、宫观皆掩映于繁茂苍翠的林木之中。道观亭阁与山林岩泉融为一体，或隐或现，意境深远、幽古清雅。在追求质朴、崇尚自然的道士眼中，这样的环境无疑是一处洞天福地，难怪他们赞曰："青城天下幽。"

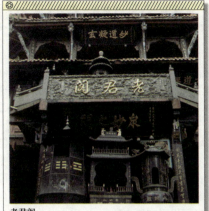

老君阁：

老君阁雄踞于青城第一峰（即彭祖峰顶，或称高台山、老霄顶）之巅。顶上最初建有呼应亭，取"登高一呼，众山皆应"之意，后改亭建阁，名曰"老君阁"。

### ■ 4. 皇帝亲封的建福宫

建福宫坐落于青城山丈人峰下，始建于唐代，后来在清代时重建，现存两院三殿。宫内殿宇金碧辉煌，院落清新幽静，宛如仙宫。建福宫前有亭楼山泉映衬，后有丹台翠林呼应，气势非凡。因诗人范成大曾在此为宋帝祈祷，皇帝特授名为"瑞庆建福宫"。诗人陆游曾这样描写当时的建福宫："黄金篆书榜金门，夹道巨竹屯苍云。岩岭划若天地分，千柱眈眈在其垠。"

### ■ 5. 张天师讲道的天师洞

天师洞为青城山的道观主宫，始建于隋代，初名延庆观，唐代改为常道观。相传张天师曾在此讲道，故又名天师洞。

天师洞正殿内有雕于唐代的轩辕、伏羲、神农三尊石像，正殿楼上有明代浮雕木花屏。

观门左侧有一棵高达数十米的银杏树，相传为张天师所种。

天师洞北面的"三岛石"拔地而起，相传为张天师降魔时挥剑所劈。后面的山岩上有一道深槽，据说为张天师降魔时掷笔所致，故称"掷笔槽"。

### ■ 6. 人间桃源——白云群洞

白云群洞由上百个大大小小的天然洞穴组成。洞内曲径幽深，有河有桥，宛若神仙洞府。望云亭上的楹联"人间桃源洞，天外白云乡"对此胜景大为咏赞。清代徐星在《灌县乡土志》中也说："白云诸洞，如屋能居。唐宋时，依岩架屋，有禅僧栖之。光绪初年，成都知府黄云鹄，闻其中一洞有石刻，亲自攀藤附葛而上，果见岩壁间有石刻题诗，字迹依稀可辨，吟咏半日，不忍离去。"

【百科链接】

**地理百科：青城山名字的由来**

关于青城山名字的来由，历来有两种说法：有人说是青城山阴阳三十六峰呈环状排列，"青翠四合，状如城郭，故名青城"。也有人这样解释：青城山原名清城山，但到了唐初，由于佛教发展很快，山上发生了佛、道两教的地盘之争，官司打到皇帝那里之后，信道的唐玄宗亲下诏书判定"观还道家，寺依山外"。诏书上误把"清"字写成了"青"，于是人们只好将清城山改称为青城山。

◁ 地理位置：福建省西北部　　◁ 面　积：70平方千米
◁ 海　拔：最高2160米　　◁ 大 事 记：1999年被列入《世界遗产名录》

# 武夷山：秀美甲东南

武夷山位于福建省西北部武夷山脉北段东南麓，是驰名中外的自然风景名胜区。前人曾用"三三秀水清如玉，六六奇峰翠插天"来勾勒武夷山水的概貌，"三三秀水"是指盘折山中的九曲溪，"六六奇峰"是说奇峰竞秀的三十六峰。

如果说自然遗产是武夷山的秀美山貌，那么文化遗产则是其灵魂精髓所在。武夷文化可用一个"奇"字来概括，它不仅奇在历史的积淀，还奇在山水与人的思想、活动相互交融，达到了"天人合一"的境界。

化剥离和流水侵蚀，形成了孤立的山峰和陡峭的奇岩怪石。这就是地理上所说的丹霞地貌，正是这种奇特的地貌，造就了武夷山以"奇秀"、"深幽"为特征的优美风光。

武夷山西部是全球生物多样性保护区，分布着世界同纬度带现存最完整、最典型、面积最大的中亚热带原生性森林生态系统；东部的山与水完美结合，人文与自然有机相融，并以秀水、奇峰、幽谷、险壑等诸多美景和众多的文物古迹而享有盛誉；中部联系东西部并涵养九曲溪水源，是生态环境保持得最好的区域。

## ■ 1. 秀丽的丹霞风景区

武夷山地区的红色砂岩、砾岩经长期风

## ■ 2. 灵岩一线天

灵岩是一座高数百尺、长约百丈的巨岩。岩底有伏羲洞、风洞、灵岩洞三个并列的岩洞。沿岩洞进入灵岩深处，抬头仰望，可见一线天光从岩顶泻下，宛如碧虹跨空。故灵岩也被人们称作"一线天"。

"一线天"下的三个岩洞中，最值得一提的是风洞。相传古时候，灵岩洞穴中有蛇妖吐气伤人，后来，一位姓葛的仙人驱动六戊之神，封住了蛇妖所吐的毒气，并除去了蛇妖。故此洞又名葛仙洞。

## ■ 3. 曲曲折折九曲溪

在郁郁葱葱的武夷山群峰之间，有一条如同丝带般曲折萦回的九曲溪，它就像一条飘逸的纽带，将武夷山的山山水水串联起来。九曲溪发源于武夷山自然保护区中的黄岗山南麓，有三湾九曲之胜，故名九曲溪。

武夷山：
　　武夷山风景名胜区方圆70平方千米，平均海拔350米，属典型的丹霞地貌，素有"碧水丹山"、"奇秀甲东南"之美誉，是首批国家级重点风景名胜区之一。

武夷山坐落于福建省西北部武夷山脉北段东南麓，是一处名扬海内外的旅游胜地，素有"碧水丹山"、"奇秀甲东南"之美誉。1999年12月，武夷山被联合国教科文组织列入《世界遗产名录》，荣膺"世界自然与文化双重遗产"称号，成为全人类共同的财富。

玉女峰，玉女峰突兀挺拔数十丈。峰顶花卉簇生，恰似山花插瓶，岩壁秀润光洁，宛如玉石雕就。乘坐竹筏从水上望去，整座山峰俨然是一位亭亭玉立的少女。

山岳峰林

据说九曲溪是姜太公的隐居之地。相传当年，"不钓鱼与鳖，专钓王与侯"的姜太公就是在这里直钩垂钓以待文王。至今，九曲溪的溪石上还留有太公钓鱼时留下的脚印。

此外，相传宋代理学大师朱熹在九曲溪两岸信步游览时被九曲溪的秀美神韵所吸引，提笔写就了流传千古的《九曲棹歌》。

## ■ 4. 幽奇的云窝天游

云窝号称武夷山水的第一胜景，位于九曲溪的"五曲"和"六曲"之间。这里有十多个幽奇的洞穴，洞穴前常年云雾缭绕，故有云窝之称。云窝四周有响声岩、丹炉峰、晚对峰、天游峰等奇峰环列。

明万历年间，兵部侍郎陈省曾在云窝隐居，并建有幼溪草庐和以"云"题名的栖云阁、巢云楼、宾云堂、生云台、迟云亭等十余处亭台楼阁，这些建筑现在现仍有遗址可寻。

## ■ 5. 宗教文化源远流长

武夷山不仅是一处山水如画的景区，还是一座宗教文化名山，被誉为"道南理窟"、"第十六洞天"。武夷山上的道教"天宝殿"

始建于8世纪中叶，被后人列为道教三十六洞天中的"升真元化洞天"。

> **九曲溪：**
> 九曲溪弯弯曲曲，游走于武夷山的群峰峻岭之间，形成九曲清流绕青峰的美妙景观。乘坐竹筏泛溪观赏山景，成为武夷山的一大特色。

## ■ 6. 武夷茗茶飘香世界

武夷不独是山水人文胜地，更是产茶胜地。著名的武夷岩茶就产自武夷山的绝壁岩谷之中。当地茶农利用岩凹、石隙、石缝，沿边砌筑石岸种茶，并构筑"盆栽式"茶园。可谓"岩岩有茶，非岩不茶"，岩茶因而得名。

武夷岩茶俗称"乌龙茶"，是半发酵茶，它既有红茶的甘醇，又有绿茶的清香，具有活、甘、清、香的特点，是我国十大名茶之一。

> **武夷山茶馆：**
> 武夷山是乌龙茶的发祥地，也是中国著名的茶乡，境内所产武夷岩茶千百年来蜚声海内外。近年来，当地把旅游业与茶产业有机结合，各种茶馆、茶楼遍布旅游景点，吸引了大批游客。

> **【百科链接】**
>
> **地理百科：武夷山山名的来历**
>
> 相传古时候，武夷山下有一位姓彭的老人。那时洪水成灾，百姓生无宁日，老人主动带领村民开山治水、营建家园。于是，老人成了远近闻名的开山始祖，被人们尊称为"彭祖"。彭祖活到880岁的时候，被玉皇大帝召到天上做神仙。升天前，他嘱咐儿子彭武和彭夷要造福村民。兄弟俩不忘父训，带领村民把武夷山一带建成了人间仙境。他们去世后，人们为了纪念他们的功绩，就把这座山命名为"武夷山"。

# 三清山：天下第一仙峰❀

三清山又称少华山，是我国道教名山之一。该山以山势自然、风光秀美称绝，以道教人文景观众多为特色，素有"天下第一仙峰，世上无双福地"之殊誉。

> 三清山：
> 　　三清山南北狭长，总面积约756平方千米，由于长期地质作用，三清山形成了别具一格的奇峰怪石、急流飞瀑、峡谷幽云等景观。

## ■ 1. 天下峰林第一绝

三清山上有64座有名可数的奇峰，其中玉京、玉虚、玉华为三清山三大主峰，峻秀巍峨，雄奇险峭；蓬莱、云丈峰翠叠丹崖，清新秀丽；双剑峰形似利刃，直插云霄……

除了奇峰以外，三清山还有无数奇秀的石景："巨蟒出山"像一条尾小头大的蟒蛇，正昂起头颈腾空欲起；"女神峰"像司春女神端坐玉台，凝视远方；"观音赏曲"像观音静气凝神，聆听乐曲。这三处奇景被称作三清山石景中的"三绝"。此外，有的石景酷似琵琶，有的状如花瓶，有的形似木鱼，有的状若盘龙……不胜枚举。

## ■ 2. 秀丽的女神峰

女神峰是三清山"三大绝景"之一，位于三清山南部，与玉京峰相对而立。不论从哪个角度审视，此峰皆形如少女，丰满秀丽。"女神"高鼻梁、樱桃口、圆下巴，秀发披肩，双手托着两棵古松，正凝神沉思，好像要把春色永留人间。

相传，这位姑娘本是山下一个采药老人的独生女儿，为救护众乡亲，她泄露了玉皇大帝要把三清山化为中海、把百姓变为人鱼的天机，最后遭到玉皇大帝的惩罚而化为石峰。

## ■ 3. 巨蟒出山

"巨蟒出山"位于三清山南部，临近女神峰。此峰紧傍峭壁，从深谷中勃然突起，直冲

三清山位于江西省上饶市东北部，是我国道教名山之一，拥有众多的道教文化遗产。该山风光旖旎，景色秀丽，享有"天下第一仙峰，世上无双福地"之称。山中现已开发的景点有500余处，景观布局为"东险、西奇、南绝、北秀"，此外，它还拥有中国最长的索道。

巨蟒出山：巨蟒出山从深谷中勃然突起，直冲云霄，峰端形如蛇首，峰腰粗细不一，酷似巨蟒骤然蹿出，气势逼人。

*山岳峰林*

云天，高120余米，峰端形如蛇首，峰腰粗细不一，似蛇身挺立。

从远处看，这座石峰酷似巨蟒朝天猛蹿，气势汹汹，令人心惊胆战。相传，它就是玉皇大帝派来移山造海的黑蟒将军。它从东海借来水，正欲出洞兴风作浪，被女神用长藤困住，死后便化为石峰。

## 4. 秀美的三清瀑

三清山上水景很多，且各具姿态。比如：冰玉洞瀑布高达百余米，如蛟龙出窟，直泻深潭；小龙潭瀑布似一条白练，银光闪闪；石鼓岭瀑布从悬崖上飞落而下，宛如一面白玉珠帘悬挂岩前；梯云浦的两处瀑布，一高一低，高的如银河倒挂，低的似银幕舒展；八仙洞瀑布从两块巨石中间喷涌而出，水花四溅。

## 5. 道教建筑三清宫

三清宫是宋代初修、明代重建的一座宫殿。它坐北朝南，内有大殿，殿内的石梁、石柱、石墙、石门，均用花岗岩琢磨铺就。殿中主位上供奉着高大的"玉清元始天尊"、"上清灵宝天尊"、"太清道德天尊"等神像，神像两旁分列有十余尊相貌端庄的泥人塑像。大殿前面的方士羽化坛是宏伟壮观的陵园式建筑。其中的陵墓分为三层，中置墓穴，墓心的石坊、石柱均为嵌缝而成，由外及里，层层紧锁，石棺则置于墓顶。

据说，三清宫周围的建筑都暗合八卦之象。在三清宫的东面，有一座用天然花岗岩雕砌成的六层五面风雷塔。这座风雷塔正处于风门位置，为镇雷之用，风雷塔的名称即由此而来。这尊造型古朴的石塔被誉为三清山上道教建筑的一颗璀璨明珠。

## 6. 野生动物保护区

三清山地处怀玉山脉腹地，山高林密、沟谷纵横，而且气候适宜，为野生动物栖息繁衍提供了极为有利的自然环境。目前，三清山共有各种飞禽走兽300余种，其中不少为珍稀野生动物，如金钱豹、短尾猴、狗熊、穿山甲、相思鸟、五音鸟、百舌、画眉鸟等。

## 7. 三清山杜鹃

三清山的杜鹃因种类多、数量大、分布面积广、花开得美且奇特而闻名。这里的杜鹃主要有三个分布地带：女神峰至玉台一带、风门至玉京峰一带以及流霞台至西海岸一带。各处杜鹃林总面积不下千亩，杜鹃树数量达几万株，面积之广，数量之多，世上罕见。它们有的长在浅土层上，有的长在岩石缝里，有的长在崖壁上，有的长在松树根上，它们用遒劲的根紧紧抓住岩石，或是将根刺入山体，这种顽强的生命力着实令人震撼。

女神峰：
女神峰是三清山的标志性景观。整座山体造型奇特，就像一位秀发披肩的少女。亿万年来，女神端坐山峰，默默地注视芸芸众生，神态祥和。

**【百科链接】**

**地理百科：生机勃勃的三清松**

三清山不但有奇特美丽的杜鹃花，还有许多长势奇特的松树。它们在三清山的悬崖峭壁上顽强地破石而出，凌空生长，显示出强大的生命力，赋予奇峰异石以生命之美。这些松树大都顶平如伞，主干苍老遒劲，枝丫飘曳交叉，如龙昂首、似凤展翅，而且成林成片，蔚为壮观。

# Part 3

## 江河湖泊

# 长江：
# 千古风流颂长江

长江是中国第一大河，年均入海水量达1万亿立方米，全长6300千米，仅次于非洲的尼罗河和南美洲的亚马孙河，居世界第三位。

在总面积达180万平方千米的长江流域内，不仅有壮观秀美的自然风光，而且有丰富多彩的人文景观。

### ■ 1. 寻找长江之源

从古至今，人们从未停止过对长江源头的追寻，但直到近代才最终确定长江的真正源头。

1976年，中国江源考察队经过仔细地探究江源的地形和水系，确定了唐古拉山脉各拉丹冬峰的沱沱河为长江正源，而海拔6621米的唐古拉山主峰——各拉丹冬峰西南的姜根迪冰川为长江的发源地。这次考察还重新测算出长江的总长为6300千米，成为世界第三大河。

8年后，长江科学考察漂流探险队再次对江源进行考察，得出当曲是长江正源的结论，因为当曲在长度、水量、流域面积等方面均超过沱沱河。但这个结论其实是错误的，因为探险队在量算河长时将沱沱河源头的冰川遗漏了。同时，沱沱河与长江口的直线距离大于当曲，所以应当以沱沱河为长江正源。

白帝城：
李白的一首《早发白帝城》使白帝城名闻天下。白帝城东依夔门，西傍八阵图，三面环水，雄踞水陆要津，为历代兵家必争之地。

### ■ 2. 长江流域

长江水系发达，干流横贯万里，沿途还有许多支流汇入。长江干流流经青海、西藏、四川、云南、重庆、湖北、湖南、江西、安徽、江苏、上海11个省、自治区、直辖市，最后注入东海。长江的流域面积达180万平方千米，约占中国陆地总面积的1/5。

从长江河源至河口，整个地势西高东低，呈现出巨大的三级阶梯形。第一级阶梯一般海拔在3500米至5000米，第二级阶梯一般海拔在500米至2000米，第三级阶梯一般海拔在500米以下。不同的河谷、如网的支流、多样的地形构成了长江流域多姿多彩的地貌。

### ■ 3. 万里长江第一弯

长江上游又称金沙江，金沙江流到云南丽江石鼓镇时，突然拐了一个100多度的大弯，由东南流折向东北流，至三江口（落水口）再转向南流，然后转折向东。这个长达370千米的大弯便是著名的长江第一弯，其直线距离只有36千米。

有学者认为，这是河流袭夺的结果：金沙江曾自石鼓镇经过漾鼻江汇入金沙江峡谷中，后因长江袭夺而成其上游，并与澜沧江分道扬镳。也有学者从构造地貌的角度否定袭夺说，认为这个大弯的形成跟地质构造有关。1984年，地质学家考察石鼓镇时，发现了古河床卵石层以及古谷地的倾斜度，据此认为古长江确实存在，进而肯定了"袭夺说"，并首次提出"长江袭夺金沙江当发生于更新世末期"一说。

### ■ 4. 长江流域的生物资源

长江流域的主要林区分布在川西、滇北、

长江是中国最长的河流，全长6300千米，仅次于尼罗河和亚马孙河，居世界第三位。长江发源于唐古拉山脉各拉丹冬雪山北麓，自西向东流淌，横贯中华大地，哺育了华夏儿女，是中华文化的源泉之一。

万里长江第一弯：万里长江在云南境内与澜沧江、怒江一起，在横断山脉的高山深谷中穿行。到了云南丽江石鼓镇时，突然来了个100多度的急转弯，由东南流转向东北流，形成了罕见的"V"字形大弯，"江流到此成逆转，奔入中原壮大观"，人们称这一天亮奇观为"万里长江第一弯"。

江河湖泊

鄂西、湘西和江西等地。其林木蓄积量占全国的1/4，其中，用材林蓄积量仅次于东北地区，经济林蓄积量则居全国首位。

长江流域分布着国家重点保护的野生动植物群落，群落中的物种和数量在我国七大流域中占首位。其中一些古老而珍稀的孑遗植物如水杉、银杉、珙桐等，珍禽异兽如大熊猫、金丝猴、白鳍豚、扬子鳄等，均属长江流域特有。如今，长江流域已建立了约100处自然保护区，以保护水利资源和珍稀野生动植物群落。

## ■ 5. 诗情画意白帝城

白帝城位于长江北岸，是三峡的西口，入川的门户。它三面环水，一面傍山，气势威严，在雄伟险峻的夔门山水中，显得格外秀丽。

白帝城中有一座白帝庙，白帝庙内建有明良殿、武侯祠、观星亭等明清建筑。明良殿内供有刘备、关羽、张飞的塑像；武侯祠内供有诸葛亮祖孙三代像；祠前的观星亭传说是诸葛亮夜观星象的地方。

三峡大坝：
1994年12月14日，世界上最大的水电工程——三峡大坝工程正式动工，2006年已全线竣工。

## ■ 6. 史上名楼黄鹤楼

黄鹤楼位于湖北，濒临万里长江，雄踞蛇山之巅，面对鹦鹉洲，与湖南岳阳楼、江西滕王阁合称中国三大名楼。相传黄鹤楼始建于三国时期，历代屡毁屡建。现在的黄鹤楼以清代黄鹤楼为蓝本，于1985年重建，楼址仍在蛇山。

黄鹤楼主楼高49米，共5层，攒尖顶，层层飞檐。底层外檐柱对径为30米，中部大厅正面墙上刻有大片浮雕，其内容是历代有关黄鹤楼的神话传说；二、三、四层外均建有四面回廊，可供游人登高远眺。其中五层为瞭望厅，游人可在厅内观赏大江景色。主楼的附属建筑有仙枣亭、石照亭、黄鹤归来小景等。

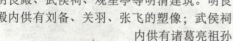
黄鹤楼：
黄鹤楼耸立于武昌蛇山上，享有"天下绝景"的美誉，与湖南岳阳楼、江西滕王阁并称为"中国三大名楼"。历代文人墨客到此游览，留下了不少脍炙人口的诗篇。

【百科链接】

**地理百科：伟大的水利工程都江堰**

都江堰位于四川省灌县西北岷江中游，古称都安堰，是我国古代著名的水利工程之一。秦昭王时，由蜀太守李冰父子建成。都江堰工程兼有灌溉、防洪和航运等综合功用。该工程主要包括鱼嘴、飞沙堰、宝瓶口三部分。其中，鱼嘴是修建在江心的分水堤坝，形如鱼口，由此把汹涌的岷江分为内江和外江两部分。

◁ 全　　长：5464千米
◁ 流域面积：75万平方千米
◁ 年径流量：574亿立方米

黄河发源于青海省的巴颜喀拉山区，自西向东流淌，全长5464千米，是中国第二长河，也是世界上含沙量最大的河流。黄河是中国五千年灿烂文明的摇篮，也是中华民族的母亲河，它孕育了华夏民族，铸就了中华民族的灵魂。

# 黄河：九曲黄河天上来

黄河源于青海巴颜喀拉山，干流贯穿9个省、自治区，全长5464千米，是我国第二长河。

作为中华民族的摇篮和母亲河，黄河承载着几千年的历史文明，它是中华民族五千年古国文明的最大源头，是中华民族的性格象征，也是中华民族的灵魂所在。

## ■ 1. 中华文明的摇篮

蜿蜒曲折的黄河缓缓流过，给中华民族的祖先带来了灌溉和舟楫之利。因此他们在古老的黄河流域创造了辉煌灿烂的文明。距今1万～7000年前的旧石器文化遗址、距今7000年～3700年前的新石器文化遗址、距今3700年～2700年前的青铜器文化遗址和出现于公元前770年的铁器文化遗址等，几乎遍布黄河流域。

从中石器时代起，黄河流域就成了我国远古文明的发展中心，成为中国古代文明史的主要发祥地。之后，随着该区域内人口的增加和政治、文化的发展，中华民族的历史逐渐形成。

燧人氏、伏羲氏和神农氏创造了人工取火技术、原始畜牧业和原始农业，他们拉开了黄河流域文明发展的序幕；秦皇汉武、唐宗宋祖这些历代明君又带领着中华民族，把古代黄河文明推向了一个个令世界瞩目的辉煌顶峰。

## ■ 2. 多年的源头之争

对于黄河正源的确定，学术界一直没有形成统一的标准，但一般认为应根据河源长度、流量大小、流域面积等因素进行综合分析。1978年，科学家定卡日曲为正源。

事实上，历史上的历次河源探寻活动，多是以卡日曲为探寻对象的。但无论孰为正源，卡日曲、约古宗列曲均为黄河的重要源头。这两条河流同入星宿海后，转为玛曲，再汇入扎

◎ 黄河鲤鱼：
黄河鲤鱼以其肉质细腻鲜美、外观金鳞赤尾、体形修长优美而驰名中外。

◎ 壶口瀑布：
滔滔黄河水奔腾怒啸，山鸣谷应，从20余米高的断层石崖飞泻直下，跌入30余米宽的石槽之中，听之如万马奔腾，视之如巨龙鼓浪，气势非凡。

黄河母亲像：在兰州滨河路小西湖公园北侧，有一尊"黄河母亲"雕塑，是众多黄河雕塑中的佼佼者。作品线条流畅，构思独特，寓意深刻，象征着哺育中华民族生生不息、不屈不挠的黄河母亲和快乐幸福、茁壮成长的华夏子孙。

江河湖泊

**黄河船工：**

黄河船工祖祖辈辈生活在黄河上，他们对黄河了如指掌。在与黄河风浪搏斗的生活实践中，船工们创作出了丰富多彩、独具特色的黄河号子。

陵湖、鄂陵湖，又转向东流，即成为辗转游走的滔滔黄河。

## 3. 黄沙滚滚的河流

黄河是世界上含沙量最大的河流，素有"一碗水，半碗沙"之说，但黄河的源头却是清澈见底的溪流。黄河源头的河面不宽，水也不深，流动缓慢，土壤冲刷极微——如果只看到这一段河流，人们很难相信它就是以黄沙滚滚著称的黄河的源头。

黄河中游流经黄土高原，由于高原土质松散，又多暴雨，所以水土流失非常严重。尤其是夏季，雨水集中，暴雨冲刷黄土

**皮筏子：**

在青海、甘肃、宁夏境内的黄河沿岸，有一种简易的渡河运载工具叫作皮筏子。皮筏子是用牛皮或羊皮充气后拼合制成，构造简单，装拆方便。

后流入黄河，使河水变成泥流，滚滚东去。这就是黄河含沙量极高的原因。

黄河下游河道宽阔，水流缓慢，中游带来的泥沙淤积在河床上。年复一年，黄河河床不断垫高，在下游形成了"地上河"。尤其是在古都开封段，黄河河岸高出两岸平地达十余米，黄河就像悬在空中一样，故此段又称为"悬河"。

## 4. 壮观的壶口瀑布

"黄河之水天上来，奔流到海不复回。"滔滔河水沿着宽阔的河床以排山倒海之势涌来，骤然归于狭窄的"龙槽"，紧接着注入壶口深潭，形成极为壮观的壶口瀑布，其隆隆之声如雷鸣一般。

由于四季气候和水量的差异，壶口景色也时有变化。壶口瀑布最佳观赏期是春季和秋季雨水刚过时。此时水量极大，瀑布宽度可达1000米左右。远远望去，水面上烟波浩渺，威武雄壮。尤其是在汛期，大浪奔腾咆哮，以翻江倒海之势飞流而下，蔚为壮观。

数九寒冬，壶口瀑布又呈现出一派银妆玉砌的景象。瀑布周围的石壁上挂满了长短粗细不一的冰柱，再配上河中翻滚的巨浪，展现出一幅北国特有的自然风光。

**【百科链接】**

**地理百科：黄河的形成时间**

据考证，黄河是一条相对年轻的河流。在距今115万年前的早更新世，黄河流域还只有一些互不连通的湖盆，各自形成独立的内陆水系。此后，随着西部高原的抬升以及河水的不断侵蚀，历经105万年的中更新世，各湖盆间逐渐连通，构成黄河水系的雏形。到距今10万至1万年间的晚更新世，黄河才逐步演变成从河源到入海口上下贯通的大河。

全　　长：2179千米
流域面积：19.8万平方千米

# 塔里木河：中国最长的内陆河

"塔里木"在维吾尔语中意为"田地"、"种田"。塔里木河由叶尔羌河、阿克苏河、和田河汇合而成。每当夏季积雪、冰川融化的时候，河水流量急剧增长，塔里木河就会像一匹"无缰的野马"，自西向东奔腾至塔里木盆地北部，并最终消失在塔克拉玛干大沙漠中。

> 塔里木河：
> 塔里木河流域地处欧亚大陆腹地，远离海洋，四周高山环绕，属大陆性暖温带、极端干旱沙漠性气候。

塔里木河全长2179千米，是我国最长的内陆河，也是世界著名的内陆河之一。其流域面积为19.8万平方千米，涵盖了塔里木盆地的绝大部分地区。同时，塔里木河还是保障塔里木盆地绿洲经济、自然生态和各族人民生活的生命线，所以被誉为"生命之河"、"母亲之河"。

## ■1. 丝绸之路的最早路段

塔里木河蜿蜒流淌在塔克拉玛干沙漠北缘的干道，含沙量大，冲淤变化频繁，且经常改道，从而造就了南北宽达100千米左右的冲积平原，形成了天然绿色长廊。

塔里木河沿岸是古代中国内地与外邦沟通的一条天然陆路通道，是汉唐时开辟的丝绸之路的最早路段，也是丝绸古道南路与中路的必经之道。这里曾经异常繁荣：商贾、使者、僧侣川流不息，西去的丝绸、瓷器、造纸术、铸铁术，东传的药材、瓜果、珠宝、佛教，在这里进行了频繁的贸易往来。因而这里也留下了不少古代文明的遗址。

## ■2. 塔里木河流域现状

由于历史的变迁，特别是近代人类活动影响的加剧，塔里木河水系发生了令人触目惊心的演变：源流区人工绿洲不断发展，迫使河流改道，导致部分源流脱离干流，使得塔里木水系逐步被分解。目前所指的塔里木河流域，与历史上的塔里木河大流域已有所差别：原来从塔里木盆地周围山区汇入塔里木河的大小河流约有100条，但现在只有叶尔羌、阿克苏及和田3条大河。

叶尔羌河为塔里木河的正源，发源于海拔8611米的乔戈里峰附近的冰川地区，全长1037千米，流域面积4.8万平方千米。在叶尔羌河流域中，上游山区水量丰富；中游水渠纵横，可用以灌溉绿洲；下游水量渐少，只有在洪水期才有余水注入塔里木河。

阿克苏河源自俄罗斯境内的天山山脉，自西北流向东南注入塔里木河，全长419千米，流

> 西气东输管道：
> 西气东输工程是我国西部大开发中的一项标志性工程。西气东输管道全长4000千米，管道干线直径1016毫米，其起点是新疆塔里木盆地轮南油气田。

塔里木河位于新疆塔克拉玛干沙漠北部，全长2179千米，是中国最长的内陆河。它支流众多，含沙量大，在塔里木盆地内形成了一条沃野千里的绿色长廊，因此被人们称为"生命之河"、"母亲之河"。

胡杨林：胡杨是荒漠地区特有的珍贵森林资源。它对于维持荒漠河流地带的生态平衡、防风固沙、调节绿洲气候和形成肥沃的森林土壤，具有十分重要的作用。

江河湖泊

域面积3.6万平方千米。阿克苏河水量较为丰富，常年有水流入塔里木河。

和田河发源于昆仑山北麓，自南向北穿过塔克拉玛干沙漠后流入塔里木河，全长1090千米，流域面积2.8万平方千米。它的中下游为沙质河床，渗漏蒸发现象严重，所以只有在洪水期才有余水流入塔里木河。

## ■ 3. 至关重要的生态防线

塔里木河流域水资源总量为429亿立方米，其中，地表水资源量为398.3亿立方米，地下水资源量为30.7亿立方米。流域内的生态体系伴河而生、伴河而存，沿干流两岸形成连续不断、宽窄不一的条状植被带。干流上游、中游是保护塔里木盆地北缘重要城市的绿色屏障；下游是重要的"战略通道"，抵御着沙漠对绿洲的侵蚀，常被人们称作"绿色走廊"。

在塔里木河森林生态系统中，最重要的代表植物为胡杨，由于水土条件适宜，塔里木河流域形成了世界上面积最大、生长最旺盛的胡杨荒漠森林带；第二种重要植物为柽柳，是塔里木河流域灌木林和森林灌木林中分布面积最广、种群数量最大的灌木树种。

## ■ 4. 丰富的资源

塔里木河流域草地资源十分丰富，草地总面积约23.9万平方千米，占新疆草地面积的41.7%。其中可利用草地面积近20万平方千米，占新疆可利用草地面积的41.56%。

塔里木河流域的动物资源也非常丰富：平原荒漠区主要有野骆驼、鹅喉羚、塔里木马鹿、野猪、沙狐、草原斑猫、塔里木兔等；高山上有兀鹫、秃鹫、胡兀鹫、雪鸡、黄嘴山鸦、高山岭雀、雪鸽、雪雀等；山地森林里有苍鹰、松鸡、啄木鸟、斑鸠等；草原上有草原雕、红隼、红嘴山鸦、椋鸟、百灵等。此外，在塔里木各水系中，还分布有多种土著鱼类

塔里木马鹿：
塔里木马鹿是新疆马鹿的优秀鹿种，因世代繁衍生息于塔里木河、孔雀河两河流域而得名，属国家二级保护动物。

种群，其中以新疆大头鱼和塔里木裂腹鱼为典型代表。

另外，流域内的矿产种类也非常齐全，含量十分丰富。已探明的矿产资源主要有煤、锰、铁、铝、钒、铀、金、银、铍、锌、钛、铜、铅、锂、钽、铯、铌、铬、锡、镍、钴、钨、锶、蛭石、钾盐、膨润土、磷、大理石、云母、金刚石、石棉、石灰岩、汉白玉、自然硫等。其中，探明储量大、有巨大开发前景的矿产资源主要有蛭石、石棉、石灰岩、云母等。

### 【百科链接】

**地理百科：和田千里葡萄长廊**

塔里木河流域的和田县巴格其镇农民为节省耕地，将葡萄种在道路两边，将葡萄枝蔓架在道路上方，多占天少占地，取得了明显的社会效益和经济效益。20世纪80年代初，和田县将这一创举大力推广，并对葡萄种植业进行了统一规划，形成了绵延千里的葡萄长廊，蔚为壮观。倘徉其间，脚下是乡间小路，头顶是一串串翡翠般的葡萄，犹入仙境，使人流连忘返。

# 漓江：漓江山水甲桂林

桂林漓江风景区是世界上规模最大、风景最美的岩溶山水游览区，这里山清水秀，奇峰夹岸，景色犹如锦绣画廊，素有"桂林山水甲天下，漓江山水甲桂林"的说法。

## 1. 漓江奇景

漓江景色可以用四个字来概括："清、奇、巧、变"。"清"，是指漓江的水，只要不是在雨季，江水便晶莹透亮，清澈见底；"奇"，是指漓江的山，奇峰林立，千姿百态；"巧"，是说漓江风景之奇巧，漓江山奇石巧，形象奇特，引人入胜；"变"，是指漓江景致的变化多端，漓江风景随季节、昼夜、早晚、晴雨的不同而变化，四季有景，时时皆景，景景不同。

## 2. 烟雨蒙蒙的漓江

漓江风光就像是一幅绝美的泼墨水彩画，其中漓江烟雨是漓江风景之一绝。每逢多雨季节，这一带景色变幻莫测，十分神奇。尤其是在细雨迷蒙的早晨，江面上浮动着一层轻纱般白茫茫的雨丝，远处的山若隐若现，有一种朦胧之美。这时的江面上渔舟几点、轻帆数叶，当它们从山峰倒映的江面上流过，使人分不清

是船行于群峰之巅，还是人飘于云雾之中，如入梦境。

> ⊕ 漓江：
> 　　漓江是中国锦绣河山的一颗明珠，沿江风光旖旎，碧水萦回，奇峰倒影、深潭碧水、飞瀑参差，构成一幅绚丽多彩的画卷，人称"百里漓江、百里画廊"。

## 3. 美丽的黄布滩倒影

漓江风光以江面倒影为最美，漓江倒影数黄布滩倒影最为醉人。在画山之南，距桂林市约62千米的漓江河床中有一块宽数丈的黄色岩石，它像一块平铺在江底，故此处叫名黄滩黄布，也叫名黄布滩。

黄布滩倒影：
　　黄布滩水平如镜，清澈澄碧，群峰倒映水中，如幻如沙，恍若仙境。

旁有7座大小不一的山峰，宛如7位浴水而出的少女，人称"七仙下凡"。相传是天上的仙女因留恋秀丽的漓江风光，不愿回到天宫，

广西北部的漓江是珠江的一条支流，全长437千米。漓江流域山清水秀，奇峰夹岸，景色如画，名景奇观数不胜数。桂林漓江风景区是世界上规模最大、风景最美的岩溶山水游览区，素有"桂林山水甲天下，漓江山水甲桂林"的说法。

"江作青罗带，山如碧玉簪"：唐代诗人韩愈曾以此诗句来赞美漓江。

江河湖泊

最后化为山峰长久地留在了漓江边。

在这里，江水赋予凝重的山以灵性。水中倒映出的山比岸上的山更有灵气，因为水的流动，山在水中的倒影也动了起来，让人仿佛进入了神话般的世界。

象鼻山：

象鼻山位于桂林市桃花江与漓江汇流处，因酷似一只站在江边伸鼻豪饮漓江甘泉的巨象而得名，被人们称为桂林山水的象征。

### ■ 4. 桂林岩溶峰林地貌

漫游在桂林的秀丽山水中，人们会发现，这里的奇峰石山初看起来十分相似，但仔细观察就能体会到它们之间的差异：桂林市城区和近郊多为峰林平原，石峰群像竹笋一样伟岸挺拔、相互分离，密布在平原之上，称作"峰林平原"；而漓江两岸的山地为峰丛洼地，这里的石峰群基部连成一片，像许多山峰簇拥在一起，称作"峰丛平原"。

莲花岩：

莲花岩位于桂林市阳朔县兴坪镇东北6千米白山底村旁的一座石山内，因山洞内有100余块像莲叶的盘石而得名。洞长481米，最宽处25米，最高处38米。岩内钟乳石、石柱、石幔遍布，景色奇特壮观。

这些拔地而起、峭立挺拔的石峰群在地貌学上被称为岩溶峰林。桂林市城区面积565平方千米，岩溶地貌分布面积在96%以上。在岩溶地貌中，峰林平原面积为305.08平方千米，有石峰628座，平均每平方千米2.1座；而峰丛洼地面积虽只有151.7平方千米，却有石峰2125座，平均每平方千米14座，真是石峰成林。

### ■ 5. 形神毕似的象鼻山

漓江的山、水、洞号称三绝，而最著名的山就是位于东南漓江西岸的象鼻山。象鼻山因酷似一头站在江边伸鼻饮水的巨象而得名。

象鼻山海拔200米，高出水面55米，长108米，宽100米，是由3.6亿年前海底沉积的纯石灰岩组成的。它既是桂林山水的代表，也是桂林城的象征，桂林乃至广西地方产品多以象鼻山作为标记。

### ■ 6. 秀丽的阳朔风光

阳朔位于桂林市南面的漓江江畔，从汉代起置县，从隋代开始用现在的名字，是一座历史悠久的古城。

阳朔地区石灰岩发育完全，所以这里的山峰以"多、奇、秀"取胜。连绵数十里的山峰，如笋拔地，星罗棋布，各不相倚，其间还穿绕着一条蜿蜒而下的百里漓江，即所谓"江作青罗带，山如碧玉簪"。在这些山峰中，有近看像古代书童的书童山，有远望如色彩缤纷的壁画的画山，有潇洒挺拔的西山，还有月亮山、冠岩、碧莲峰、屏风山等。真是千姿百态，美不胜收。

**【百科链接】**

**地理百科：如诗如画的九马画山**

九马画山临江而立，是漓江最著名的景观之一。九马画山石壁如削、五彩斑斓，远远望去，就像是一幅巨大的画屏。仔细端详，画屏中似乎有一群骏马，它们或立或卧，或昂首嘶鸣，或奋蹄疾驰，或回首遥望，或悠然觅食……清代诗人徐弓曾称赞道："自古山如画，如今画似山。马图呈九首，奇物在人间。"

# 长白山天池: 盛怒之后的平静

从长白山16峰的主峰峰顶探身俯视,但见群峰环抱中嵌着一泓湖水,这就是天池。天池又叫"龙潭",《长白山征存录》上就有这样的记载: "云雾演溟蒙,水鸣如鼓,故名龙潭。"

天池平静晶莹,仿佛一块硕大的蓝宝石。湖水中斑斓的峰影,仿佛印在水底;天上的白云,好像浮在水面,使游人感到如临仙境。

## ■ 1. 火山喷发后的山口湖

天池位于长白山主峰火山锥的顶部,湖面呈椭圆形,面积为10平方千米,平均水深204米,中心深处达373米,总蓄水量约20亿立方米,是一个巨大的天然水库。天池海拔2194米,是我国最高的火山口湖。

距今200万年前,当长白山(火山)最后一次爆发喷射出大量熔岩之后,火山口处变成了盆状。时间一长,在雨水、雪水和地下泉水的作用下,这个"盆子"积水成湖,便形成了现在的天池。

长白山天池:
天池湖水深幽清澈,像一块瑰丽的碧玉镶嵌在群山环绕之中,使人如临仙境。

## ■ 2. 温水与凉水并存

按理说,高山上的湖水应该非常寒冷,可许多游客常常在天池中游泳嬉戏,这让人不禁产生疑问,寒冷的天池水如何能游泳呢?

这就是天池与众不同的地方。正如古书上所说,天池之水"冬无冰,夏无萍",这是由于池内有多处温泉,形成了几条温泉带。

温泉的水温常保持在42摄氏度左右,即使是冬天冰天雪地的时候,这里也热气腾腾,完全可以入水洗浴。然而奇怪的是,湖中温水和凉水界限分明,互不侵犯,天池因此得了个"温凉泊"的美名。在温泉水中洗浴时,如果不小心越过界限,马上就会感受到彻骨冰寒的滋味。

## ■ 3. 天池虹鳟鱼

天池的水中原本无任何生物,但近几年来,天池中出现了一种冷水鱼——虹鳟鱼。

虹鳟鱼是世界上广泛养殖的重要冷水鱼,肉多刺软,少腥味,为高级食用鱼。因其成熟个体沿侧线有一道棕红色纵纹,似彩虹,故名虹鳟鱼。虹鳟鱼原产于北美洲的山涧和河流中,加拿大、美国、墨西哥太平洋沿岸

长白山天池位于吉林省东南部，其湖面呈椭圆形，面积为10平方千米，湖心最深处达373米，是中国最深的湖泊。长白山天池是火山喷发后的产物，现在的天池风光旖旎，景色奇佳，是中国著名的旅游景点，到该地游览的中外游客络绎不绝。

天池瀑布：天池瀑布如白练垂挂而下，是长白山天池唯一的瀑布，也是天池水外流的唯一途径。

江河湖泊

的部分水域以及哥伦比亚的河流里均有分布。

## ■ 4. 传说中的天池怪兽

近年来，传闻长白山天池出现了一种庞大的怪兽，这引起了科学工作者和游人的极大兴趣。据目击者称，长白山怪兽体形似狗，头部状如蛇，眼圆像栗子，嘴如鸭，梭形脊背灰黑油亮，似有棕色长毛，腹部洁白。它游泳时速度很快，且尾部拖着10多米长的人字形波纹。

尽管科学工作者认为，天池内不可能存在怪兽。可关于天池怪兽的记载，从过去到现在一直都没有中断过。在新中国成立以前出版的《长白山志略》和《抚松县志》里，都有对怪兽的记载；此后，关于怪兽的记载最早是在1962年，目击者用望远镜看见两个怪兽互相追逐嬉戏；后来又有多次关于怪兽的报道，更增加了人们对怪兽的好奇心。

## ■ 5. 气势磅礴的天池瀑布

天池四周被群峰环绕，池水由天文峰与龙门峰之间的唯一出口溢出，向北奔流在只有1250米长的乘槎河上。乘槎河的终端是高达68米的悬崖峭壁，天池水流到这里后从断崖上急流而下，形成了壮观的天池飞瀑。

天池瀑布气势磅礴，雄伟壮观。远远望去，似玉带起舞、浪花吐雪；从近处看，只见飞彩流丹。这种奇观美景，吸引着成千上万的游客慕名前往。

## ■ 6. 狂风呼啸的黑风口

长白山不老峰东侧尾端和观景台中间的峭壁上有一个凹形缺口，这就是长白山上闻名遐迩的黑风口。它距离震耳欲聋的长白山天池瀑布不到1000米，与奔腾咆哮的白河擦肩而过。

虹鳟鱼：
虹鳟鱼是天池中的一种冷水鱼，此鱼生长缓慢，肉质鲜美，营养价值极高。

黑风口长年刮着大风——山顶只要刮起5级以上的大风，此处便狂风呼啸，飞沙走石。登临其上的人们被吹得根本就站不起来，只能匍匐着爬到风口，以饱览天池瀑布的全貌——在风口俯视悬崖峭壁，只见飞瀑直下，白河浪涌，真是"无限风光在险峰"。

在黑风口滚滚的黑石下面，还有几十处地热。它们以绚丽的色彩把周围的岩石、沙砾浸染成金黄、碧蓝、殷红、翠绿，令人赏心悦目。

【百科链接】

**地理百科：北京昌平天池**

北京昌平天池风景区位于京郊昌平十三陵水库东岸海拔568米的蟒山山顶，是全国最大的人工水泥天池，总库容为450万立方米。

昌平天池内碧波荡漾，数百只野鸭嬉戏其中。池边绿草如一条翠绿的缎带环绕着天池，十分秀美。此外，这里的空气也十分清新，一年四季，空气质量都在一级，素有"天然氧吧"之称。

# 青海湖：浓墨重彩咸水湖

**青海湖：**
青海湖水域宽广，碧波连天，雪山倒映，鱼群欢跃，万鸟翱翔，充满诗情画意，令人心旷神怡。

青海湖是中国最大的内陆咸水湖，位于青海省东北部，距西宁150千米，平均水深20米，蓄水量约754亿立方米。

青海湖古称"西海"、"羌海"，又称"鲜水"、"鲜海"，汉代也称"仙海"，北魏才更名为"青海"。此外，藏语称青海湖为"错温布"，蒙古语称为"库库诺尔"，意思均为"蓝色的湖泊"，可见青海湖湖水之清澈纯美。

## 1. 青海湖的形成

对于青海湖的形成，前人曾有较深入的研究。通常认为，青海湖形成于中更新世（距今约35万年至21万年前），当时的青海湖为外流型淡水湖，湖水经东南方向的倒淌河流出，穿越野牛山后与曲乃河相连，汇入黄河。晚更新世初，湖盆东部地壳抬升，使倒淌河由出流河变为入流河，倒淌河随之流入青海湖，由此青海湖演变为内陆封闭湖泊。

全新世中期（距今约7000年至6000年前），青海湖的水位比现今高20多米，随后气候变冷趋干，湖面面积逐渐缩小，湖水水位下降。原在湖内的黑山、将军台脱离湖泊而成为湖边的孤山，建于湖滨的汉代察汗城现已距湖东岸25千米。古籍记载的青海湖湖面"魏周千里，唐八百余里"、"乾隆时七百余里"，也说明青海湖正在逐步缩小。

## 2. 壮美的青海湖风光

青海湖地处青藏高原的东北部，这里地域辽阔，草原广袤，河流众多，环境幽静。湖中分布着5个美丽的岛屿，分别是海心岛、鸟岛、三块石、砂岛和海西皮，其中海心岛和鸟岛是青海湖著名的游览胜地。

青海湖的四周被四座巍巍高山所环抱：北面是壮丽的大通山，东面是巍峨的日月山，南面是逶迤的青海南山，西面是峥嵘的橡皮山。这四座大山海拔都在3600米至5000米之间。举目环顾，四座大山像四面高高的天然屏障，将青海湖环抱其中。

从山脚到湖畔，则是广袤平坦、一望无际的千里草原。碧波连天的青海湖就像是一个巨大的翡翠玉盘平嵌在草原之间。

青海湖地处青藏高原的东北部，湖面海拔3196米，面积4456平方千米，是中国最大的内陆湖和咸水湖，也是世界上海拔最高的湖泊之一。青海湖景色壮美，风景绝佳的海心岛和万鸟栖息的鸟岛是它最著名的旅游景区。

油菜花：每年七八月，青海湖一带的油菜花便会盛开，金黄的颜色分外明丽。

## ■ 3. 美丽的海心岛

海心岛位于青海湖湖心偏南方向，长2.3千米，宽约800米，最高处高出湖面78米。海心岛岛形长，中部宽而两端窄，南部边缘岩石裸露形成陡崖，东、西、北三面为平缓滩地。岛上大部分地方被沙土覆盖，生长着冰草、芨芨草、镰形棘豆、蒿草、披针叶黄花、西伯利亚黄精等植物。

海心岛上绿草如茵，泉水潺潺，景色宜人。山中隐约可见古刹白塔，因而登上海心岛犹如步入仙境一般。登上海心岛的最高处远眺青海湖，那天水相连的壮丽景色，更让游人感到心旷神怡，流连忘返。

鸟岛：
鸟岛上栖息着近10万只候鸟，品种繁多，有的极为珍贵。鸟儿们在这里自由飞翔，栖息繁衍。

## ■ 4. 鸟类的天堂——鸟岛

鸟岛坐落在青海湖西部布哈河河口附近，形如蝌蚪，它与不远处的海西皮是青海湖主要的鸟类栖息地。鸟岛原来的名字是海西山，也称蛋岛。因为岛上鸟儿众多，后来人们便将它改名为鸟岛。

虽然鸟岛面积仅0.27平方千米，但栖息在上面的鸟类却有十余种之多，数量在10万只以上，其密度之大实属罕见。出现这种罕见现象的原因是，鸟岛虽然地表荒芜，砾石遍地，杂草稀少，但周围湖里和布哈河河口有肥美的

湟鱼，布哈河及大小泉湾内又有大量的水草和藻类，这些都为鸟类提供了丰富的食物。再加上四面环水，环境僻静，外界干扰少，因此有利于鸟类的生存和繁衍。

不过近年来，青海湖蒸发量增大，水源补给减少，水位不断下降，鸟岛逐渐与湖岸陆地相连，成了三面临水的半岛，这对保护鸟类十分不利。为此，保护区在半岛的西侧开挖出一条人工运河，使鸟岛重新恢复旧日面貌，为鸟类的栖息创造了良好的环境条件。

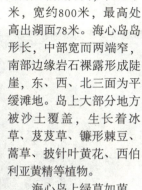

青海社火高跷：
高跷是舞蹈者脚上绑着长木跷进行表演的一种艺术形式，技艺性强，形式活泼多样，深受群众喜爱。

## ■ 5. 金银滩草原风情万种

金银滩草原位于青海湖北面的海北藏族自治州首府西海镇附近。每到夏季，这里遍地的野花争芳斗妍，其中，大片的金鹿梅开着黄花，无数的银鹿梅开着白花，形成了金色和银色的草滩，金银滩草原因此得名。

这里是藏族同胞的放牧之地，藏族同胞世世代代生活在这里。现在，这片碧草如茵的大草原已开发为旅游区。置身其中，只见浮云般的羊群、棕黑相间的牦牛星星点点地点缀在青草和野花丛中；穿着藏服的牧民骑着骏马在草原上徜徉；远处，山峦起伏，山下莲花般的蒙古包散落在白云深处……这一切使今日的金银滩草原变得风情万种。

【百科链接】

### 地理百科：古老的茶卡盐湖

青藏高原原是古地中海的一部分，经过长期的地壳运动，逐渐形成了高原。在这一过程中，海水也被抬升的陆地分割，在低洼地带形成了许多盐湖和池塘，茶卡盐湖就是其中的一个。

茶卡盐湖位于柴达木盆地东部的乌兰县境内，至今已有3000多年的开采史，现已建成一个机械化盐厂。来这里既可观赏盐湖风光，又可参观机械化采盐作业。

# 喀纳斯湖：高山上的明珠

喀纳斯湖位于新疆阿勒泰地区布尔津县境内，湖面海拔1374米，最深处达188米，是中国最大的高山湖泊。

喀纳斯湖地区是中国唯一的西伯利亚区系动植物分布区，现在这里以湖为中心建立了喀纳斯湖自然景观保护区，总面积达5588平方千米。区内森林草原相间，河流湖泊众多，自然景观十分美丽。

## ■ 1. 会变色的喀纳斯湖

在喀纳斯湖湖区，蓝天、白云、雪岭、绿水浑然一体，湖光山色美不胜收。不仅如此，喀纳斯湖还是名副其实的变色湖——湖水会随着季节和天气的变化而变换出不同的颜色。

喀纳斯湖变色的原因主要是每当季节变化时，上游河水中所含矿物成分的多少就会出现变化。同时，周围群山上的植物随季节变化会出现不同色彩，这些植物倒映在湖中，也会给湖水带来颜色上的差别。再者，不同季节阳光角度的变化导致湖水的光影变化，光的投影对湖水的颜色也有一定的影响。

喀纳斯湖水来源于友谊峰南坡的喀纳斯冰川，冰川周围的山地都是由浅色花岗岩组成的，当冰川与这些山地发生作用时，冰川掘蚀携带的花岗岩岩块经挤压、研磨成白色细粉末混合于冰层内。夏季来临，夹带有白色细粉末的冰层融化，于是，大量的呈乳白色的冰川融水和雨水进入喀纳斯湖，喀纳斯湖就变为白色。再如，在不同的天气，特殊的水质与天色和山色相互折射又会使喀纳斯湖产生不同的色彩。

> **月亮湾：**
>
> 月亮湾是喀纳斯湖上的一颗明珠。优美的弧线犹如弯弯的月亮落入这林木葱茏的峡谷中，令无数游人为之陶醉。

## ■ 2. 会漂的枯木长堤

在喀纳斯湖最北端的入湖口，有一条100多米宽、2000米长，枯木纵横交错的长堤，这

是喀纳斯湖的奇观之一——枯木长堤。

按常理来说，落入水中的枯木会顺流向下漂，但是喀纳斯湖的枯木却逆流而上，长长地横列在喀纳斯湖最上游的六道湾，形成一道壮观的堤坝。即便有人故意把枯木扔到下游的五道湾里，枯木还是执着地回到老地方，与枯木长堤连为一体。

据观察，这是因为喀纳斯湖南面的巨大山体阻挡了强劲的北风，致使风转向，接着转向的风推动着湖水中的浮木逆流上漂，逐步在湖口汇聚，日积月累堆叠成一条"千米枯木长堤"。由于枯木会随着水的涨落而浮动，所以涨水时整条长堤都会漂起来。这种奇妙的景观吸引了无数游人。

### ■ 3. 寒温带动植物丰富

喀纳斯地区为寒温带高寒山区，长冬无夏，春秋相连，气候温凉，非常适宜寒温带林木的生长。因此，这里是我国寒温带植物种类最多的地区之一。这里植被的主体是挺拔的落叶松、塔形的云杉、苍劲的五针松、秀丽的冷杉以及婀娜多姿的欧洲山杨、疣枝桦等。

据考察，在喀纳斯湖一带的森林中生长的西伯利亚系珍贵树种有83科298属798种。此外，在喀纳斯湖区生活的兽类39种，昆虫有22目63属224种，两栖爬行类动物4种，鱼类7种。

### ■ 4. 美丽的云海佛光

在8月份，每当雨后的清晨，喀纳斯山区谷地往往

**图瓦村落：**

图瓦人是我国一个古老的民族，以游牧、狩猎为生。近400年来，图瓦人定居喀纳斯湖畔，仍保持着原始的生活方式。原木垒起的木屋，小桥流水，炊烟袅袅，奶酒飘香，像喀纳斯湖一样充满神秘色彩。

会被浓厚的云雾遮盖，只露出一座座山峰的峰顶。这时，若登上"一览亭"，只见碧蓝的晴空中，挂着一轮巨大的红日，红日照耀下的雪峰反射出红光。同时，脚下的白色云海如浪涛般随风翻滚，时而露出一平如镜的蓝色湖面，时而又露出绿色的林海，千姿百态，变幻无穷，使人目不暇接。

上午9时至10时，太阳升到一定高度，在与太阳相对的方向便逐渐显现出一个半圆形的巨大的彩色光环，鲜艳夺目。随着云雾的浓淡变化，光环的色泽也时深时浅。这时候，山峰、亭子以及你的身影，在彩色光环的环绕、衬托之下，变得光彩夺目，让人感觉如入仙境。佛光大约持续一刻钟左右，随太阳高度和光线角度的变化逐渐隐去。

# 泸沽湖：东方女儿国✿

泸沽湖古称鲁窟海子，又名左所海，俗称亮海。在纳西族摩梭语中，"泸"为"山沟"之意，"沽"为"里"之意，"泸沽湖"即"山沟里的湖"。

泸沽湖是云南海拔最高的湖泊，也是中国较深的淡水湖之一。泸沽湖风景区有秀丽的山水风光、古朴的摩梭民俗、浓郁的传奇，充满了神秘色彩，被誉为"滇西北的一片净土"。

## ■ 1. 风情万种的泸沽湖

泸沽湖是一个远离喧嚣、未被污染的处女湖，它犹如一颗明珠镶嵌在群山的怀抱之中，素有"高原明珠"的美誉。

湖面水平如镜，一碧万顷。缓缓滑行于碧波之上的猪槽船和徐徐回荡于水天之间的摩梭民歌，更平添几分古朴与神秘。

泸沽湖周边良田万顷，阡陌纵横，有着仙境般的美景。这里的人们日出而作、日落而息。傍晚时分，炊烟袅袅，牧歌阵阵，渔火点

> 泸沽湖：
>
> 　　泸沽湖古称鲁窟海子，又名左所海，俗称亮海。泸沽湖湖水清澈，碧波荡漾，景色迷人，被当地摩梭人奉为"母亲湖"。

点，俨然一派悠然惬意的田园风光。湖的东南面是万亩草海，每到冬季，天鹅、黑颈鹤等珍稀候鸟栖息于此，让这里充满勃勃生机。

## ■ 2. 泸沽岛屿胜景

泸沽湖不仅水清，而且岛美。湖中散布着5个全岛（3个属于云南，2个属于四川）、3个半岛、1个海堤连岛，这些岛一般高出水面15米至30米，远看像一只只绿色的船，漂浮在湖面。其中，宁蒗一侧的黑瓦吾岛、里无比岛和里格岛，是湖中最美丽的3个岛，被誉为"蓬莱三岛"。

## ■ 3.十分罕见的女儿国

摩梭古称"摩沙"，是宁蒗境内的土著民

泸沽湖位于四川云南两省的交界处，面积50多平方千米，最深处为93米，是云南海拔最高的湖泊，也是我国较深的淡水湖之一。泸沽湖远离尘器，被称为处女湖，有"高原明珠"的美誉。这里生活着依然保留母系氏族制度的摩梭人，盛行着独一无二的走婚制度。

泸沽湖草海："草海"就是指长满草的高原湖泊，是泸沽湖的一大特色。

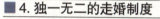

族之一，其族原属于我国古代游牧民族"牦牛羌"。

摩梭人崇拜大自然，信奉东巴教，相信命运由神灵主宰，形成了独特的祭祀方式。

在摩梭人的大家庭里，家庭成员间和睦亲切，礼让为先，对老弱病残者给予特殊的优待和尊重。更为独特的是，摩梭人以母为尊，以女为贵。在他们看来，女人才是家庭生活和生产劳动的主心骨，生男不生女就意味着绝嗣。这种母权制遗风和中国大多数地方的风俗恰恰相反，在当今世界也十分罕见。因此，这里被称为"女儿国"。

### ■4. 独一无二的走婚制度

世代生活在泸沽湖畔的摩梭人，至今仍延续着"男不婚，女不嫁，结合自愿，分手自由"的

摩梭人：

摩梭人仍保留着母权制家庭形式，被人们称之为"神秘的女儿国"。这是中外学者和游人最感神秘、最感兴趣的摩梭文化现象之一。

母系氏族婚姻制度。

这种独特的婚姻方式，当地人称之为"走婚"，即通过"走"来实现"婚"的目的。夜晚，男方到女方家投宿，次日清晨又回到自己家中，双方都不会成为对方家庭的成员。这种关系，可以长达数十年，也可以只是昙花一现；可以只有一个固定对象，也可以与更多的人偶居。彼此自愿结合、自由解除关系，任何一方发觉对方不合适时，只需要简单地说一句"以后不来了"就行了。

时至今日，除摩梭人外，世界上的其他的民族均无"走婚"这一特殊的风俗。为什么摩梭人在历经数千年沧桑后，依然延续走婚的习俗，这已成为一个世界级的未解之谜。而这也成了摩梭人与众不同的民族文化与历史风情。

### ■5.摩梭文化中的格姆女神

在摩梭文化中，以女性为中心，所有大的东西都是女性的。比如，泸沽湖被认为是她们的母亲湖"谢纳米"，而狮子山被认为是格姆女神的化身。

狮子山位于泸沽湖西北，海拔3755米，如雄狮在湖边蹲伏静息。在山脚下，摩梭人为格姆女神建立了神龛，每年农历七月二十五日都要在神龛前举行盛大的祭祀活动。届时，附近村寨的男女老少都穿上节日的盛装，带着食品，到狮子山朝拜。整个活动中，除了祭祀格姆女神外，还要举行盛大的野餐、赛马、对歌等节庆活动。

**【百科链接】**

**地理百科：关于泸沽湖的传说**

关于泸沽湖的形成，当地流传着一段有趣的传说：

有个孤儿每天都到狮子山放牧，在山洞里发现一条大鱼，就割下一块烧肉吃。第二天，鱼身上被割过的地方又长满了肉。如此反复。后来，这个秘密被一个贪心的人知道了，他想把大鱼占为己有，于是就把大鱼拉出了洞，结果，洪水从洞里喷涌而出，顷刻间淹没了村庄，形成了今天的泸沽湖。

据说当时有一个正在喂猪的母亲急中生智，把一对儿女抱进猪槽，让他们乘"猪槽船"随水漂流，得以幸存。为了纪念这位伟大的母亲，泸沽湖被称为母亲湖，"猪槽船"也沿用至今。

地理位置：江西省北部　　容　积：276亿立方米
面　积：3823平方千米

# 鄱阳湖：候鸟的天堂

鄱阳湖是我国最大的淡水湖，湖上名山秀屿比比皆是，景色秀丽，妖娆多姿。同时，鄱阳湖还是国际重要湿地之一，也是中国最重要的淡水湖泊，被誉为"长江的最后一盆清水"。

## ■ 1. 鄱阳湖的形成

鄱阳湖在漫长的地质演变中，经历了一个从无到有、从小到大的演变过程。

远在元古代时期，鄱阳湖湖区为"扬子海槽"的一部分，在距今八九亿年前的燕山运动时期，湖区地壳断陷，构成了鄱阳湖盆地的雏形。到了传说中的黄帝时期，古代被称为"彭蠡泽"的湖向南扩展，湖水进入今鄱阳湖。在彭蠡泽大举南侵之前，低洼的鄱阳盆地上原本是人烟稠密的城镇，随着湖水的不断南侵，鄱阳湖盆地内的鄱阳县城和海昏县城先后没入湖中，而位于海昏县附近较高处的吴城却日趋

> 鄱阳湖：
> 受暖湿东南季风的影响，鄱阳湖年降雨量平均为1636毫米，从而形成"泽国芳草碧，梅黄烟雨中"的湿润季风性气候，并成为著名的鱼米之乡。

繁荣，成为江西四大古镇之一。因此，历史上曾有"淹了海昏县，出了吴城镇"之说。

## ■ 2. 枯水一线，洪水一片

鄱阳湖是吞吐湖，其多年平均水位为12.86米，最高水位为1998年7月31日的22.59米，最低水位为1963年2月6日的5.90米。年内水位变幅在9.79米至15.36米之间，绝对水位变幅达16.69米。

随着蓄水量的变化，鄱阳湖的水位升降幅度较大，因而湖区具有天然调蓄洪水的功能。但同时，由于水位变幅大，湖泊面积的变化也大。枯水期水位下降，洲滩裸露，水流归槽，湖面仅剩几条蜿蜒曲折的水道；汛期水位上升，湖泊面积陡增，水面辽阔。因此，鄱阳湖会出现"枯水一线"或者"洪水一片"的自然景观。

鄱阳湖地处江西省北部，面积达3823平方千米，是中国最大的淡水湖。湖区景色秀丽，风光怡人，是世界上最大的鸟类保护区。受暖湿东南季风的影响，鄱阳湖年降雨量平均为1636毫米，从而形成"泽国芳草碧，梅黄烟雨中"的湿润季风性气候，并成为著名的鱼米之乡。

白鹤：鄱阳湖自然保护区为世界上最大的白鹤越冬地，近年来已发现来这里越冬的白鹤有2896只之多，占全球白鹤总数的95%以上。鄱阳湖成了著名的白鹤王国。

江河湖泊

### ■ 3. 美丽富饶的湿地

鄱阳湖是国际重要湿地之一，也是长江干流重要的调蓄性湖泊，发挥着巨大的调蓄洪水和保护生物多样性等生态功能。此外，它也是我国十大生态功能保护区之一，对维系区域和国家生态安全具有重要的意义。而且，鄱阳湖迷人的自然风光、良好的生态环境，以及鱼米之乡的富饶，都与保护湿地生态系统平衡息息相关。

### ■ 4. 候鸟的天堂

每逢冬季枯水期，鄱阳湖水位下降，湖中露出大批草洲。从俄罗斯西伯利亚、蒙古、日本、朝鲜以及中国东北、西北等地飞来的成千上万只候鸟，和定居在此的野鸭、鹭、鸳鸯等一起度过整整一个冬天。近年来，来此越冬的候鸟逐年增多，鄱阳湖成了我国最大的候鸟越冬地，并赢得了"候鸟王国"之称。

如今，鄱阳湖湖区已成为世界上最大的鸟类保护区，区内的鸟类已达200多种，数量达到上百万只。其中有珍禽20多种；还有世界上最大的白鹤群，总数在2000只以上。

### ■ 5. 翩翩起舞的白鹤

鄱阳湖的白鹤数量远远超过世界各地白鹤数量的总和，占全世界白鹤总数的95%。因此，鄱阳湖被称为"白鹤王国"。

白鹤是一种大型迁徙性涉禽，体长可达135厘米，通体羽毛洁白，只有翅的前端（初级飞羽）呈黑色，故又称"黑袖鹤"。

1980年，国际鹤类基金会宣布全世界的白鹤只有320只。但1985年，人们却在鄱阳湖上发现了世界上最大的白鹤群，竟有白鹤1400多只，全国及世界动物学界为之震惊。国内外的鸟类学家纷纷来到鄱阳湖滨，对白鹤的迁飞动态、食性、哺育情况等进行研究。

### ■ 6. 鄱阳湖的人文历史

鄱阳湖流域自古就是经济发达的地区，唐代诗人王勃的名句"渔舟唱晚，响穷彭蠡之滨"，描述的正是鄱阳湖上的渔民捕鱼归来的情景。宋代苏轼写的"山苍苍，水茫茫，大姑小姑江中央"，也是描绘鄱阳湖胜景。

我国历史上很多杰出人物，如陶渊明、洪适、朱耷等，都曾在湖区生活过。此外，这里也曾发生过许多威武雄壮的英雄事迹，如周瑜操练水师、朱元璋与陈友谅鄱阳湖水战等。

【百科链接】

**地理百科：鄱阳湖"魔鬼三角区"**

1945年，2000吨级的日本运输船"神户丸"行驶到我国江西鄱阳湖西北老爷庙水域时突然失踪，船上200余人全部失去联系。事发后，日本海军曾派人潜入湖中侦察，结果，下水的人中除山下堤昭外，其他人全部神秘失踪。山下堤昭脱下潜水服后神情惊慌，接着就出现精神失常的症状。后来，美国潜水专家爱德华·波尔等人来到鄱阳湖调查此事，历经数月的打捞仍一无所获，且除爱德华·波尔外，几名美国潜水员再度在这里失踪。

**鄱阳湖大桥：**

鄱阳湖大桥像一把张开无数琴弦的巨大竖琴，横跨在宽阔的湖面上，吸引着南来北往的游客。

# 西湖：文人墨客的风雅之地

江中夹带的泥沙还没有沉积下来，西湖也只不过是钱塘江入海口左边的一个小湾。渐渐地，钱塘江中夹带的泥沙沉淀下来把湾口塞住，小湾里面就变成了一个潟湖。这个潟湖就是后来大名鼎鼎的西湖。

杭州西湖是一个湖泊型的国家级风景名胜区，整个景区面积达49平方千米。西湖风景之妙，在于湖裹山中，山屏湖外，登山兼可眺湖，游湖亦并看山。有时山影倒置湖心，有时湖光反映山际，湖光山色，相得益彰。

> 西湖：
> 　　西湖位于浙江省杭州市，水面面积约5.68平方千米（湖中岛屿面积为6.3平方千米，湖岸周长15千米）。1982年，西湖被确定为国家风景名胜区，1985年被评为"全国十大风景名胜"。

## ■ 1. 西湖的成因

西湖位于杭州城西，三面环山，湖面面积约5.68平方千米，平均水深1.55米，最深处在2.8米左右，最浅处不足1米，蓄水量在850万立方米至870万立方米之间。

我国著名科学家竺可桢最早运用科学原理解释了西湖的成因：西湖的南、北、西三面均被山所围绕，只有东面是一个冲积平原（杭州就在这个平原上）。与其他的冲积平原一样，这个冲积平原也是由河流所带来的泥沙沉积成的，这条河流就是钱塘江。在钱塘江刚形成时，现在杭州所在的地方还是一片汪洋，钱塘

## ■ 2. 深厚的文化意蕴

历史上，西湖有很多名称，最早被称为"武林水"。东汉班固的《汉书》中写道："武林山，武林水所到之处出。东入海，行八百三十里。"至北魏时，又衍生出明圣和金牛湖这两个名称。

唐之前，西湖通用的名称是"钱塘湖"。不过，在唐代，"西湖"这个称呼已经被频繁使用。如白居易的诗作《西湖晚归回望孤山寺赠诸客》等。之所以称"西"湖，是因为湖居城西。

到了北宋，大诗人苏轼又写下了一首千古绝唱："水光潋滟晴方好，山色空蒙雨亦奇。欲把西湖比西子，淡妆浓抹总相宜。"被比作美女西施的西湖，因此又多了个"西子湖"的雅称。

西湖的芳名雅号还有很多，如石函湖、放生池、上湖、高士湖、明月湖、美人湖等等，不一而足。这也恰恰从一个侧面展现了它悠久的历史风貌、丰富的文化底蕴和迷人的景色。

## ■ 3. 人间仙境——西湖美景

西湖的景色四时不同，从而构成了风光各异的西湖十景。西湖十景的说法最早出现于南

西湖位于浙江省杭州市，面积为5.68平方千米，风景优美，最著名的是"西湖十景"：苏堤春晓、曲苑风荷、平湖秋月、断桥残雪、柳浪闻莺、花港观鱼、雷峰夕照、双峰插云、南屏晚钟、三潭印月。

南屏晚钟：著名的西湖十景之一。每当南屏山下的净慈寺晚钟敲响，洪亮的钟声传到山上，由于寺后的南屏山多空穴，几杵钟声便会使山鸣谷应，久久回荡。

江河湖泊

曲苑风荷

　　曲苑风荷位于西湖西侧，南宋时，此处有一座官家酿酒的作坊，取金沙涧的溪水造曲酒，附近的池塘种有菱荷，每当夏日风起，酒香荷香沁人心脾，故而得名。

　　宋时期，这十处景观基本围绕着西湖分布，有的就位于湖上。它们分别是：苏堤春晓、曲苑风荷、平湖秋月、断桥残雪、柳浪闻莺、花港观鱼、雷峰夕照、双峰插云、南屏晚钟、三潭印月。西湖十景分开来各自是一处胜景，组合在一起又能代表古代西湖风景之精华。

　　西湖十景充分展现了西湖朝晴暮雨、春花秋月的自然景色，它的美就在于人工装点与自然山水浑然一体，无雕琢之俗，而有锦上添花之效。

### ■ 4. 历史悠久的南屏晚钟

　　在西湖十景中，"南屏晚钟"的历史最悠久。北宋末年，著名画家张择端就曾画过《南屏晚钟图》。

　　南屏山是一座石灰岩结构的山，山上的岩石布满小孔，再加上这些岩石像一道道屏障，所以每当佛寺晚钟敲响，钟声传到山上，岩石、洞穴与其共振，加速了声波的振动，振幅也急剧增大，岩石、洞穴便随之产生音箱效应。同时，钟声还以相同的频率飞过西湖上空，直达西湖彼岸，遇到由岩浆岩构成的葛岭时再次发生共振，于是，回音迭起，经久不绝。

### ■ 5. 千米白堤和断桥残雪

　　白堤从断桥经锦带桥至西泠桥，长约1000米，原名白沙堤。白堤是1000多年前劳动人民为了贮存湖水灌溉农田而兴建的。唐朝诗人白居易做杭州刺史时，曾在钱塘门外筑过一条堤。后人为了纪念他，就把钱塘江附近的白沙堤称为白堤。

　　白堤东端的断桥是唐朝所建，宋朝时称为段家桥。据明代《西湖游览志》所说，断桥是由于从孤山来的白堤到此而断才得名的。冬末春初积雪未化时，伫立断桥举目四望，残雪似银，冻湖如墨，黑白分隔，格外动人心魄。故而称其为"断桥残雪"。断桥是西湖中最著名的一座桥，是西湖三大情人桥之一。民间传说，白娘子与许仙在此相识，同舟归城，借伞定情；后又在此邂逅，言归于好。

### ■ 6. 三潭印月

　　三潭印月在西湖中的小瀛洲南侧，湖面建有3个石塔，塔高2米，中空，球面体上排列着5个小圆孔。每逢月夜，在塔里点上灯烛，在洞口蒙上薄纸，灯光从塔中透出，宛如一个个小月亮倒映在湖中，这便是西湖名景"三潭印月"的由来。

【百科链接】

**地理百科：西湖的来历**

　　关于西湖，有许多动人的神话传说和民间故事。下面的故事就是其中之一。

　　相传在很久以前，天上的玉龙和金凤在银河边的仙岛上找到了一块白玉。他们将这块白玉琢磨成一颗璀璨的明珠。这颗明珠的珠光照到哪里，哪里的树木就常青，百花就盛开。王母娘娘得知后，派天兵天将把它抢走了。玉龙和金凤赶去索珠，王母娘娘不肯，争执之间，明珠掉落到人间，变成了波光粼粼的西湖。

# Part 4
## 瀑布泉水

# 黄果树瀑布：
# 中华第一瀑

黄果树瀑布位于贵州省西南部，是中国最大的瀑布，高77.8米，宽101米，享有"中华第一瀑"之盛誉。

除了黄果树大瀑布，在黄果树风景区，还分布着雄、奇、险、秀风格各异的大小瀑布17个，它们与黄果树大瀑布一起，构成了一个庞大的瀑布家族。这18个瀑布被世界吉尼斯总部评为世界上最大的瀑布群，列入世界吉尼斯纪录，名扬天下。

### ■ 1. 最大的岩溶瀑布群

黄果树瀑布群是以著名的黄果树大瀑布为中心的一个瀑布群，由姿态各异的十几个地面瀑布和地下瀑布组成。这些瀑布形成于亚热带岩溶地区，统称"岩溶瀑布"，同时，因其数量多、规模大，又被称为"岩溶瀑布博物馆"。

黄果树瀑布群中的不少瀑布分布在岩溶洞穴、明河暗湖之中，具有"瀑布成群、洞穴成串、星潭棋布、奇峰汇聚"的特点。

### ■ 2. 壮观的黄果树大瀑布

黄果树大瀑布是黄果树瀑布群中最为壮观的瀑布，原名白水河瀑布，因它的右侧有古榕一株，当地人称为黄桷树，取其谐音，将此瀑命名为黄果树大瀑布。黄果树大瀑布是九

> 黄果树瀑布：
> 　　黄果树瀑布原名白水河瀑布，是世界上唯一能从上、下、前、后、左、右6个方位观赏的瀑布。

黄果树瀑布位于贵州省西南部，高77.8米，宽101米，不仅是中国最大的瀑布，也是世界上壮观的大瀑布之一，享有"中华第一瀑"的美誉。以黄果树瀑布为中心的黄果树瀑布群是世界上最大的瀑布群，被列入了世界吉尼斯纪录。

徐霞客：古代著名旅行家徐霞客在300多年前就对黄果树瀑布有过描述，是中国历史上对黄果树瀑布进行详尽记载的第一人。

瀑布泉水

级瀑布中的第四级，也是最大的一级，它的实际高度为77.8米，其中主瀑高67米，宽101米。

黄果树大瀑布是世界上唯一可以从上、下、前、后、左、右六个方位观赏的瀑布，也是世界上有水帘洞自然贯通且能从洞内外听、观、摸的瀑布。明代伟大的旅行家徐霞客考察该瀑布时曾赞叹道："捣珠崩玉，飞沫反涌，如烟雾腾空，势甚雄伟；所谓'珠帘钩不卷，匹练挂遥峰'，俱不足以拟其壮也，高峻数倍者有之，而从无此阔而大者。"

银链坠潭瀑布：

银链坠潭瀑布呈漏斗形，仅十余米高，底部是槽状溶潭。潭沿面上隆起的石包就像一张张下覆的莲叶，交错搭连，河水在每一张叶面上均匀铺开，纵情漫流，像千万条大大小小的银链，轻音嘤嘤地缓缓坠入潭中。

### ■ 3. 黄果树大瀑布的"两奇"

除了瀑布本身以外，黄果树大瀑布还有"两奇"。

第一奇是瀑上瀑和瀑上潭：主瀑之上有一高约4.5米的小瀑布，其下有一个深达11米的瀑上潭。瀑上瀑造型优美，与主瀑布形成了十分协调的瀑布组合景观。

第二奇是主瀑之后的喀斯特洞穴：这个洞穴名为水帘洞，洞口高出瀑下的犀牛潭约40米，其左侧洞腔较为宽大，并有三道窗孔可外观；右侧因石灰岩岩体坍塌，洞体残存一半，形成一个近20米高的岩腔。在幽暗的水帘洞内，人们可看到稀疏不一、厚薄不均的水帘轰然下跌，雨雾弥漫，透过雨雾，只见群山、行人若隐若现，缥缈无迹，如海市蜃楼一般，十分奇妙。

### ■ 4. 别具风格的滴水滩瀑布

滴水滩瀑布位于灞陵河上游，距黄果树大瀑布1000米。这里两山对峙，东为大坡顶，西为关索岭，中间是深达700米的灞陵河峡谷，滴水滩瀑布就挂在关索岭山上。它集高、大、多、美、奇于一身，十分壮观。

滴水滩瀑布是灞陵河的一条支流突然坠落而

形成的，有7级，总高度达410米。雪白的滴水滩瀑布飞流直下，如一匹白练，与两旁黛青色山岩上的苔藓相互映衬。站在大坡顶遥望，整个瀑布仿佛身着白色衣裙的天仙，在万顷绿波之中展现着美妙的身姿。

### ■ 5. 天然大盆景——天星桥山水

在距黄果树大瀑布不远的一段峡谷中，陡峭的石崖间有一巨石如天星飞落，架于谷中，在河流上空形成了一座窄桥，人们叹其神奇，称之为天星桥。在天星桥下，白水河缓缓流淌。河水动中有静，静中有动，给峡谷中增添了不少灵性，并与天星桥形成了一个完美的结合——天星桥山水。

这里一步一景、三步一画，山、石、水、林、洞、瀑无不奇妙绝伦，可谓"有水皆成瀑，是石总盘根"、"风刀水剑刻就万顷盆景，根笔藤墨绘制千古绝画"，因而被人们称为"天然大盆景"。

### 【百科链接】

#### 地理百科：水云山庄

每当丽日当空、阳光灿烂之时，黄果树大瀑布宛若一条溢彩流金的银龙，喷洒着浓浓的迷雾，十分神奇。而当夜幕降临之后，瀑布则宛若银河从九天而落，加上从潭中升腾而起的层层水雾扑面而来，宛如一幅景色神秘的图画。

由于升腾的水雾笼罩着瀑布西侧的黄果树寨子，尤其是在日出日落之时，朝阳或夕阳给袅袅娜娜的水雾涂上了一层神奇的金色，景色十分迷人。因此，黄果树寨子便有了"水云山庄"的美名。

地理位置：黑龙江省宁安市　　宽：45米

高：20米

# 镜泊湖瀑布：
# 中国最大的火山瀑布

镜泊湖瀑布又称吊水楼瀑布，当地人因瀑布形似倒吊的流水，故名之。此瀑布位于黑龙江省宁安市西南，是中国最大、纬度最高的火山瀑布，与贵州黄果树瀑布、黄河壶口瀑布并称为"中国三大瀑布"。

> **镜泊湖：**
> 镜泊湖属中营养湖，形似蝴蝶，湖中大小岛屿星罗棋布。

观而闻名于世，是国家著名风景区和避暑胜地。

## 2. 中国最大的火山瀑布

镜泊湖瀑布宽45米左右（雨季或汛期，瀑布变成两股或数股跌落，总幅宽达200余米），落差20米左右，是中国最大的火山瀑布。

每当夏季洪水到来时，呼啸奔腾的镜泊湖水漫过平滑的熔岩床面，从断层峭壁上飞泻而下，激起千朵银花、万堆雪浪，如浮云堆雪，白雾弥漫，又似银河倒泻，白练悬空。

镜泊湖瀑布是火山熔岩断裂形成的瀑布。大约在1万年前镜泊湖火山群爆发时，喷发出的熔岩在流动过程中，接触空气的部分首先冷却形成硬壳，而硬壳内流动的熔岩中尚有一部分气体未得到逸散，待到熔岩全部硬结后，这些气体便从硬壳中排出，形成许多气孔和空洞。

## 1. 中国最大的熔岩堰塞湖

镜泊湖是火山创造的奇迹。火山爆发喷出的熔岩流入河道，凝固后形成了堤岸，堵塞了上游的河谷。这样，就产生了一个新的湖泊。这种由于火山熔岩堵塞河道而形成的湖泊，叫作堰塞湖。

镜泊湖是中国最大、最典型的堰塞湖。湖面南北长45千米，东西最宽处宽6千米，面积95平方千米。湖水最大深度62米，平均深度40米。湖区周围有火山群、熔岩台地等。

镜泊湖以天然无饰的风姿和峻奇神秘的景

位于黑龙江省宁安市境内的镜泊湖瀑布，高20米，宽45米，是中国最大、纬度最高的火山瀑布，与贵州黄果树瀑布、黄河壶口瀑布并称为"中国三大瀑布"。

天长日久，这些气孔和空洞不断塌陷，形成了大小不等的熔岩洞。当湖水从熔岩洞的断面跌下熔岩洞时，便形成了壮观的瀑布。

### 3. 镜泊湖地下森林

镜泊湖瀑布是由火山创造的奇迹，但火山创造的壮举不只如此：火山喷发多年之后，在凹陷的火山口处生长出的森林，成为我国著名的"火山口原始森林"——镜泊湖地下森林。

从镜泊湖北端西行50千米，即可到达"地下森林"奇观处，此处的森林都生长在地面以下的10个圆形火山中。这些圆形火山口由东北向西南分布在长40千米、宽5千米的狭长地带上，直径在400米至550米之间，深度在100米至200米之间，其中以3号火山口最大，直径达550

【百科链接】

**地理百科：富饶的镜泊湖**

镜泊湖风景区不仅风景怡人，而且还以富饶著称。

由于湖区气候温和、湿润，有利于林木生长，因此这里的森林资源十分丰富。湖区森林总面积达6000平方千米，可采伐100年以上。镜泊湖还是一个天然的大水库，蕴藏着丰富的水力资源。目前这里已建成两座采用压力隧道引水的发电站，被誉为"地下明珠"。此外，镜泊湖水域辽阔，水质优良，为鱼类的繁殖提供了有利条件，湖中除盛产驰名中外的湖鲫外，还盛产鲤鱼、红尾鱼、鳌花鱼、大白鱼等40余种食用鱼。

米，深度达200米。

如果站在火山口顶部向下望，只见陡峭的内壁上，林木郁郁葱葱，青翠欲滴，云雾缭绕，让人不知是身处天上还是地上。

现在，人们不只可以俯视地下森林，还可以踩着陡壁上的人造石阶进入地下森林，亲自感受它的神奇。

地下森林中，鸟儿飞行、蛇儿爬行、兔儿跳行、鼠儿穿行，一片生机盎然。据科学家考察，这里不仅有小动物存在，而且有马鹿、野猪、黑熊等大动物出没，甚至还有世所罕见的国家保护动物青羊，堪称"地下动物园"。

### 4. 美丽的镜泊湖瀑布村

镜泊湖瀑布村是距离镜泊湖高山瀑布最近的一座村庄。在美丽的镜泊湖畔，居住着勤劳而朴实的村民。他们喝着镜泊湖的水，吃着镜泊湖的鱼，日出而作，日落而息，辛勤地建设着自己的家园。

聪明的村民们在村里建造了电站大坝，利用瀑布的水流来发电。瀑布的水到了大坝这里再次形成小瀑布。小瀑布一年四季川流不息。村民们劳累了一天后来到这里，听着瀑布敲打岩石的美妙声音，看着水溅岩石的壮观景色，感受着滴滴水珠喷溅脸庞的凉意，无不感到舒适惬意。

镜泊湖瀑布：

镜泊湖瀑布是同坠入一潭的两个瀑布，两条翻腾滚跃的瀑布宛若两条出海之蛟龙，喷云吐雾，使镜泊湖更具神奇色彩。

# 庐山瀑布群：飞流直下三千尺

庐山山峰耸立，从雄、奇、险、秀闻名于世。除了俊秀的山峦，给庐山带来盛名的还有那一个个激荡人心的瀑布。瀑布赋予庐山以灵秀，让人叹为观止。诚如前人所言："泰山青松，华山摩岭，黄山奇峰，匡庐云瀑，并称山川绝胜。"

庐山瀑布群的突出特点是瀑布数量多、规模大、形态各异，而且，它还具有悠久的历史，历代文人骚客均在此赋诗题词，赞颂其壮观雄伟。

## ■ 1. 庐山第一奇观——三叠泉瀑布

在庐山瀑布群中，最著名的应数被称为"庐山第一奇观"的三叠泉瀑布。它的水流自海拔1453米的庐山第二高峰大月山流出，经过五老峰背，从北崖口悬注于大磐石上，又飞泻到二级大磐石，再倾泻至三级大磐石，是为"三叠"，这"三叠"最终形成了落差达155米的三叠泉瀑布。

在这"三叠"中，"一叠"笔直垂下，流水从20多米高的簸箕背上一倾而下，发出洪钟般的响声；"二叠"稍曲，水流高约50米，如雪似雾；"三叠"最长最阔，飘飘荡荡，如玉龙飞舞。一阵风吹来，瀑布外围的水流如巨大的绢布飘于空中，阳光一照，五光十色，美丽极了。

三叠泉对面的峭崖上有"观瀑亭"，同瀑布遥遥相对，可俯瞰瀑布和峡谷全景。由观瀑亭绕道下行，可临观音崖、观音洞，洞下即"绿水潭"，潭畔岩石上镌刻有清代翰林邓旭书写的隶书"竹影疑踪"四字。元代书画家赵孟頫的《水帘泉》诗对三叠泉作了诗情画意的描述："飞天如玉帘，直下数千尺。新月如帘钩，遥遥挂空碧。"

## ■ 2. 美丽的开先双瀑

古人云："庐山之美在山南，山南之美在秀峰。"所谓秀峰，实际上是香炉、双剑、文殊、鹤鸣、狮子、龟背、姊妹诸峰的总称。著名的庐山开先瀑布就在鹤鸣、龟背两峰之间，它是同源异

⑤
**三叠泉瀑布：**
三叠泉气势磅礴，无比壮丽，自古有"匡庐瀑布，首推三叠"，号称"庐山第一奇观"。

庐山瀑布群位于江西省北部的庐山上，具有瀑布数量多、规模大的特点。庐山瀑布历史悠久，文化底蕴厚重，景色壮丽，气势磅礴。其中著名的有庐山第一奇观——三叠泉瀑布和开先双瀑。

李白：李白是文学史上继屈原之后又一伟大的浪漫主义诗人，有"诗仙"之称。一首《望庐山瀑布》中写尽了庐山瀑布的壮美。

瀑布泉水

流的东西两瀑。两瀑均发源于大汉阳峰，并因位于山南开先寺附近而得名。

东瀑水来自马尾泉，自鹤鸣、龟背两峰之间奔流而出。由于水势湍急而崖口窄险，水流受到两崖约束，使瀑布在跌落过程中散开，分成几十缕，形若马尾，故名马尾瀑。明代学者桑乔描绘道："忽飘入云际，如飞毯匝，瞬息万状。"

西瀑水自黄岩山巅倾泻下来，跌落在双剑峰顶的大龙潭中，再从双剑峰东绕出，缘崖悬挂数百丈，形成黄岩瀑。黄岩瀑在马尾瀑之西，冬天来临时，少量泉水循崖流下，远看好像一条线；春夏水势泛滥之时，瀑布从高空倾泻而下，气势宏伟壮观。诗人李白的千古绝唱"日照香炉生紫烟，遥看瀑布挂前川。飞流直下三千尺，疑是银河落九天"，写的就是这条瀑布夏季的模样。

## 3. 古书记载最早的瀑布

在庐山众多的瀑布中，最早载入书册的是石门洞瀑布。《后汉书·地理志》中写道"庐山西南有双阙，壁立千余仞，有瀑布焉"，记载的正是石门洞瀑布。

石门洞瀑布被称为"山北胜境"，它位于天池山与铁船峰之间。从洞谷上攀，山势渐险，一路多巨石挡道，艰难前行。到了石门坎时，只见两崖之间仅存一条细细的缝隙，游客必须侧身才能通过。通过石门坎可看见钓鱼崖，崖旁有一块巨大的磐石，石上有"石门

黄龙潭：

黄龙潭幽深、静谧，是由一条银色瀑布冲击成的暗绿色深潭，只见古木掩映的峡谷间，一道溪涧穿绕石垒而下。

洞"三个大字。

过了大磐石，道路更加崎岖，峡谷深达几百米，两侧奇峰跌宕，壁削千仞。桅杆峰与童子崖如利剑一般插入天际，越过桅杆峰和童子崖后，才能看到一条宽30余米的白练翻崖飘落，坠入碧龙潭中。团团腾起的烟雾在阳光下形成一道道若隐若现的七彩霓虹，为奇壮的石门洞瀑布增添了几分神秘。走近瀑布，从下而上仰视，只见其状似玉龙从天而降，且喷吐着阵阵烟雾、万千银珠，使人双眼难睁；同时，只听瀑布击石发出的轰轰声响，有如雷鸣过顶，让人感到惊心动魄。

## 4. 黄龙潭和乌龙潭

黄龙潭、乌龙潭均位于石门洞上方。虽然两潭位置相邻，景致却各有千秋。

黄龙潭幽深、静谧，是一道银色瀑布冲击而成的暗绿色深潭。静坐潭边，听古道落叶、宿鸟鸣涧，使人不禁产生远离尘世、超凡脱俗之感。

乌龙潭原来由3个大小不一的潭组成。据古书记载："乌龙潭凡三潭，中、上两潭皆高数十百丈，下潭稍平夷。"但现在只剩一潭了。潭水溢到潭边后，分5股从巨石的隙缝中飞扬而下，像是一把银缎般的竖琴，日夜拨动着琴弦。

### 【百科链接】

**地理百科：放鹅洞**

庐山石镜溪旁边有一个天然石洞，传说是晋代书法家王羲之读书写字的地方，后人称之为"放鹅洞"。当年王羲之曾在石镜溪中放养群鹅，以此为乐。他每天在溪边池畔，细细观察群鹅戏水之姿态。有时还依照鹅戏水时的姿态，画上几幅栩栩如生的群鹅戏水图。有一天，白鹅竟然跃出画面，凌空飞天而去，"放鹅洞"之名由此得来。据说，洞中还有一个斗大的"鹅"字，为王羲之亲笔所书。

◁ 地理位置：广西崇左市大新县　　◁ 落　差：70米
◁ 宽：100米

# 德天瀑布：中越边境的珍珠项链 ❧

德天瀑布位于广西壮族自治区崇左市大新县，在中越国境交界处的归春河上游。此瀑布气势磅礴，蔚为壮观，与紧邻的越南板约瀑布相连，是世界第四大跨国瀑布。

德天瀑布所在的德天景区山峰奇巧，湖若明镜，江如玉带，步步是景，处处含情，好像大自然对它情有独钟，将山水神秀汇聚过来，使此地形成了数百里的天然山水画廊。

## ■ 1. 气势磅礴的跨国瀑布

清澈的归春河是左江的支流，也是中越边境的国界河。浩浩荡荡的归春河水从北面奔涌而来，到达浦汤岛后，从高达50余米的山崖上跌宕而下，远望似缯绢垂天，近观如飞珠溅玉。那哗哗的水声震荡河谷，气势十分雄壮。这就是举世闻名的德天瀑布。

德天瀑布宽100多米，纵深60多米，落差近70米。德天瀑布与越南板约瀑布相连，雨季时，融为一体，宽可达200多米，是世界第四大跨国瀑布。

远望德天瀑布，只见那一条条水帘犹如万匹银色的丝绸，从高山之上落下，齐齐地垂在山前，随风飘动，非常壮观。瀑顶上的座座小山露出一个个峰尖，仿佛海中小岛，令人叹为观止。

从近处看，只见瀑布奔流而下，与山石撞击，水花四溅，犹如珍珠撒在了山岩上。撒开的珍珠被山岩碰碎，又变成了白茫茫的一片云雾。天气晴好、艳阳高照的时候，飞溅的水珠又变成了碎屑，五颜六色，光彩夺目。有的时候，瀑布之上还会挂着一道彩虹，犹如彩锦配上了雪绸，为雄奇的德天瀑布增添了几分娇媚。

> 德天瀑布：
> 浩浩荡荡的归春河水，从北面奔涌而来，高崖三叠的浦汤岛巍然耸峙，横阻江流，江水从高达50米的山崖上跌宕而下，水花四溅，水雾迷蒙。

---

## ■ 2. 秀美的德天景区

德天旅游景区内遍布名胜古迹，风景优美秀丽。除德天瀑布之外，还包括素有"小桂林"之称的明仕田园风光，沙屯的多级叠瀑，奇峰夹峙、树木葱茏的黑水河，绮丽多姿的那岸奇景，怪石遍布的雷平石林和水上石林，层峦叠嶂、溶洞遍布的恩城山水及自然保护区，水平如镜、石峰玉立的乔苗平湖，造型奇特的龙宫岩，中越边境53号界碑，德天五百里画廊……这些都是值得驻足一观的秀美之景。其中，尤以明仕田园风光和五百里画廊最为著名。

明仕田园距大新县城53千米，为国家一级景点。该景点中的明仕河曲折盘旋，河两岸群峰竞秀，有"小桂林"之称，尤其是明仕桥一带，翠竹绕岸，农舍点缀，农夫荷锄，牧童戏水，极富南国田园气息。

五百里画廊景

**明仕田园景区：**
这里翠竹绕岸，农舍点缀，稻穗摇曳，农夫荷锄，牧童戏水，极富南国田园气息。

区奇峰耸立，云雾缭绕，红棉翠竹、民居水车、小桥流水等景致参差错落地点缀在山下，加上农夫在田园劳作、竹筏在小河穿行，构成了一幅青山绿水的南国田园美景。

## ■ 3. 中越边境53号界碑

中越边境53号界碑是中国和越南边境的一座石碑，1896年立，位于中国广西崇左大新德天瀑布上游600米处，用来衡定中国和越南之国界。该碑刻有"中国广西界"五字，并附有法文。有人风趣地说，来往中越只需一秒，因为该碑的左边为中国，右边为越南，而界碑不过咫尺之厚。

**中越界碑：**
相传清朝年间，清政府在这段边界上划规领土，立界碑，一统边界。当时这里的交通极为不便，山高路远，崎岖难行。几个官兵奉旨抬着界碑到此，见天色已晚，还有那么远的路程要走，于是就地挖坑将界碑立于此地，就是现在的53号界碑。这一立将我国的许多领土划给了越南。

**【百科链接】**

### 地理百科：世界第一大跨国瀑布——尼亚加拉大瀑布

尼亚加拉瀑布在印第安语中意为"雷神之水"。它位于北美洲五大湖区，年均流量5720立方米/秒，是世界第一大跨国瀑布。

尼亚加拉瀑布的水来自连接伊利湖和安大略湖的尼亚加拉河。这条大河从伊利湖北岸32千米起，河道突然变窄，水流加速，在一个90度的急转弯处，河道上横亘了一道石灰岩构成的断崖，水量丰富的尼亚加拉河经过此处时骤然跌落，形成了尼亚加拉瀑布。

◁ 地理位置：山东省济南市　　▷ 最大涌量：24万立方米/日
◁ 面　积：10.5万平方米

# 趵突泉：天下第一泉

趵突泉位于山东省济南市中心，是济南"七十二名泉"中最有名的一个，也是最早见于古代文献的济南名泉。如今，趵突泉已成为泉城济南的象征与标志，与千佛山、大明湖并称为"济南三大名胜"。

## 1. 天下第一泉

趵突泉有文字记载的历史，可上溯至我国的商代，距今3543年。所谓"趵突"，即跳跃奔突之意，此名不仅字面意思古雅，而且音义兼顾——不仅以"趵突"的动态形容泉水"跳跃"之状、喷腾不息之势，还以"趵突"二字的字音模拟泉水喷涌时的"卜嘟"、"卜嘟"之声，可谓绝妙。

趵突泉水量非常大，泉水从地下石灰岩溶洞中喷涌而出，三条水柱腾空而起，可达到三四尺高，浪花四溅，声若洪雷，势如鼎沸，最大涌量可达每天24万立方米。

趵突泉泉水清澈，味道甘美。相传，乾隆下江南时带的是北京的玉泉水，到济南品尝了趵突泉水之后，便立即改带趵突泉水，并封趵突泉为"天下第一泉"。著名文学家蒲松龄评价趵突泉为"海内之名泉第一，齐门之胜地无双"。

> 趵突泉：
> 趵突泉位居济南"七十二名泉"之首，被誉为"天下第一泉"，也是最早见于古代文献的济南名泉。

## 2. 突破裂隙的趵突泉

济南的山由石灰岩组成，这些石灰岩大约是在4亿年前形成的，并以大约30度由南向北倾斜。由于石灰岩本身的质地不很紧密，有空隙、裂隙和洞穴，能储存和输送地下水。所以地下水顺着石灰岩层的倾斜面大量流向济南市区，成了济南泉水的水源。

同时，在平原的泥土底下隐藏着岩浆岩，它的质地很紧密，所以地下水流到这里后，碰到岩浆岩的阻挡就流不过去了。岩浆岩上又覆盖着一层不透水的黏土层，因而地下水也不能自由地流出地面。这些被拦阻的大量地下水在强大的压力下从地下的裂隙中涌上地面，就形成了泉，趵突泉就是其中最著名的一个。

## 3. 康熙皇帝的墨宝

久负盛名的趵突泉，历来是文人墨客与政治家游览之胜地，留下了大量碑文。康熙帝就曾三临趵突泉，观泉听涛、饮水品茗、题咏诗作。

趵突泉位于山东省济南市中心，面积10.5万平方米，是最早出现在古代文献中的济南名泉。趵突泉被清朝乾隆皇帝封为"天下第一泉"，现与千佛山、大明湖并称为"济南三大名胜"。

李清照（1084—1155）：号易安居士，南宋杰出女词人。主要作品有词集《漱玉词》。

瀑布泉水

**泺源堂：**

趵突泉公园的泺源堂始建于明清时期，其殿台临水，是观赏趵突泉景最佳处。

康熙二十三年（1684年），康熙帝于趵突泉的观澜亭内泼墨"激湍"二字，并赋诗："十亩风潭曲，亭间驻羽旗。鸣涛飘素练，进水溅珠玑。汲勺旋烹鼎，侵阶暗湿衣。似从银汉落，喷作瀑泉飞。"

随后，康熙又命随身八大重臣各题一词，于是便有了"泺润"、"飞泉"、"飞涛"、"漱玉"、"珠渊"、"浅雪"、"洄瀑"、"扬清"等墨宝。这些诗词或石刻或木刻，至今仍保留在趵突泉畔。

## ■ 4. 别具一格的三大殿

趵突泉北岸有三座大殿，这三座殿坐北朝南，在同一中轴线上，自成院落，通称三大殿。其中，最南端的大殿为"泺源堂"，三间两层，歇山飞檐，古色古香。在殿内的抱厦柱上，刻着元代书画家、文学家赵孟頫的著名诗句："云雾润蒸华不注，波涛声震大明湖。"殿堂后面还有两座大殿，统称吕祖庙，原称"娥姜祠"，现称"娥英祠"。这两座大殿是后人为纪念舜的两位妃子娥皇、女英而建的。

在三大殿院内的花格透墙上，镶嵌着30余方石刻，都是历代名人的诗文名篇。特别值得一提的是院内那尊罕见的"双御碑"，其上记载着康熙皇帝三临、乾隆皇帝二临趵突泉的题词诗文，标示着趵突泉的地位。

## ■ 5. 漱玉泉与女词人李清照

漱玉泉位于趵突泉公园内，是济南"七十二名泉"之一。泉池呈长方形，长4.8米，宽3.1米，深2米，四周有汉白玉栏杆。池内北壁镶嵌"漱玉泉"刻石，为当代书画家关友声于1956年书写。池南侧为溢水口，由自然石叠砌而成。

该池水面宽阔，清澈见底。池边青松挺拔舒秀，翠竹婀娜多姿。明代诗人晏璧来这里游览时，曾有"泉流此间瀑飞经琼，静日如闻漱玉声"的赞语。

相传，这里是宋代著名女词人李清照的故居所在，李清照曾于此掬水梳妆，填词吟诗，她的作品《漱玉词》即以此泉命名。

**双御碑：**

趵突泉泺源堂内有一块著名的双御碑，这块碑上刻有康熙、乾隆的题字。正面是康熙的"激湍"二字，表示急流勇进、湍流不息之意。背面是乾隆的《再题趵突泉记》。

### 【百科链接】

**地理百科：马跑泉**

马跑泉是金代《名泉碑》、明代晏璧的《七十二泉诗》和清代郝植恭的《七十二泉记》中所著录的济南"七十二名泉"之一，位于济南趵突泉公园李清照纪念堂东侧的假山下。泉池为不规则形状，略呈长方形。池长12米，宽5米有余。池岸由已溶蚀的石灰岩岩石砌垒，曲折起伏。泉水从石隙中流出，沿池底小溪向东北方向流去，注入护城河（西泺河）中。泉池周围怪石嶙峋，绿树掩映，幽雅别致。

# 虎跑泉： 龙井茶叶虎跑水

虎跑泉位于浙江杭州西湖西南大慈山下，号称"天下第三泉"。虎跑泉周围环境幽雅清秀，泉水甘冽醇厚，泉旁书有"天下第三泉"五个大字。在此观泉、听泉、品泉、试泉，其乐无穷。历代诗人也留下了不少赞美虎跑泉水的诗篇。

## ■ 1. 位于石英岩、砂岩中的泉水

虎跑泉位于西湖西南隅大慈山白鹤峰麓，在距市中心约5千米的虎跑路上，是新西湖十景之一。

相传，唐元和十四年（819年），高僧寰中（亦名性空）来到此地，发现这里风景灵秀，十分喜欢，便住了下来。后来，因为附近没有水源，他准备迁往别处。但一天夜里，忽然梦见神人告诉他说："南岳有一童子泉，当遣二虎将其搬到这里来。"第二天，他果然看见两只老虎跑（刨）地做地穴，清澈的泉水随即涌出，故名"虎跑泉"。这个传说给虎跑泉蒙上了一层神秘的色彩。

虽然名为"虎跑泉"，但虎跑泉并不是两只老虎"跑"出来的。据地质学家的调查研究，"虎跑泉"附近的岩层属于砂岩，裂隙较多，透水性好。而且这里的砂岩层都向东南

梦虎石雕：
　　该雕像中，性空和尚面目慈祥，闭目斜卧，边上有二虎，形象生动，粗犷有力。整座雕像布局得体，线条刚柔相间，很有意趣。

倾斜，倾角较大，约有45度。虎跑泉位于砂岩层倾斜面的下方，随着岩层层面向下渗流的地下水在此汇聚。此外，在虎跑泉附近还有一条与岩石层走向近于平行的断层，可以拦蓄地下水，把地下水控制在断层之中。地质学上将坚硬岩石裂隙中储存的地下水叫作裂隙水，因此，其形成的虎跑泉为裂隙水泉。由于虎跑泉是从难溶解的石英岩、砂岩中渗出来的，其中所含的可溶性矿物质不多，因此虎跑泉的水质相当纯净。

"虎跑泉"题字：
　　"虎跑泉"三个大字，出自西蜀书法家谭道一，笔法苍劲，功力深厚。

## ■ 2. 泉边秀景

虎跑泉是一个两尺见方的泉眼，泉眼后面的石壁上刻着"虎跑泉"三个大字，这是西蜀书法家谭道一的手迹，笔法苍劲，功力深厚。泉前有一方池，四周环以石栏；池中叠置山石，傍以苍松，间以花卉，宛若盆景。游人在此，坐于石上可以品泉，凭栏可以观花，怡情

虎跑泉位于浙江省杭州市，是新西湖十景之一。虎跑泉历史悠久，文化底蕴厚重，曾引得宋代大文豪苏轼作诗赞美。虎跑泉畔的虎跑寺更是佛门名寺，是近代高僧弘一法师的出家之地。虎跑泉泉水清澈透明、甘甜醇冽，被誉为"西湖双绝"之一。

江南第一壶：该壶有一人多高，倾斜悬挂，壶身刻有"江南第一壶"字样，壶嘴有水呈细线流出。

瀑布泉水

悦性，雅兴倍增。

虽说虎跑景区有钟楼、罗汉堂、济公殿、五代经幢、弘一法师纪念塔等名胜古迹，但泉水是虎跑的主景，其他景观环绕着虎跑泉而设：走进山门，先是"听泉"，天王殿内是"释泉"，叠翠轩中是"赏泉"、"试泉"，滴翠岩下为"寻泉"，至茶室为"品泉"。

宋代诗人苏东坡曾这样写虎跑泉："亭亭石塔东峰上，此老初来百神仰。虎移泉眼趁行脚，龙作浪花供抚掌。至今游人盥濯罢，卧听空阶环佩响。信知此来如此泉，莫作人间去来想。"

弘一大师塔：

虎跑还有弘一大师塔，位于虎跑后山。弘一大师李叔同去世后，其灵骨部分葬在泉州，部分葬于虎跑。

## 3. 庄严的虎跑寺

唐元和十四年（819年），性空大师在虎跑泉附近定居建寺。虎跑寺原名广福寺，后改名为大慈禅寺。宋朝高僧济公，初出家在灵隐寺，后居净慈寺，圆寂于虎跑寺。被佛门称为"重兴南山律宗第十一代主师"的高僧弘一法师披剃出家的也是此地。现在的寺宇为清光绪皇帝在位时所建。

虎跑寺内主要有虎跑泉、李叔同（弘一法师）纪念馆、济公祠和一些其他的建筑。这些建筑以虎跑泉为中心，泉池四周依次建轩立亭，布局风格具有江南园林特色。此外，虎跑寺还有一个典型的双飞檐牌楼式山门，配合寺后的山形地势、林木山泉，显得既雄伟又秀美。

## 4. 龙井茶叶虎跑水

"龙井茶叶虎跑水"，被誉为"西湖双绝"。古往今来，凡是来杭州游历的人们，无不以能品尝一下用虎跑甘泉之水冲泡的西湖龙井茶为快事。历代的诗人们也留下了许多赞美虎跑泉水的诗篇。

宋代诗人苏东坡写道："道人不惜阶前水，借与匏尊自在尝。"明代高濂在他的《四时幽赏录》中说："西湖之泉，以虎跑为最。西山之茶，以龙井为最。"清代诗人黄景仁在《虎跑泉》一诗中有云："问水何方来？南岳几千里。龙象一帖然，天人共欢喜。"诗人根据传说，说虎跑泉水是从南岳衡山由仙童化虎搬运而来，缺水的大慈山忽有清泉涌出，天上人间都为之欢呼赞叹，亦赞扬高僧开山引泉、造福苍生的功德。

如今，虎跑泉依然澄碧如玉，从池壁石雕龙头喷出的那股水流仍旧涓涓汩汩，不停涌出。坐在宽敞明亮的茶室中，泡上一杯热气腾腾的龙井慢啜细品，一股清香甘冽之味透于舌间，流遍齿颊，使人顿感神清气爽。

# 雅鲁藏布大峡谷：
# 地球上最后的秘境

雅鲁藏布大峡谷位于雅鲁藏布江大拐弯处的南迦巴瓦峰附近，全长496.3千米，侵蚀下切达5382米，是世界上最长、最深的大峡谷。整个峡谷地区布满冰川、绝壁、陡坡和巨浪滔天的大河，环境十分恶劣。其中许多地方至今仍无人涉足，堪称"地球上最后的秘境"。

## ■ 1. 雅鲁藏布大峡谷之最

雅鲁藏布江大峡谷位于"世界屋脊"青藏高原之上，平均海拔3000米以上，是世界海拔最高的峡谷。

它险峻幽深，侵蚀下切5382米，深度超过了曾号称世界第一的秘鲁科尔多峡谷（深3200米左右），为世界峡谷之最深者。

它曲折回环，全长496.3千米，长度超过了曾号称世界第一的美国科罗拉多峡谷（长440千米），为世界峡谷之最长者。

雅鲁藏布大峡谷是青藏高原最大的水汽通道，也是世界上因地形而产生气流运移的最大通道。水汽通道的存在不仅造就了雅鲁藏布江流域的特殊降水分布，而且造就了藏东南的特殊的海洋性气候。大峡谷的水汽通道逆江西行，滋润了山南地区。藏民族的起源、吐蕃王朝的兴起、雅砻文化的建立和发展等，从地理条件上说都与水汽通道的影响有关。

大峡谷具有从高山冰雪带到低河谷热带季雨林带等9个垂直自然带，是世界山地垂直自然带分布最齐全、最完整的地方。因而，这里聚集了许多生物资源，包括青藏高原已知高等植物种类的2/3，已知哺乳动物的1/2，已知昆虫的4/5，以及中国已知大型真菌的3/5，在生物的多样性上，堪称世界之最。

> **雅鲁藏布大峡谷：**
> 雅鲁藏布大峡谷是青藏高原上最大的水汽通道，受印度洋暖湿气流的影响，大峡谷南段年降水量高达4000毫米，北段也在1500毫米至2000毫米之间。整个大峡谷地区异常湿润，布满了郁密的森林，是世界上生物种类最丰富的峡谷。

雅鲁藏布大峡谷是世界上最长、最深、海拔最高的大峡谷。该峡谷地区多冰川、绝壁、陡坡和大河，动植物资源丰富，是生物多样性的宝库之一。

高山杜鹃：是雅鲁藏布大峡谷中最耀眼的植物，花序呈伞形，花冠钟状，有白、粉、红等色，十分鲜艳。

峡谷沟壑

## ■ 2. 印澳板块与欧亚板块撞击的产物

雅鲁藏布大峡谷及其周边地区，在地质构造上属于东喜马拉雅构造结，与西喜马拉雅构造结相对应。

当印澳板块和欧亚板块发生猛烈撞击时，地处撞击中心地带的大峡谷同时受到了来自东部的太平洋板块的阻挡挤压，因此大峡谷随地质变化而拐弯。目前已在大峡谷中发现多处来自地壳深处的基性、超基性岩体，证明板块缝合线构造的确存在。

经铷锶等时线法测定，大峡谷内侧的南迦巴瓦峰裸露的中深度变质岩系，其绝对年龄值为7.49亿年，这是迄今为止所测得的我国喜马拉雅山一侧地层的最古老年龄值，相当于前寒武纪，与古老的印度台地地质年龄值相仿，它表明在地质上这里是古老印澳板块北伸的一部分。

雅鲁藏布江

雅鲁藏布江在迂回曲折的峡谷中奔流，蕴藏着丰富的水力资源，而这大拐弯峡谷地貌的形成，又为水力资源的开发利用提供了难能可贵的条件。

## ■ 3. 人类最后的秘境

雅鲁藏布大峡谷里最险峻、最核心的地段，是从白马狗熊往下长约100千米的一段。这一段峡谷险峻幽深，激流咆哮，至今还无人能够进入，是"人类最后的秘境"。

此外，峡谷地区的墨脱县，也一直很少有人涉足，可谓高原上的"孤岛"、远离现代社会的"世外桃源"。1994年，我国科学家组成一个科学考察队，对雅鲁藏布大峡谷进行科学考察，才揭开了此地神秘面纱的一角。

## ■ 4. 动植物的家园

雅鲁藏布大峡谷内自然带非常多，高山雪线之下是高山灌丛草甸带，再向下是高山、亚高山常绿针叶林带，继续向下是山地常绿、半常绿阔叶林带和常绿阔叶林带，进入低山、河谷季雨林带。因此，这里的生物资源极为丰富。

这里有利用价值的经济植物不下千种，具体可分为药用植物、油料植物、纤维植物等。此外，这里还是高山杜鹃的集中分布区，大峡谷的高山灌丛主要由常绿杜鹃组成。这一区域内共有154种杜鹃，占世界杜鹃总种数（约600种）的26%。

除了种类丰富的植物，这里还有种类繁多的动物。如皮毛动物水獭、石貂、云豹、雪豹、白鼬、豹猫和小熊猫；药用动物马麝、黑熊、穿山甲、银环蛇、眼镜王蛇；观赏动物长尾叶猴、棕颈犀鸟、红胸角雉、红腹角雉、排陶鹦鹉、大绯胸鹦鹉、蓝喉太阳鸟、火尾太阳鸟、红嘴相思鸟、白腹锦鸡、藏马鸡、黑颈鹤等。

> 银环蛇：
>
> 银环蛇毒性很强，全长1米左右，通身背面具黑白相间的环纹，腹面全为白色。

### 【百科链接】

**地理百科：银环蛇**

中国银环蛇有两个亚种，其中一种仅产于云南西南部，它全长1米左右，背部有黑白相间的环纹，腹部全为白色。它通常栖息于平原、丘陵或山麓近水处，傍晚或夜间活动于田边、路旁、坟地及菜园等处。银环蛇以捕食泥鳅、鳝鱼和蛙类为生，也吃各种鱼类、鼠类、蜥蜴和其他蛇类。它的毒性很强，人被它咬伤后，常因呼吸衰竭而死亡。

# 长江三峡：人间最美的画廊

长江三峡是万里长江上最著名、最壮美的景观，也是神州秀美山水中的瑰宝。它西起重庆市奉节县的白帝城，东至湖北省宜昌市的南津关，由瞿塘峡、巫峡和西陵峡三峡组成。"三峡"风光各具特色：瞿塘峡雄伟壮观，巫峡幽深秀丽，西陵峡滩多险峻。

## ■ 1. 亿万年的河流下切

三峡是在地壳的间歇性抬升、河流的下切以及长江两岸石灰岩的不断溶蚀的综合作用下形成的。

在距今2亿年前的中生代三叠纪，中国西部曾是古地中海的一部分，当时的海湾一直向东延伸到川东、鄂西一带。到了距今1.9亿年前的侏罗纪早期，在一次大规模的地壳运动中，三峡所在地地壳隆起，尤其是湖北境内的黄陵庙附近，地壳抬升现象非常显著。海底隆起为山，海水退

去，隆起的山成为这一带第一座地表分水岭。从此，统一的西流水系被切断，东翼水系的水流汇入今天宜昌以东的湖盆。

到了距今1.4亿年前的白垩纪初期，燕山运动使巫山崛起，形成了新的地表分水岭。沿巫山山脉东西两坡发育的河流，产生溯源侵蚀，但此过程进行得相当缓慢。到距今约六七千万年前的白垩纪末或第三纪初，东翼水系终于切穿巫山分水岭，掠夺了西翼水系，原始长江始告形成。

以后，这一带地壳仍然不断产生间歇性拱形隆起，而长江水流也不断向河床下切侵蚀，久而久之，长江河床被下切了1000多米。加之这里的河谷由坚硬且易溶于水的石灰岩组成，因而在水流的不断溶蚀、搬运的作用下，河谷最终形成了险峻、幽深的峡谷。

## ■ 2. 惊险的瞿塘峡

瞿塘峡（亦称夔峡）西起重庆市奉节县的白帝城，东至巫

瞿塘峡：
瞿塘峡两岸的山峰陡峭如壁，把滔滔长江逼成一条细带，蜿蜒于深谷之中。

三峡起始点石碑

长江三峡是指从重庆市奉节县的白帝城至湖北省宜昌市的南津关一段的长江河道，它由瞿塘峡、巫峡和西陵峡三峡组成，是长江上最壮观、最美丽的景观。惊险的瞿塘峡、幽深秀丽的巫峡、滩多水急的西陵峡闻名中外，三峡工程的竣工更是锦上添花。

巫峡：巫峡整个峡区奇峰突兀，怪石嶙峋，峭壁屏列，绵延不断，宛如一条迂回曲折的画廊，充满诗情画意，是三峡中最壮观的一段。

峡谷沟壑

神女峰：

在中国古代神话中，相传神女峰是西王母幼女瑶姬的化身。她曾助夏禹开凿河道，排除积水，水患消除后，毅然决定留在巫山，为行船保平安，因而赢得后人尊敬奉祀。

山县的大溪镇，全长约8000米，是三峡中最短的峡谷，但却有险峰对峙之磅礴气势，故号称"天下雄关"。

奔腾咆哮的长江，一进峡谷便遇上了气势汹汹的瞿塘峡，而且被瞿塘峡两岸陡峭如壁的山峰逼成了一条细带——这里的河面最窄处不过几十米，而两岸的山峰高达1000多米。这样峡深水急的奇异景观，正如郭沫若的《过瞿塘峡》一诗所云："若言风景异，三峡此为魁。"

在瞿塘峡两岸的峭壁上，有一条人工修筑的古栈道遗迹，这是古时船夫拉纤、军队运输物资和客商行贾通行的唯一通道。栈道附近还有七个深洞，仿佛天窗面对大江。登天窗而望，只见双峰插云，蓝天一线；向下俯视，则是奔腾的江水，似箭的飞舟，使人不禁产生"峰与天关接，舟从地窟行"之感。

## 3. 幽深秀丽的巫峡

巫峡西起重庆市巫山县大宁河口，东至湖北省巴东县官渡口，峡长谷深，迂回曲折，以风景秀丽著称。整个峡区奇峰突兀，怪石嶙峋，峭壁屏列，绵延不断，充满了诗情画意，是三峡中最为秀美的一段。

巫峡的景观中以十二峰最为著名，尤其是其中的剪刀峰十分奇特，它形似群仙相聚，上分两叉，很像剪刀插天。峰下有一长方形白色岩壁，上刻"重崖叠嶂巫峡"六个大字，相传为诸葛亮所书。

## 4. 亭亭玉立的神女峰

神女峰是巫峡十二峰之一，从远处看，只见一根巨石突兀于青峰云霞之中，宛若一个亭亭玉立、美丽动人的少女，故名神女峰。同时，因其每天第一个迎来灿烂的朝霞，又最后一个送走绚丽的晚霞，故又名"望霞峰"。

每当云烟缭绕峰顶时，"神女"像披上薄纱似的，显得脉脉含情，妩媚动人。

相传，神女峰是西王母幼女瑶姬的化身。瑶姬曾助夏禹开凿河道，排除积水。水患消除后，为保此地行船平安而化作山峰，留在巫山，因而博得了后人的尊敬。

## 5. 滩多水急的西陵峡

西陵峡是三峡中最长的一个峡，其特点是滩多水急。其中的泄滩、青滩、崆岭滩，为三峡著名的三大险滩。过去船行其间，舟毁人亡的事情时有发生。新中国成立后，航道经多年整治，行船安全情况大为改善；加之葛洲坝工程蓄水之后回水百里，水位上升，险滩礁石沉入江底，这里已不再是行船的避讳之地。

出了西陵峡南津关，300里峡江航程即告结束。长江自此进入中游，视野豁然开阔，江流东去千里，两岸平野万顷，别是一番情趣。

### 【百科链接】

#### 地理百科：大宁河小三峡

大宁河上的峡谷素有"小三峡"之称，它南起巫山县，北至大昌古城，全长约60千米，包含龙门峡、铁棺峡和滴翠峡三段峡谷。"小三峡"中以龙门峡最为有名，它长约3000米，峡谷两边矗立着幽幽的青山，山崖上有翠竹垂萝，还有奇峰相对而立，好像巍峨的铁门，故得"龙门"之名。

# 怒江大峡谷：世界第三大峡谷

怒江大峡谷：

怒江大峡谷山高、谷深、水急，两岸白花飘香，山腰原始森林郁郁葱葱，冬春两季冰雪覆盖，景色如画。

怒江大峡谷位于云南省怒江傈僳族自治州，被人们称为"东方大峡谷"，是世界第三大峡谷。峡谷长310千米，平均深度为2000米。峡谷两边是海拔4000多米的高黎贡山和碧罗雪山，山势险峻，层峦叠嶂；峡谷中是水流汹涌的怒江，暗礁遍布，险象环生。

## ■ 1. 三江第一怒

在藏东南、滇西北的横断山区，怒江、澜沧江和金沙江三条大江从西向东相间排列，由北往南纵贯担打力卡山、高黎贡山、碧罗雪山以及云岭山脉，构成了世界上绝无仅有的"三江并流"奇观。在这三条大江中，怒江的平均落差最大，每千米内可达600米，因而水流湍急，汹涌澎湃，有"三江第一怒"之称。怒江江水翻腾不息，就像是一个脾气暴躁的人，一路咆哮着，一直流入缅甸境内（称萨尔温江），最后注入印度洋。

## ■ 2. 大峡谷二绝

怒江大峡谷有两个让人惊叹的绝妙之处：

其一是大峡谷之大。怒江大峡谷长310千米，峡谷上宽下窄，上半部分峡谷两岸的山脊之间平均宽20千米，下半部分平均宽100米左右，从上自下的垂直深度为2100米。峡谷两侧是高黎贡山和碧罗雪山两大山脉，这两大山脉向谷底延伸出许多高山和深壑，故沿江地形多为悬岩绝壁。

其二是大峡谷之直。怒江大峡谷尽管很长，但除了首尾两部分稍微向西偏一点之外，中间大部分地段与经线相平行。这种像是刀劈斧砍出来的峻直峡谷在世界上十分罕见。

## ■ 3. 狂放不羁的老虎跳

怒江大峡谷到了怒江傈僳自治州泸水县六库镇向北50千米处，变得越来越狭窄，峡谷上端两岸的山仅仅相隔10米。"暴躁"的怒江水在这狭窄的通道里受到了极大的束缚，十分不"满"，因此变得狂放不羁。它以排山倒海的气势撞击着两岸和江心的岩石，发出响震九天的声音，好像虎吼震川，形成怒江大峡谷上著名的景观——老虎跳。

凡是到过怒江大峡谷的人，都会被这天堑一样惊险的景色所吸引。在老虎跳驻足，只见巨浪排空，汹涌澎湃，怒江水雷霆万钧的气势和豪情尽收眼底，让人不禁赞叹大自然的鬼斧神工。

## ■ 4. 珍稀动植物王国

独特的气候条件孕育出了怒江大峡谷丰富的生态资源，素有"十里不同天，万物在

怒江大峡谷位于云南省怒江傈僳族自治州，长310千米，平均深度2000米，有"东方大峡谷"之称，是世界第三大峡谷。怒江大峡谷上最著名的景观是老虎跳，此处山高水急、气势磅礴，有虎啸深山之感。

叶猴：叶猴是怒江大峡谷中的一种珍稀动物，它们在林中穿来穿去，十分可爱。

峡谷沟壑

一山"之说。

峡谷内名花异卉、稀世药材遍地都是。其中被列为国家一级保护植物的有树蕨、秃杉、珙桐等；列为国家二级保护植物的有三尖杉、清水树等；列为国家三级保护植物的有天麻、雪山一枝蒿等。

同时，这里还有许多珍稀动物。其中，灰腹角雉、热羚、红岩羊、金丝猴、叶猴、小熊猫（金狗）、齿蟾等都是国家重点保护的动物种类。

丙中洛：
丙中洛居住有藏、怒、傈僳、独龙等少数民族，这里自然风光秀丽，人文景观奇特，民风淳朴，多民族人民和谐相处、团结友爱、平等互助，有着"路不拾遗、夜不闭户"的习惯，俨然世外桃源、人间仙境。

## ■ 5. 飞渡天堑的风之桥

在怒江两岸的悬崖间，悬着无数条铁链，曾经有一些富有想象力的人把这些铁链称作"风之桥"，其实它们叫作溜索。溜索是怒江最具代表性的原始交通工具，至今仍然在使用。

怒江上的溜索有两种——平溜和陡溜。平溜的溜索两头一样高，穿越大江的人，来往都可以使用，但溜到江心后需要双臂用力才能攀到对岸；陡溜的溜索有一定的倾斜度，一头高，一头低，人们可以从较高的一头自然滑向对岸，十分轻快。

傈僳族村寨：
傈僳族民居为井干式木楞房，依山而建，层层叠叠。建筑全系原木搭成，当地人称此种建筑为"木楞子"，其特点是木头不上漆，整栋房子不用一颗铁钉，全靠木料之间互相牵制。

石月亮：
石月亮是一个天然大理岩溶蚀而成的深洞。深洞呈椭圆形，东西长32.70米，上下约60米，宽30米，深12米。从远处眺望恰似一轮明月高高悬挂于山林峰海之中，与天空连为一体。

今天，横跨在怒江上的桥越来越多，但溜索仍然没有退出历史舞台。尤其是远道而来的游人，总喜欢在经验丰富的当地人的帮助下，借助溜索越过怒江，亲身感受征服天堑的惊险和刺激。

## ■ 6. 人间仙境丙中洛

绕过"三江第一怒"处的山脊，人们眼前立刻出现一幅世外桃源般的田园美景，这里就是人间仙境丙中洛。丙中洛是云南西北面的一个乡，它在高山环抱中呈现着一派祥和、静谧的田园风光——这里有错落有致的农舍和寺庙，有明珠般晶莹美丽的孜丹湖，有蓝得几乎透明的天，还有充满着原始苍茫之美的树林……

### 【百科链接】

**地理百科：人见人爱的小熊猫**

小熊猫俗名九节狼、金狗，体形略显肥胖，体重一般可达6千克。小熊猫的背部毛色为红棕色，其眼眶、两颊、胡须以及嘴周围都是白色。最有特点的是那条蓬松的长尾巴，上面有棕色与白色相间的九节环纹，非常惹人喜爱，"九节狼"的别名因此而得。在第四纪更新世时期，小熊猫曾广泛分布于欧亚大陆，现多分布于中国西藏、云南、四川以及印度、尼泊尔、不丹和缅甸北部。欧洲中部和英国都曾发现其化石。

# 金沙江虎跳峡：万仞绝壁万马奔

虎跳峡又称"金沙劈流"，位于云南省香格里拉县东南部，是世界上最深的峡谷之一。

虎跳峡西南起自冲江河与金沙江汇合处，东北至丽江大具村。峡谷两岸高山对峙，群峰插云，东为玉龙雪山，终年披云戴雪，主峰海拔5596米；西为哈巴雪山，山势峥嵘突兀，主峰海拔5369米，而虎跳峡江面海拔仅1700米，相对高差达3700米以上。因而，虎跳峡以山高、峡深、水急而闻名。

## ■ 1. 险境丛生的虎跳峡

虎跳峡是一个高山峡谷，距香格里拉县城105千米。整个峡谷全长17千米，分为上虎跳、中虎跳、下虎跳三段，共有18处险滩。

虎跳峡一向以"险"而闻名天下。其险首先表现在山上。峡谷两岸，高山耸峙，东有玉龙雪山（主峰海拔高达5596米），终年披云戴雪，银峰插天，山腰怪石嵯峨，古藤盘结，山脚巨石壁立，直插江底；西有哈巴雪山，巍峨高峻，峥嵘突兀，山腰间有台地，山脚为陡峻悬崖。

其次是水险。山岩的断层塌陷造成无数石梁、跌坎，加之两岸山石风化，巨石常在崩塌后落入谷底，致使江中礁石林立，犬牙交错，险滩密布。此外，从上虎跳峡至下峡口，落差达210米，江流疾驰，不少河段水速可达每秒6米至8米。因而，江水瞬息万变，或狂想怒号、雪浪翻飞，或旋涡漫卷、飞瀑轰鸣，令人不寒而栗。

## ■ 2. 激流澎湃的上虎跳

上虎跳是整个虎跳峡中最窄的一段。沿峡谷上行，越接近上虎跳则峡谷越窄，江水的轰鸣声也越大。到了上虎跳，江面从100多米宽一下子收缩到30余米，江面顿时变得拥挤不堪，江水撞击犬牙般参差的礁石，激起数米高的巨浪。

在巨浪之中，有一个13米高的巨石横卧江心，如一道高坎陡立眼前，把激流一分为二。传说曾有一猛虎借江心这块巨石，从玉龙雪山一侧一跃而跳到哈巴雪山，故此石被称为"虎跳石"。

虎跳石不仅是上虎跳景观的代表，也是虎跳峡全峡最险最美的景致。站在虎跳石附近，只听激流的轰鸣声回荡在山谷，人的耳膜都觉得微颤；放眼望去，只见汹涌的

**虎跳峡：**
虎跳峡气势壮观，汹涌的河水奔腾而过，宛如巨龙呼啸吼叫。峡内礁石林立，有多处险滩、瀑布等。

位于云南省香格里拉县东南部的虎跳峡全长17千米，深3790米，是世界上最深的峡谷之一。虎跳峡以山高、峡深、水急著称，整个峡谷分为上虎跳、中虎跳、下虎跳三段，共有18处险滩。

中虎跳：中虎跳的壮美比上虎跳有过之而无不及，只见江水滚滚，浊浪滔天，水花翻飞，雾气腾空，有如金戈铁马，万兽狂奔。

峡谷沟壑

浪涛一层卷一层，冲击着虎跳石，十分壮观。

下虎跳：
下虎跳有纵深1千米的巨大深壑，这里接近虎跳峡的出口处，是欣赏虎跳峡最好的地方。

## ■ 3. 神奇妩媚的中虎跳

中虎跳最大的特点是奇，而最奇的景致要数"满天星"和"一线天"。

中虎跳的江岸峭壁耸峙，江水在不足5000米的距离内跌落百米。这使得江水激荡奔涌。同时，由于这里险滩礁石散布，激荡的江水在礁石上跳跃、翻滚，掀起了漫天的浪花，仿佛

虎跳石：
虎跳石不仅是上虎跳景观的代表，也是虎跳峡全峡最险最美的景致。

天上的繁星，因此被称为"满天星"。

中虎跳这一段峡谷恰好处在峡谷腹地，两侧雪山在此处都是最高的主峰段，因而在这里望峡口，就会看见两座高峰把蓝天切成了一条线，"一线天"景观由此得名。

此外，中虎跳上还有"观音瀑"这一独特的景观：在哈巴雪山的山腰上，挂着一小缕瀑布，瀑布旁边的山峰好像一尊观音像，因而此瀑被人们称作"观音瀑"。微风吹过，瀑布的水雾轻柔地飞舞，给充满阳刚之气的大峡谷增添了几分柔性与妩媚。

## ■ 4. 下虎跳之滩

下虎跳之景以"江水扑崖，倒流急转"为特色，主要景点包括倒角滩、下虎跳石、上下簸箕等大滩。其中，倒角滩长约2.5千米，落差35米，大小跌水20余处。峡谷在这一段多呈"之"字形急转弯，使江水直扑岸壁，掀起惊涛骇浪，倒流回来后又急转直下，如脱缰的野马狂奔远去。这里地势宽阔，近可看峡，远可观山。

**【百科链接】**

**地理百科：关于虎跳峡的传说**

传说中，玉龙山、哈巴山和金沙江、怒江、澜沧江是兄妹。金沙江、怒江和澜沧江三姐妹长大了，相约外出择婿，父母要玉龙、哈巴赶快去追赶。他们兄弟俩便来到丽江之滨等待，并约定谁放过三姐妹，谁就要被砍头。轮到哈巴看守时，金沙来了，金沙知道哈巴爱打瞌睡，于是，边走边唱，结果，哈巴听得入了迷，渐渐睡着了，金沙随即飞奔而去。

玉龙为了不违反约定，抽出长剑砍下了哈巴的头，随即转过身痛哭不已，他的两股泪水化成了白水和黑水，而哈巴的头则落在江中变成了虎跳石。从此，便有了虎跳峡。

◉ 地理位置：山西省壶关县东南部
◁ 景区面积：93平方千米

# 太行山大峡谷：一峡画，满谷诗

太行山大峡谷位于山西省壶关县东南部，距太原市250千米。

太行山大峡谷风光旖旎，景色奇异，汇集太行风采于奇峰洞壑之中，是峰的海洋，是石的国度，是洞的世界，是水的宝地，是植物生长的园地，是动物栖息的天堂。

## ■ 1. 一峡画，满谷诗

太行山大峡谷位于山西省壶关县东南部，占地面积93平方千米，林草覆盖率达74.9%，自古就有"卧虎藏龙之地"的美称。太行山大峡谷地势险要，历来是兵家必争之地，从春秋战国直至近代，战火从未熄灭过。

大峡谷以独特的地形、地貌以及丰富的动植物资源，造就了奇异的自然风光。不仅如此，峡谷地区的人文景观资源也十分丰富。

太行山大峡谷以五指峡、龙泉

> **太行山大峡谷：**
> 太行山境内千峰竞秀，万壑争奇，独特的地形、地貌和珍稀动植物资源造就了太行山大峡谷最为奇异的自然风光。

峡、王莽峡三大峡谷为主线，目前已开辟了紫团洞、云盖寺、水妖洞和真泽宫四大独具特色的景区。峡谷内有绿浪滔天的林海，刀削斧劈的悬崖，千姿百态的山石，如练似银的瀑布，碧波荡漾的深潭，雄伟壮观的庙宇，引人入胜的溶洞……置身其间，时见浓荫蔽日、溪水潺潺，时闻飞瀑泻银、珍禽飞鸣；驻足山巅，可望星月游移、奇峰变幻，可瞰云海苍茫、彩霞沐日。

## ■ 2. 五朵危崖五指开

太行山大峡谷的山崖千奇百怪，各不相同，有的如一边悠闲品茗、一边切磋棋艺的对弈仙人，有的像威风凛凛地镇守自己领地的雄狮，也有的像沐浴朝阳的金鸡……

其中五指峰最为有名，它位于五指峡的入口处，形状好像伸出的五指，故而得名。五指峰集雄、奇、险、幽于一体，不仅有刀削斧劈的悬崖，更有千奇百怪的山石。古人曾这样描写五指峰："五朵危崖五指开，亭亭玉立绝尘埃。惊涛忽涨清泉水，是否翻云覆雨来？"

太行山大峡谷位于山西省壶关县东南部，方圆93平方千米，峡谷内景色壮丽，奇峰洞壑层出不穷，被人们誉为"一峡画，满谷诗"。大峡谷内最著名的景观有五指峡、黑龙潭、红豆峡、紫团山等。

山桃花：隆冬季节，寒风凛冽，百花凋谢，太行山桃花洞周围的山桃花却凌寒怒放，格外美丽。

### ■ 3. 奇险的甬道

太行山大峡谷的龙泉峡内有一个从河南进入山西的古关口，叫大河关。虽然它曾经遭到了破坏，但"大河关"三个字的轮廓却还清晰可辨，也能看得出古关、古桥和古栈道的痕迹。

此外，羊肠坂也曾是古代中原地区进入山西境内的一条必经的险道，它因道路狭窄、盘桓似羊肠而得名。三国时期曹操率兵攻打盘踞于上党壶关的高干时，途经此地，曾赋诗《苦寒行》，感叹此行的艰难："北上太行山，艰哉何巍巍。羊肠坂诘屈，车轮为之摧。树木何萧瑟，北风声正悲。"

### ■ 4. 断岩流水黑龙潭

黑龙潭位于五指峡东边的河谷里，潭边的溪水蜿蜒而过，宛若黑龙。传说古时黑龙王曾栖息此处，故得此潭名。黑龙潭还有一个很有趣的说法。据说每到天气干旱的时候人们就到这里来求雨，但是求雨的人一定要是属龙的，原因就是此潭的守护者是一条黑龙。

黑龙潭的主要景观有龙湖荡舟、悬梯漫步、龙潭灵泽、索桥探险、孤山巡游等。这里山

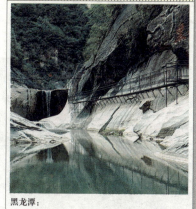

黑龙潭：

黑龙潭处于危崖绝壁之下，系于迷丽幽谷之间，飞流潺潺，水色乌清，潭体多变，其深莫测，古时为方圆百里的乡民遭受旱灾时拜祈甘霖的神圣之地。

五指峰：

五指峰集雄、奇、险、幽于一体，不仅有刀削斧劈的悬崖，又有千奇百怪的山石。

峦俊秀、峭壁如刃，天如丝绦、云浮浩空，石梯悬崖、索桥凌空，草木葱茏、繁花似锦，彩蝶飞舞、鱼蛙争游，好像一幅幅浓墨重彩的画卷，美不胜收。

### ■ 5. 长有红豆杉的红豆峡

红豆峡是龙泉峡的一条支峡，境内有陡峭的崖壁、奇特的石林、潺潺的流水、壮丽的瀑布、珍稀的物种、原始的植被，是一处幽美的天然风景区。其中有许多为珍稀植物。在北侧山麓上还存活着世界珍稀孑遗植物——红豆杉，其数量在1000株以上。红豆峡之名也由此而来。

红豆杉又名相思木，属常绿乔木，是国家一级保护植物。红豆杉枝干、叶片呈对称状生出，都有浓郁的香气，叶片颜色四季各不相同，果实、叶片、树皮、枝干、根茎等都可入药，经济价值很高。红豆杉果实结荚，荚内有豌豆大、微扁的豆粒，呈鲜红或半红半黑色，酷似珊瑚，经久不烂。

据《述异记》记载：公元前368年（魏惠王二年），魏惠王在全国征集戍卒到边境驻守。戍卒们的妻子盼不回丈夫，得相思病死去。妻子们下葬后，坟上长出了许多红豆杉，枝叶都向丈夫驻守的方向弯曲，从此人们就将红豆看作爱情或相思的象征。

【百科链接】

**地理百科：天桥**

太行山大峡谷中有一座天然的石桥，它是迄今我国北方发现的最大的天然石拱桥。此桥飞跨于南北两座危崖之间，其形状、构造与古今中外人造石拱桥有异曲同工之妙，真乃大自然这位神奇的工匠打造出的世间奇观。

# 大渡河金口大峡谷

　　大渡河金口大峡谷位于四川省乐山市，属典型的河流侵蚀峡谷地貌。谷宽70米至150米，局部小于50米，落差1000米至1500米，最大谷深2690米，深度为长江三峡的一倍，比美国科罗拉多大峡谷还深860米，气势十分宏大。同时，大渡河峡谷集雄、奇、险、幽、峻为一体，是最佳的科学考察、攀岩漂流、旅游探险基地。

> **大渡河金口大峡谷：**
> 　大渡河金口大峡谷两岸奇峰突起，危岩耸立，构成各种奇异景观，似人似兽，栩栩如生。

岩浆岩侵入体，它们暴露在峡谷两侧，犹如一个天然的地质博物馆。金口大峡谷切割出前震旦系（距今5.4亿年）峨边群至二叠系峨眉山玄武岩（距今约3亿年）厚达数千米的完美地质剖面，记录了10多亿年来地质演化的历史。金口峡谷因此成为我国最大的、河流上最为典型的嶂谷和隘谷，谷坡直立，谷地深窄，谷底几乎全为河槽占据，河滩不发育。

## ■ 1. 我国最大的典型嶂谷

　　大渡河金口大峡谷地处横断山脉东缘地壳强烈上升地段，属典型的岩溶地貌景观。
　　这里的地质构造属于古老的"康滇地轴"，分布着各种太古代的变质岩系和后来的

## ■ 2. 绝美的峡谷奇景

　　金口大峡谷两岸重重叠叠的山峦上，绿树成荫，飞瀑跌宕，各种山花野草争奇斗艳，形成一道道绚丽的风景，自然情韵雅致不凡。
　　在大峡谷的北岸，矗立着海拔3236米的大瓦

大渡河金口大峡谷位于四川省乐山市境内，谷宽70米至150米，落差1000米至1500米，最大谷深2690米，是中国最大的、河流上最为典型的嶂谷和嶂谷。谷内绿树成荫，飞瀑跌宕，山花烂漫，拥有月亮湾、情人谷、太阳谷、飞龙瀑、天堂瀑等著名景观。

欢乐的彝族人：彝族是南下的古羌人在长期发展过程中与西南土著部落不断融合而形成的民族，主要分布于云南、四川、贵州三省和广西壮族自治区。

峡谷沟壑

山。这是一座由玄武岩构成的平顶山，地质结构与峨眉山、瓦屋山相同，但与二者截然不同的是，大瓦山为四面均是绝壁的孤山，高差可达800米至1000米。此外，大瓦山上还有一处面积约1.6平方千米的山顶平台，平台上古木参天，雄浑开阔，远望如突兀的空中楼台，极其壮观。

## 3. 鲜为人知的峡谷胜景

古路村：
　　古路村是一个鲜为人知的彝族山寨，位于大峡谷老苍苍沟下侧的悬崖绝壁上，属四川省汉源县永利彝族乡管辖。

大峡谷内苍苍莽莽的原始森林终年云雾缭绕、苍翠欲滴，深藏于峡谷中的瀑布千姿百态，让人叹为观止。谷内还有"宝水溪"、"洛俄阿莫（长明溪）"、"白熊"等人迹罕至的深沟，沟内鸟声伴溪语，卵石叠翠峰，有许多诸如"月亮湾"、"情人谷"、"太阳谷"、"飞龙瀑"、"天堂瀑"等让人叫绝的胜景。

"月亮湾"、"情人谷"、"卧牛潭"，与生长在谷内的各种鲜艳夺目的奇花构成"峡谷三奇"。峡谷内还盛产五彩水晶奇石。"宝水溪"等深谷还存在空谷幽兰的美景，有很多特别稀有的兰花，甚至出现过一株卖13万元高价的情况。

大峡谷的地形和土壤呈垂直分布，形成了独有的立体气候，具有"十里不同天"的特征，促成了生物的多样性。深谷内有珍稀的珙桐、连香、银杏、虫草、牛夕等野生植物和名贵中药材3400多种，仅乔灌木就有191属、734科；还有小熊猫、锦鸡等珍稀动物，宛如一座保存完整的"自然生态博物馆"。

## 4. 与世隔绝的古路村

古路村位于大峡谷入口的绝壁之上，是一个500多人的彝族村落。

一直以来，古路村的人要到外边去，只有一条路可走，就是从悬崖顶下到大渡河边。村民在陡峭之处用木棍结成梯子，连梯子也不能搭建的地方则用藤绳。村民下山都是用从山里采来像锄把粗的野藤子，把它拴在悬崖上面的树桩上，然后拉着野藤子往下移。在移的过程中，稍不留神，就会坠入陡崖。2002年，当地政府为古路村修建了一条山路，但上山依然需要徒步。

## 5. "一条线"铁路石拱桥和"天柱"

成昆铁路修建于20世纪60年代，金口大峡谷段是成昆铁路最险峻的一段，修建过程中曾创造了许多建筑奇迹和胜景。"一条线"铁路石拱桥和"天柱"就是著名的两个人造奇观。

"一条线"铁路石拱桥位于金口大峡谷中段，桥长54米，比当时世界上最长的法国铁路石拱桥还长14米，是世界最长的铁路大跨空腹石拱桥。两根"天柱"负责承载"一条线"铁路大跨空腹石拱桥，高达50多米。"天柱"旁高耸入云的崖体上书有"天下第一柱"五个大字。"天下第一柱"后被联合国"克隆"收藏。

### 【百科链接】

**地理百科：美国科罗拉多大峡谷**

科罗拉多大峡谷位于美国亚利桑那州西北部，科罗拉多高原西南部，是地球上景色最为壮丽的峡谷之一。

科罗拉多大峡谷的形状极不规则，大致呈东西走向，全长440千米，平均宽度16千米，最深处1800米，平均深度超过1500米，总面积达2724平方千米。如此蜿蜒曲折的大峡谷，就像一条桀骜不驯的巨蟒，匍匐于科罗拉多高原之上。

# 天山库车大峡谷：
# 丝绸之路上的幽境

库车大峡谷位于新疆天山山脉南麓的库车县境内，由红褐色的巨大山体群组成，当地人称之为"克孜尔亚"，维吾尔语意为"红色的山崖"。

库车大峡谷集人间峡谷之妙，兼天山奇景之长，蕴万古之灵气，融神、奇、险、雄、古、幽于一体，景异物奇，令人神往，是古丝绸之路上一颗璀璨的明珠。

## ■ 1. 五彩斑斓的峡谷景观

库车大峡谷近似呈南北弧形走向，开口处稍弯向东南，末端微向东北弯曲，犹如一条巨龙卧于群山之中，神秘莫测。

它是由一条主谷和7条支谷构成的，全长5000多米，谷端至谷口处自然落差200米以上，谷底最宽处宽53米，最窄处0.4米，仅容一人侧身通过。

整个峡谷皆由红色砂岩、砾岩构成，在古代天山强烈上升的过程中，这些红色岩层曾发生过各式各样的褶皱弯曲，加上长期的流水侵蚀和风蚀，从而形成今天峡谷内奇峰林立的奇观美景。

峡谷内山峰重峦叠嶂，悬崖峭壁千姿百态，潺潺泉水若隐若现，呈现出一幅妙趣横生的画面，引人入胜。

此外，峡谷内四时景色皆有不同。清晨在峡谷中漫步，可见峰崖上百鸟欢歌；黄昏从峡谷中仰望，只见残阳如血、金光满天；细雨绵绵时，峡谷中云遮雾罩；雨过天晴后，彩虹飞架连天山。这些壮观神奇的景观无不令来此游览的人们啧啧称赞，流连忘返。

## ■ 2. 狭窄逼人的"一线天"

关于"一线天"，有一个著名的传说：相传两位武士从很远的地方赶来，相聚在库车大峡谷，每天面对面地切磋功夫，时间久了，两人化为两座山，山中间只留了一条

库车大峡谷：
　　天山库车大峡谷内奇峰峥嵘，重峦叠嶂，悬崖峭壁千姿百态，泉水潺潺流淌，时隐时现。

天山库车大峡谷位于新疆天山山脉南麓的库车县境内，全长5000多米，谷端至谷口处自然落差200米以上，谷底最宽处53米，最窄处0.4米。谷内有狭窄逼人的一线天、妙不可言的玉女泉、保存完好的阿艾石窟等景观。

神犬守谷：天山库车大峡谷的一景。"神犬"的颜色会随着光线的强弱发生变化，每年七八月份会变成黄褐色。这只看上去极为形象的神犬，其实是光和影的杰作。但不管光线如何变幻，神犬的形状和大小从不改变。

峡谷沟壑

缝。这便是今天我们所看到的"一线天"。

站在谷底抬头仰望，只见这两座山的顶端好像马上就要相交一样，中间只留下一点点天空，让人觉得地域狭窄，甚至感觉喘不过气来。加之"一线天"这种风景在地域广阔的新疆很难见到，因而凡是参观过库车大峡谷的人，都会对"一线天"留下深刻的印象。

阿艾石窟壁画：
阿艾石窟是一座略呈长方形的洞窟，窟内三面石壁皆绘有佛教壁画。

### ■ 3. 妙不可言的玉女泉

在库车大峡谷深处紧靠峰基的地方，有一个高约8米、宽约4米的山洞，洞内的圆形顶壁上，终年有泉水滴落。到冬季时，这里的滴水会聚集在一起，凝成一个上窄下宽、重约千斤、晶莹剔透的巨大冰柱，宛如体态婀娜的少女，妙不可言。每年三四月间天气回暖，冰柱便开始消融，地下就会汇聚成一汪清泉，被称为玉女泉。

### ■ 4. 保存完好的阿艾石窟

在库车大峡谷境内，最令人称奇的是，在距谷口1400米深处的崖壁上，有一座始建于盛唐时期、壁画丹青的千佛洞遗址，由于此地属库车县阿艾乡所辖，故将其命名为阿艾石窟。它是在1999年被当地的维吾尔族青年无意中发现的。

该石窟坐北朝南，南北长4.6米，东西宽3.5米，面积为16平方米。石窟内除正壁中堂式壁画残缺外，左右两侧刻有佛像的壁画均保存完好。

### ■ 5. 峡谷内的未解之谜

库车大峡谷不仅有优美幽深的自然风光、

悠久而保存完好的历史遗迹，还有许多充满神秘色彩的未解之谜。

峡谷内经常会发出令人不寒而栗的阴声怪气，当人们驻足定睛观看时，却往往声人皆无。如果傍晚只身漫步在峭壁竖立、阴森幽暗的谷内，偶尔会听到震撼群山、古怪惊魂的空谷巨响。

在紧靠峡谷入口处内侧突兀的崖壁上有一黑色"神犬"面谷而卧，故名神犬守谷。一般季节犬呈黑色，仲夏则会变成黄褐色，但无论颜色如何变化，这只犬的形状却从不改变。更奇怪的是，"神犬"远看是只犬，近看却是怪石峭壁。

同神犬类似的现象在灵光洞也发生过。灵光洞深嵌在卧驼峰的山腰间。站在山下仰视，洞内有一身穿银灰色罗裙的"仙女"在挥动双臂翩翩起舞。可走到距山体近3米远处再看洞内，"仙女"的影像却不再出现。

这些未解之谜增添了大峡谷的神秘色彩，令人们纷纷前来一探究竟。

---

【百科链接】

**地理百科：天山雪莲**

天山雪莲属菊科凤毛菊属多年生草本植物，主要生长于新疆天山山脉海拔4000米左右的悬崖陡壁和高山石坡上，以及雪线附近的碎石、冰渍岩缝之中。雪莲靠种子繁育，生命力极强，但生长速度缓慢，从种子发芽到开花结籽，需3年至5年时间。它是新疆特有的珍奇名贵中草药，具有独特的药理作用和神奇的药用价值，被誉为"百草之王"、"药中极品"。

# Part 6

## 沙漠绿洲

◁ 地理位置：新疆塔里木盆地中央　　◁ 年降水量：50毫米以下
◁ 面　积：33.76万平方千米

# 塔克拉玛干沙漠：死亡之海 ❧

塔克拉玛干是维吾尔语，意为"进去出不来的地方"。塔克拉玛干沙漠通常被称为"死亡之海"。它位于新疆塔里木盆地中央，东西长1000千米，南北宽400千米，总面积33.76万平方千米，是中国最大的沙漠，也是世界最大的流动沙漠。在世界各大沙漠中，塔克拉玛干沙漠是最神秘、最具有诱惑力的一个。

### ■ 1. 进去出不来的地方

塔克拉玛干沙漠是一片不毛之地，酷暑时最高温度达67.2摄氏度，昼夜温差达40摄氏度以上；年降水量多在50毫米以下，沙漠中心的降雨量还不足10毫米，但它的年平均蒸发量却高达2500毫米至3400毫米，因而这里成了欧亚大陆的干旱中心。

受西北风和南北两个盛行风的交叉影响，整个沙漠的风沙活动频繁而剧烈。这里全年有100多天是风沙日，在风沙日，大风的风速可达300米/秒，因而这里沙丘的移动速度非常快。据测算，塔克拉玛干沙漠中低矮的沙丘每年可移动约20米，近1000年来，整个沙漠向南延伸了约100千米。丝路古道南道的精绝、小宛、戎卢、扞弥、渠乐、楼兰等古代城镇和许多村落都已被流沙所湮没。

由于风沙活动频繁，因而这里形成的沙丘形态也十分奇特。其中，最奇妙的是两座红白分明的沙丘，它们合称圣墓山。山顶经风蚀而形成了"大蘑菇"。同时，由于地壳的升降运动，红砂岩和白石膏构成的沉积岩露出地面，形成红白分明的景观。

沙漠四周，沿叶尔羌河、塔里木河、和田河和车尔臣河的河岸，生长着密集的胡杨林、柽柳和灌木，形成了"沙海绿岛"。特别是纵贯沙漠的和田河两岸，生长着芦苇、胡杨等多种植物，

> ◎ 塔克拉玛干沙漠：
> 　苍茫天穹下的塔克拉玛干沙漠无边无际，它能在缥缈间产生一种震慑人心的奇异力量，令面对此景的每一个人都感慨万千。

塔克拉玛干沙漠位于新疆塔里木盆地中央，东西长1000余千米，南北宽400多千米，总面积33.76万平方千米，是中国最大的沙漠，也是世界上最大的流动沙漠。塔克拉玛干沙漠地区降水稀少，年降水量不足50毫米，但却分布着世界上面积最大的原始胡杨林。

骆驼：在干旱的沙漠上，骆驼是人们最主要的交通工具。人们用它驮水、驮粮、驮货。

沙漠绿洲

已成为沙漠中的一条"绿色走廊"，"走廊"内流水潺潺，绿洲相连。同时，各处绿洲的林带间也生活着野兔、小鸟等动物，为"死亡之海"增添了一点生机。

### ■ 2. 生命顽强的胡杨林

在塔克拉玛干沙漠中最长的内流河塔里木河流域，分布着世界上面积最大的原始胡杨林——全世界胡杨林有10%分布在中国，而中国的胡杨林有90%在这里。

胡杨的祖先远在1.35亿年前就出现了，因而胡杨成了世界最古老和最原始的一种杨树，其历史价值是任何树种所不能比拟的。胡杨树有"生而不死一千年，死而不倒一千年，倒而不朽一千年"的强大生命力。

在塔里木河流域，坚韧的胡杨林不仅起到防风固沙的作用，而且还可以防止干热风、改善小气候，成了保护绿洲的第一道防线，并阻止了南疆两大沙漠——塔克拉玛干沙漠和库姆塔格沙漠的合拢。

此外，胡杨林中伴生着大量的梭梭、甘草、柽柳、骆驼刺等沙生植物，生活着塔里木马鹿、野骆驼、鹅喉羚、大天鹅、鹭鸶等上百种野生动物。这些动植物和胡杨林共同组成了一个特殊的生态体系，营造着一片片绿洲。

### ■ 3. 丹丹乌里克遗址

塔克拉玛干沙漠地区有着辉煌的历史和文化，古丝绸之路就曾途经塔克拉玛干沙漠的整个南端。至今，沙漠中还留有许多古代文化遗址。

沙漠南端的丹丹乌里克，是古代和田地区人类活动遗址，位于一沙山环绕的狭长地带，干涸的古河道自南向北从遗址中贯穿而过。

丹丹乌里克遗址沿河分布，东西宽约2千米，南北绵延10余千米。重要遗迹集中在南

**胡杨树：**
胡杨是亚非荒漠地区典型的旱生植物，能够适应极端干旱的大陆性气候，对温度大幅度变化的适应能力很强。

部，包括圆形城堡、民居、寺庙在内的近20处建筑群，与古灌溉渠道、果园、田地一道，构成了一个结构完整的聚落遗址。据考证，该遗址可能是汉代至唐代时留下来的。

### ■ 4. 古精绝国——尼雅遗址

尼雅遗址是汉晋时期"丝绸之路"南道上的一处东西交通要塞，位于新疆和田地区民丰县以北约100千米的塔克拉玛干沙漠南缘。尼雅河下游尾闾地带曾是尼雅的前身古精绝国，位于民丰县北约150千米处的沙漠中，周围都是起伏的沙山。目前已发掘出房屋、佛塔、寺院、冶铸遗址、墓葬、水渠等各种遗迹百余处。此外，遗址中还发现了写有古代于阗文字的木简及羊皮文献。

尼雅遗址的发现表明，被人们称为"死亡之海"的塔克拉玛干大沙漠曾经存在过光辉灿烂的古代文明，它的发现必将揭示出大沙漠环境变迁和历史文化方面的诸多谜团。

---

**【百科链接】**

**地理百科：撒哈拉大沙漠**

撒哈拉大沙漠是世界上除南极洲之外最大的荒漠，它位于非洲北部，西起大西洋海岸，东到红海之滨。撒哈拉大沙漠横贯非洲大陆北部，东西长达5600千米，南北宽约1600千米，面积约960万平方千米，占非洲总面积的32%，可以将整个美国装进去。这片沙漠大约形成于250万年以前。这里气候条件极其恶劣，是地球上最不适合生物生存的地方之一。

---

# 古尔班通古特沙漠：
# 大漠的血脉 🌿

古尔班通古特沙漠位于新疆准噶尔盆地中央，面积达4.88万平方千米，是我国第二大沙漠。它是由4片分散的沙漠组成的，西部为索布古尔布格莱沙漠，东部为霍景涅里辛沙漠，中部为德佐索腾艾里松沙漠，北部为阔布北—阿克库姆沙漠。

古尔班通古特沙漠是中国面积最大的固定、半固定沙漠。同时，该沙漠内的植被覆盖率在全国各大沙漠中名列前茅。

## ■ 1. 植被丰富的沙漠

古尔班通古特沙漠固定沙丘上的植被覆盖率为40%至50%，半固定沙丘上的植被覆盖率为15%至25%。同时，沙漠内植物种类较丰富，有百余种，因而不少地方是优良的冬季牧场。

此外，沙漠西缘面积达上千公顷的甘家湖梭梭林自然保护区，是中国唯一为保护荒漠植被而建立的自然保护区。保护区境内的植物区系成分以中亚荒漠植被区系的种类为主，包括白梭梭、梭梭、苦艾蒿、白蒿、蛇麻黄、囊果苔草和多种短命植物。

古尔班通古特沙漠五彩湾：
　　五彩湾位于昌吉回族自治州吉木萨尔县城以北100余千米，由五彩城、火烧山、化石沟组成。

米不等，高度在10米至50米之间，且呈南高北低的态势。

在沙漠的中部和北部，沙垄的排列大致呈南北走向，沙漠东南部则呈西北—东南走向。在沙漠的西南部分布着沙垄—蜂窝状沙丘和蜂窝状沙丘，南部有少数高大的复合型沙垄。

## ■ 3. 硅化木化石

在古尔班通古特沙漠中，有一种奇特的化石叫作硅化木化石，又称树化石。这些化石大多形成于侏罗纪时期，如今，主要分布于昌吉回族自治州吉木萨尔县、奇台县、木垒哈萨克自治县三地。

距今1亿多年前，乔木、灌木、树根植物等木本植物在地质运动中被深埋地下，并在地下经历了漫长的地质变迁和石化过程，形成了植物遗体化石。等到再一次地质运动发生时，

## ■ 2. 遍布沙漠的沙垄

古尔班通古特沙漠中最有代表性的沙丘类型是沙垄，占整个沙漠面积的50%以上。沙垄平面形态为树枝状，其长度从数百米至十余千

古尔班通古特沙漠位于新疆准噶尔盆地中央，面积为4.88万平方千米，是中国第二大沙漠，同时也是中国面积最大的固定、半固定沙漠。沙漠西缘的甘家湖梭梭林自然保护区，是中国唯一为保护荒漠植被而建立的自然保护区。

白梭梭：白梭梭是适中温超旱生沙生夏绿小半乔木，是沙漠草场的重要组成植物。在我国主要分布在准噶尔盆地的古尔班通古特沙漠和艾比湖以东的沙漠中。

沙漠绿洲

这些化石又被外力抛至地表，这就是我们今天所见到的硅化木化石。

硅化木化石是大自然留给人类的不可再生的远古瑰宝，它是亿万年地质变迁和物种演化的历史见证，对科学家研究地球物理、古气候、生命起源和演化都具有重要价值。

### ■ 4. 丝绸之路文化遗址

古尔班通古特沙漠的绿洲中不仅有各种奇观异景，而且保留了大量珍贵的古"丝绸之路"文化遗迹。其中以北庭都护府故城遗址、土墩子大清真寺、马桥故城最为著名。

北庭都护府故城遗址位于吉木萨尔县城以北10多千米的北庭乡境内。北庭都护府在唐朝时一直是天山北路的政治、军事、交通和文化中心，与西州、于阗并称"西域三大丝都"。

土墩子清真寺位于新疆生产建设兵团农六师土墩子农场里。整个寺占地面积435平方米，建筑面积235平方米。寺院坐西向东，平面布局呈"凸"字形，建筑形式为勾连塔式，重梁起架，飞檐斗拱，是新疆唯一一个有斗拱的砖木结构清真寺。它与一般清真建筑的不同之处在于，建筑风格上融进了汉民族建筑的风格。

马桥故城位于古尔班通古特沙漠边缘，距新疆呼图壁县城84千米。据记载，清同治年间，中亚地区浩罕国头目阿古柏入侵新疆，当地汉民在镇番户（今芳草湖）"四豪强"高四、李头、徐大旗、何世海的率领下，在洛克伦河（马桥河）岸跨河筑城，抗敌自保。因河道将城区分为东西两部分，不利交通，故在河上架设木桥，供一人一骑通行。该桥取名为"马桥"，该城也因此桥而得名。

### ■ 5. 绿色沙漠通道

古尔班通古特沙漠南缘分布着带状垦区农牧场，其中北塔山牧场、红旗、107团场、102团场、103团场、106团场、芳草湖、土墩子、

丝绸之路商旅图：
丝绸之路是指中国西汉时由张骞出使西域开辟的以长安（今西安）为起点，经甘肃、新疆到中亚、西亚，并联结地中海各国的陆上通道。

新湖等单位的耕地已延伸到沙漠内部。在这些耕地中，102团场、103团场的耕地是从自治区首府乌鲁木齐进入古尔班通古特沙漠腹地最近的绿色沙漠通道。

该绿色沙漠通道以五家渠为起点，东线从102团场17连出绿洲，西线经103团场14连进入沙漠，长约60千米，终点至准噶尔盆地的"罗布泊"东道海子、白家海子。这条通道上，绿洲与沙漠犬牙交错，形成独特的自然人文景观：一边是以胡杨、梭梭、黄羊为代表的古老的自然生态，一边是以机耕、电井、喷灌为代表的现代绿洲文明；一边是沙丘绵延、万籁俱寂、生命罕至，一边是绿波万顷、欢歌笑语、生机盎然。

> 【百科链接】
>
> **地理百科：罗布泊硅化木化石群**
>
> 2004年，我国地质工作者在罗布泊首次发现的硅化木化石群主要包括松柏、苏铁、银杏、真蕨、种子蕨等。这些化石大部分直径为20厘米左右，大者直径达1米，树木的年轮、树皮、果实保存完整。这些化石的发现证明：1.4亿年前这里曾是一片河流纵横、湖泊广布、森林茂密的景象。

◁ 地理位置：内蒙古自治区阿拉善盟北部　　◁ 海　拔：1200米至1700米
◁ 面　积：4.7万平方千米

# 巴丹吉林沙漠：上帝画下的曲线✦

巴丹吉林沙漠位于我国内蒙古自治区阿拉善盟北部，面积达4.7万平方千米，海拔高度在1200米至1700米之间，沙山相对高度可达500多米，是世界最高沙丘的所在地。

巴丹吉林沙漠内平均每10平方千米还不到1人。在整个沙漠内部，仅有巴丹吉林庙和库乃头庙两大居民点，其西北部1万多平方千米的沙漠内至今仍然没有人类的足迹。但是，就在这片人类很少涉足的地方，却有着浑然天成的沙漠景观——奇峰、鸣沙、湖泊、神泉、寺庙，被称为巴丹吉林沙漠的"五绝"。

## ■ 1. 多姿多彩的沙漠胜景

在巴丹吉林沙漠境内，除东部、南部和北部有小面积的准平原化基岩和残丘外，广大地区全被沙丘覆盖。其中，流动沙丘占83%；西部边缘的古鲁乃湖、北部的拐子湖、东部的库乃头庙附近，有以梭梭为主要植被的固定、半固定沙丘，但面积仅3000平方千米。受风力作用的影响，这里的流动沙丘呈现出沧海巨浪的景观，固定、半固定沙丘则形成巍巍古塔等形状怪异的景观。其他很多地方也具有独特的景观，从而形成了多姿多彩的沙漠胜景。

沙漠中的"沙丘之王"是必鲁图，其沙丘的相对高度为530米，比非洲阿尔及利亚最高

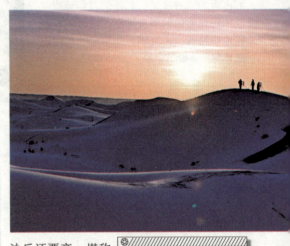

巴丹吉林沙漠：
　　巴丹吉林沙漠位于我国内蒙古自治区阿拉善盟北部，雅布赖山以西、北大山以北、弱水以东、拐子湖以南。面积4.7万平方千米，是我国第三大沙漠。

沙丘还要高，堪称"沙漠珠峰"。登上这个沙丘，无限风光尽收眼底，千里沙海一览无余。

沙漠中的鸣沙山高达200多米，峰峦陡峭，沙脊如刃，高低错落，十分壮观。同时，山上的沙子下滑所发出的声音犹如飞机轰鸣声，沉闷而巨大，数千米外清晰可闻，因而沙鸣山有"世界鸣沙王国"之美称。

沙漠深处有一个奇特的原始沙洞，叫作三峡湖沙漠奇洞。这里耸立着三座呈三角鼎立的沙山，中间呈圆锥形，越往下空间越窄，坡陡如峭，最后成为沙洞。其险峻的崖壁，造型奇特，气势壮观，摄人心魄。

## ■ 2. 湖泊遍布的沙漠

在巴丹吉林沙漠东南部的沙山之间，分布有许多内陆小湖，蒙古语称为海子。这些湖泊星罗棋布，有113个之多。其中，常年有水的湖泊达74个，淡水湖有12个。这些湖泊的面积一

诺日图海子：
　　诺日图海子一衣带水，沙水相映。沙山层峦叠嶂，婉丽绵长。

巴丹吉林沙漠位于内蒙古自治区阿拉善盟北部，面积达4.7万平方千米，海拔高度1200米至1700米，是世界上惟一一一高大沙丘群分布密集的沙漠。奇峰、鸣沙、湖泊、神泉、寺庙被称为巴丹吉林沙漠的"五绝"。

沙葱：属百合科多年生草本植物，茎叶针状，开白色小花，是沙漠草甸植物的伴生植物，常生长于海拔较高的沙壤戈壁中，因其形似幼葱，故称沙葱。

般为1平方千米至1.5平方千米，最大深度可达6.2米。沙漠南缘的诺日图海子，是巴丹吉林沙漠中最大的湖泊。

这些湖泊多为咸水湖，湖水不能直接饮用。但湖泊中常有芦苇丛生，野鸭嬉戏，鱼儿游动，呈现出一派生机勃勃的景象。湖泊周围还有许多牧场，牧场的景色十分美丽。

在这些湖泊中，最为著名的是策力格日镜湖，它宛如一面硕大的镜子镶嵌在浑圆妩媚的沙涡之中。深邃的湖面圆而平静，浮泛出一层层明亮的金波，绚烂夺目。湖边有一座敖包，敖包的木杆上系有许多哈达和经文布条，如手臂般召唤着远处的牧人。每年农历六月初八，当地牧民就会从四面八方汇聚到这里，举行一年一度的祭敖包仪式。

最为奇妙的是音德日图湖，在湖中一块不足3平方米的孤立礁石上，竟然有108个泉眼。这些泉眼像中国古代的手推磨一样把水旋转推出，故称"磨盘泉"。磨盘泉的泉水既爽口又甘甜，还含有人体所需的多种微量元素，被当地人尊称为"神泉"。

## ■ 3. 乾隆赐匾的广宗寺

沙漠腹地的丹吉林又称广宗寺，藏语名为"丹吉林"，俗称南寺，始建于清乾隆二十二年（1757年）。庙建成后，曾经从超格图呼热庙（昭化寺）请来六世达赖喇嘛遗体奉在庙中，尊为该寺的第一代葛根（活佛）。乾隆御赐此寺蒙、汉、满、藏四种文字书写的"广宗寺"匾额。

广宗寺依山而建，建筑结构为四柱六檐式，顶部的黄色檐帽、四周的岩壁上雕满彩绘佛像，为内蒙古地区最大的石雕佛像群。整个寺庙建筑风格庄严肃穆、幽静雅致，被称为"沙漠故宫"。

## ■ 4. 丰富的生态资源

在巴丹吉林沙漠沙丘的背风处、沙丘的底部、湖岸边、泉水旁，均生长着乔木、灌木等植物。

这些植物不仅给沙漠增添了生机，还有一定的经济价值：湖岸边的芦苇、芨芨草等植物可用来造纸；梭梭、柠条、霸王、籽蒿、胡杨、骆驼刺是优良的防风固沙植物；沙葱是美味的蔬菜；莎草、莎米的果实可做面粉的替代品；沙枣的果实含有大量淀粉；沙棘、白刺的果实富含维生素，可用来提取果汁、酿酒等。

除绿色的植物外，沙漠中还活跃着许许多多的动物，它们已经习惯了那里酷热、严寒与缺水的恶劣条件，甚至身体的颜色也变得与沙漠相近。这些动物成了沙漠中一道流动的风景。

广宗寺：
广宗寺在"文革"期间遭到严重破坏。现又新建黄庙、红庙、塔林，庙宇僧房达到70多间，并在每年农历六月初三举行祭敖包会。

【百科链接】

### 地理百科：内蒙古阿拉善盟

阿拉善盟地处内蒙古自治区最西端，地势南高北低，平均海拔900米至1400米，地貌类型有沙漠戈壁、山地、低山丘陵、湖盆、起伏滩地等，土壤受地貌及生物气候条件影响具有明显的地带性分布特征。著名的巴丹吉林、腾格里、乌兰布和三大沙漠横贯阿拉善盟全境，占全盟总面积的29%。此外，在阿拉善盟北部，戈壁分布较广，约9万多平方千米，占全盟总面积的33.7%。

地理位置：内蒙古自治区阿拉善盟西南部和甘肃省中部　　　海　拔：1400米至1600米
面　积：4.27万平方千米

# 腾格里沙漠：中国第四大沙漠

腾格里沙漠位于内蒙古自治区阿拉善盟西南部和甘肃省中部，东抵贺兰山，南越长城，西至雅布赖山。"腾格里"是蒙古语，其意为"天"，蕴含高、陡、奇、险的深义。

腾格里沙漠的总面积约为4.27万平方千米，是中国第四大沙漠，也是目前流动速度最快、周边人口密度最大的沙漠。其境内除了渺无边际的茫茫沙海之外，还有沙丘、湖盆、盐沼、草滩、山地及平原交错分布。

## ■ 1. 温柔美丽的月亮湖

月亮湖是腾格里沙漠腹地的一个纯天然湖泊，哺育着一个完全处于原始状态的沙漠绿洲。月亮湖有三奇：

一奇是湖面形状酷似中国地图。站在高处沙丘上看，整个湖面如同一幅完整的中国地图展现在眼前，湖中芦苇的分布就像是各省区的分界线一样纵横交错。

**腾格里沙漠：**
　　腾格里是蒙古语，意为浩渺无边的天空。沙漠内部沙丘、湖盆、盐沼、草滩、山地及平原交错分布，呈现出一片自然生态。

二奇是湖水具有天然的药浴功能。在面积仅为3平方千米的月亮湖中，富含钾盐、锰盐，少量硝硝、天然苏打、天然碱、氧化铁及其他微量元素，这些成分与国际保健机构推荐的药浴配方极其相似。同时，湖水自身还具有十分强大的生物净化能力。

三奇是这里存在着一个有着千万年历史的黑沙滩。在长达1000米、宽近100米的天然浴场沙滩下面，是厚达10多米的纯黑沙泥，其形成年代比死海的黑泥还早，是天然泥疗宝物。

在粗犷、豪放、宁寂的大漠中，月亮湖既像一叶扁舟，又像一面明镜，集灵动、轻柔于一身，充分展现出一种未经人工刻意雕琢的原生风貌。

漫步月亮湖畔，轻风微拂，芦苇摇曳，灰鹤觅食，百灵鸣唱，呈现出一派人间仙境的景象。夜宿大漠营地，空中繁星点点，地面月泻如水，偶尔的夜鸟鸣叫更增添了一份宁静与淡然。

腾格里沙漠位于内蒙古自治区阿拉善盟西南部和甘肃省中部，面积为4.27万平方千米，是中国第四大沙漠，也是目前世界上流动速度最快、周边人口密度最大的沙漠。这里有温柔美丽的月亮湖、壮观的世界沙都、奇特的通湖草原。

月亮湖：水面约3平方千米，水深2米至4米，南北长2千米，东西宽1千米，周长4千米。湖中芦苇摇曳，湖岸草坪如毯，湖水碧波荡漾，水鸟嬉戏，鱼翔浅底。

沙漠绿洲

## 2. 壮观的世界沙都

沙坡头位于宁夏中卫县县城西面20千米处的腾格里沙漠南缘。浩瀚无垠的腾格里沙漠，由北面滚滚而来，到这里遇到九曲黄河的阻隔，戛然而止，伏首在黄河北岸的山脚下，成了一条长约2000米、高160多米的沙漠瀑布，沙坡头由此而得名。

沙坡头旅游区集大漠、黄河、高山、绿洲于一体，既具备西北风光之雄奇，又兼有江南景色之秀美。它是腾格里沙漠的标志和象征。同时，沙坡头融自然景观、人文景观、治沙成果于一体，被世人称为"世界沙都"。

在这里，"大漠孤烟直，长河落日圆"的古诗意境得到了最完美的体现。而且，这里还有一个百米沙坡，倾斜度为60度，天气晴朗、气温升高时，人从沙坡向下滑，沙坡内便发出一种"嗡——嗡——"的轰鸣声，犹如金钟长鸣，悠扬洪亮，故得"沙坡鸣钟"之誉。站在沙坡下抬头仰望，但见沙山悬若飞瀑，人乘沙流如从天而降。所谓"百米沙坡削如立，碛下鸣钟世传奇，游人俯滑相嬉戏，婆娑舞姿弄清漪"，正是这一景观的真实写照。

沙坡头风光：
　　沙坡头是中国第一个具有沙漠生态特点并取得良好治沙效果的自然保护区，是干旱沙漠生物资源的"储存库"，具有重要的科学研究价值。

如今，沙坡头旅游区内已建起多处观沙景点，人文景观也日益增多。中卫人民和治沙工作者还在这里创造了以麦草方格治沙

形式为主体的"五带一体"治沙体系，一张张如巨网般的草方格状沙障，将为害沙坡头数百年的"沙龙"降伏，被世界公认为"世界治沙史上的奇迹"、"人类堪称一流的治沙工程"。

## 3. 大漠中的伊甸园

通湖草原旅游区位于腾格里大沙漠腹地，与沙坡头旅游区只有一沙相连，直线距离仅8.3千米。

通湖，顾名思义是湖泊相连的意思。几百年前，这里确有一片湖水，据说有两个喇嘛在距此60千米处的"太阳湖"边用铜壶取水，一不小心将铜壶掉进了水里。几日后，有一个牧民妇人却在通湖发现了喇嘛的铜壶，方知两地地下水系相通，因此取名"通湖"。

如大海波涛般漫卷而来的黄沙到了通湖这里，突然被茵茵绿草、汪汪湖泊锁定，消失于方圆近百里的沙漠湿地草原之中。在茫茫无涯的沙海中，这足可以称得上是一个奇迹。

通湖草原旅游区曾经是古丝绸之路的北路要塞，至今还遗留着古长城、古战场、古买卖城遗址，也流传着许多古老的故事和传说。因此，这里被人们誉为"大漠中的伊甸园"。

# 敦煌鸣沙山：沙海中的艺术殿堂

敦煌鸣沙山位于甘肃省敦煌市南5千米处的腾格里沙漠边缘。它东起莫高窟，西止睡佛山下的党河水库，东西绵延40多千米，南北广布20多千米，主峰海拔为1715米。远远望去，这一带峰峦高低起伏，蔚为壮观。这里以"山泉共处，沙水共生"著称于世，被誉为"塞外风光之一绝"。

## ■ 1. 天地间的奇响

鸣沙山由流沙堆积而成，汉代称沙角山，又名神沙山，晋代始称鸣沙山。相传很久以前，鸣沙山地区是一座苍郁的青石山，山下的月牙泉畔神庙林立，每逢庙会，人们都要在这里唱戏敬神。不料有一天，热闹的庙会惊动了瀚海沙漠中的黄龙太子，他偷跑出来观看社火，看到精彩处情不自禁地大声叫起好来。他的话音刚落，只见飞沙倾泻，黄土漫天，霎时间，一座沙山拔地而起，将所有的人都掩埋在了滚滚黄沙之下。黄龙太子自知罪孽深重，便一头撞死在青石山上。青石山被撞得粉碎，也成了一座沙山。从此，月牙泉前后都有了沙山。每到刮风时，沙山就轰隆

敦煌鸣沙山：

鸣沙山常发出雷鸣号角之声，时断时续，时高时低，忽而如万马奔腾，忽而似柔笛细弦。如果抓一把细沙奋力扬出，立即会听到类似蛙鸣的声音。当数人并排从山顶滑下时，则可听见雷声滚滚，震耳欲聋。

鸣响，好似金鼓齐鸣，又像刀剑撞击，人们因此称之为鸣沙山。

鸣沙山上的沙分红、黄、绿、白、黑五色，当人从山巅顺陡立的沙坡下滑时，流沙似金色群龙飞腾，鸣声随之而起，初如丝竹管弦演奏，继若钟磬合鸣，进而似金鼓齐响，轰鸣声不绝于耳。这种景观实属罕见，因而有人将其誉为"天地间的奇响，自然中美妙的乐章"。

## ■ 2. 流沙鸣叫的科学原因

所谓鸣沙，其实并非是沙子自鸣，而是因为人或自然的原因使沙子流动产生鸣响。现代众多的科学家对沙子会鸣叫的原因进行探究和推测后，发表的观点较多，但大致可以分为以下三种：

第一种为静电发声说。认为鸣沙山上的沙粒在人力或风力的推动下向下流泻时，含有石英晶体的沙粒互相摩擦产生静电。放电过程中会发出声响，响声汇集，便成了震耳的雷声。

第二种为摩擦发声说。认为天气炎热时，沙粒特别干燥且温度极高。在这种情况下，沙漠

敦煌鸣沙山位于甘肃省敦煌市南部的腾格里沙漠边缘，绵延40多千米，南北宽20多千米。鸣沙山风景独特，被称为"塞外风光之一绝"。这里除了有奇异的鸣沙，还有美丽的月牙泉以及享誉世界的敦煌莫高窟。

月牙泉：月牙形的清泉如翡翠般镶嵌在金子似的沙丘上，泉边芦苇茂密。微风吹来，碧波荡漾，芦苇摇曳，水映沙山。

沙漠绿洲

稍有摩擦，即可发出爆裂声，众声汇合便形成了巨大的声响。

第三种为共鸣放大说。认为沙山群峰之间形成了壑谷，是天然的共鸣箱。流沙下泻时发出的摩擦声或放电声引起共振，再经过共鸣箱的共鸣作用，放大了音量，从而产生巨大的响声。

### ■ 3. 千年守望的月牙泉

月牙泉古称沙井，俗名药泉，自汉朝起即为"敦煌八景"之一。因其形状酷似一弯新月，所以后人又将它称为"月牙泉"。月牙泉南北长近100米，东西宽约25米，泉水东深西浅，最深处约5米。

月牙泉的神奇之处在于流沙永远填埋不住清泉。历来沙漠与清泉难以共存，但是月牙泉却在沙山的怀抱中存在了几千年。尽管月牙泉与附近的流沙相距仅数十米，且常常受到狂风凶沙的袭击，却依然碧波荡漾，水声潺潺。历代文人学士都对这一独特的山泉地貌、沙漠奇观赞叹不已。

### ■ 4. 沙海中的艺术宫殿——莫高窟

莫高窟位于甘肃省敦煌市东南25千米处的鸣沙山东麓断崖上，南北长1680米，高50米，周围地带都是沙漠。

**敦煌雕塑：**
敦煌石窟是建筑、雕塑、壁画三者结合的立体艺术，其中雕塑是石窟的主体。

**莫高窟：**
莫高窟始建于十六国的前秦时期，历经十六国、北朝、隋、唐、五代、西夏、元等历代的兴建，是世界上现存规模最大、内容最丰富的佛教艺术宝库。

在古代的敦煌，鸣沙山又叫作漠高山，在沙漠高处开凿的石窟便叫"漠高窟"，后来，这种叫法慢慢演变成"莫高窟"。不过在近代，人们通常称其为"千佛洞"。

莫高窟始建于前秦建元二年（366年），它是一座融绘画、雕塑和建筑艺术于一体，以壁画为主、塑像为辅的大型石窟寺。现存491个洞窟，共有2400多尊雕塑，4500平方米壁画，是世界上现存规模最庞大的"世界艺术宝库"。

莫高窟的形制主要有禅窟、中心塔柱窟、殿堂窟、中心佛坛窟、四壁三龛窟、大像窟、涅槃窟等。窟外原有木造殿宇，并有走廊、栈道等，现在多已不存。

莫高窟壁画绘于洞窟的四壁、窟顶和佛龛内，内容包罗万象，主要有佛像、佛教故事、佛教史迹、经变、神怪、供养人、装饰图案7类题材，此外，还有很多表现当时狩猎、耕作、纺织、交通、战争、建设、舞蹈、婚丧嫁娶等社会活动方面的画作。这些画有的雄浑宽广、有的瑰丽华艳，体现了不同时期的艺术风格和特色，也为研究中国古代风俗提供了极有价值的形象和图样。

### 【百科链接】

**地理百科：沙漠森林公园**

敦煌市西南80千米处的南湖林场附近有一座沙漠森林公园，距阳关故址10千米。公园内建有葡萄长廊、葡萄观赏区、沙生植物园、动物园、游泳池、儿童娱乐场和南湖度假别墅等，总面积16.65平方千米，是省级沙漠森林公园。

# Part 7
## 森林草原

# 大兴安岭：
# 中国东北的森林宝库 ❧

大兴安岭位于我国北部边陲，雄踞"金鸡之冠，天鹅之首"。它东连绵延千里的小兴安岭，西依呼伦贝尔大草原，南达肥沃富庶的松嫩平原，北与俄罗斯隔黑龙江相望，是我国面积最大的现代化林区，总面积8.46万平方千米。林区内山水景色粗犷豪迈，冰雪风光绚丽奇异，被誉为"金鸡冠上的绿宝石"。

### ■ 1.冰雪辉映的绿宝石胜地

大兴安岭是中国东北地区的重要山脉，全长约1200千米，宽200千米至300千米，面积8.46万平方千米。"兴安"系满语，意为"极寒处"，大兴安岭因气候寒冷而得此名。

大兴安岭以伊勒呼里山和洮儿河为界分为三段：北段为中等切割、具有多年冻层的台原，平均海拔不到900米，山顶遗留有准平原面遗迹；中段平均宽200千米至300千米，海拔1200米至1500米，分水岭破碎而不连贯；南段山脉

很窄，平均海拔在1500米以上，山脉顶部多为平坦熔岩台地。

大兴安岭地区的冰雪期较长，从每年的10月中旬一直延续到第二年的5月，因而这里全年的大部分时间都展现着美丽的雪域风光。

> 大兴安岭：
> 大兴安岭位于黑龙江省西北部和内蒙古自治区东北部，全长1200千米，宽200千米至300千米。岭区被茂密的原始森林覆盖，是我国重要的林业基地之一。

### ■ 2.鬼斧神工，天然造就

从距今6亿年前的古生代早寒武世，到距今2亿多年前的古生代末期，大兴安岭所在地一直是一片广阔的大海，在温暖的海水里生活着众多的海洋生物。进入中生代后，受海西运动的影响，褶皱带形成，大兴安岭所在地的海水退出，上升成陆地，同时有大量花岗岩侵入地

大兴安岭地处黑龙江省西北部和内蒙古自治区东北部，全长约1200千米，宽200千米至300千米，总面积达8.46万平方千米，是中国面积最大的现代化林区，也是中国最大的原始森林区。大兴安岭地区拥有丰富的动植物资源和矿物资源，是一座巨大的森林宝库。

白桦树：产于东北大、小兴安岭，长白山及华北高山地区。枝叶扶疏，姿态优美，尤其是树干修直，洁白雅致，十分引人注目。

森林草原

层。今天在大兴安岭地区呼玛县境内分布的众多珊瑚、三叶虫、海百台、腕足类动物的化石，就是这一地质时期的遗存。

到了距今1.4亿年前的侏罗纪末期，受强烈的燕山运动影响，大兴安岭所在地的褶皱带隆起成山，随后进入相对稳定时期。再后来，历经千百万年的风化剥蚀，原先陡峻的山顶逐渐被夷平，随后又数次被抬升，终于形成今天大兴安岭山势和缓、山顶浑圆、相对高度不大的地貌特点。进入第四纪，大兴安岭又有多次火山爆发，并受强烈的冰缘作用影响，使地貌变得复杂而多样。

鄂伦春族：
鄂伦春族主要居住在大兴安岭山林地带，主要从事狩猎和农业。

### ■ 3. 无边林海莽苍苍，拔地松桦亿万章

"无边林海莽苍苍，拔地松桦亿万章。"翦伯赞先生的这句诗生动地描绘了大兴安岭林区的自然风光。

在这一地区，植被有明显的垂直分带现象。海拔600米以下的谷地是含蒙古栎的兴安落叶松林，其他树种有黑桦、山杨、紫椴、水曲柳、黄檗等，树下生长的灌木有二色胡枝子、榛子、毛榛；海拔600米至1000米处为杜鹃—兴安落叶松林，局部有樟子松林，林中生长的灌丛有兴安杜鹃—杜香、越橘、笃斯越橘等；海拔1100米至1350米处为藓类—兴安落叶松林，并有红皮云杉、岳桦等少量乔木树种；海拔1350米以上的顶部为匍匐生长的偃松矮曲林，还有桦属植物和越橘。

### ■ 4. 名副其实的聚宝盆

在大兴安岭浩瀚的绿色海洋中，繁衍生息着寒温带马鹿、驯鹿、驼鹿、梅花鹿、棕熊、紫貂、野鸡、榛鸡、天鹅、雪兔、原麝等400余种珍禽异兽；千山万壑间，纵横流淌着甘河、多布库尔河、那都里河、呼玛河、额尔古纳河等20多条河流，河流中盛产鲟鳇鱼、哲罗鲑、细鳞鱼、江鳕鱼等珍贵的冷水鱼类。

大兴安岭地区还蕴藏着铜、铁、铝、磷、钛、钨、锌、钼、铅、石墨、玄武石、石灰石、油页石、水晶石、大理石、稀土等30多种矿物质。此外，大兴安岭沿黑龙江一带的黄金储量也十分丰富，是黑龙江省的主要黄金产区。

### ■ 5. 古朴淳厚的民族风情

大兴安岭素为鄂伦春、鄂温克等少数民族的牧、猎地区，有着浓厚的民族风情。

鄂伦春族世世代代生活在大兴安岭这片富饶的土地上。"鄂伦春"意为"山岭上的人"，也可解释为"使用驯鹿的人"。他们在漫长的原始狩猎生活中，发明和制作了很多具有民族特色的实用工具和手工艺品，如桦树皮碗、桦树皮水桶、桦树皮盆和桦树皮盒等。为了适应古代原始狩猎生产及生活需要，鄂伦春人还创造出了很多适宜在森林中狩猎及运输的交通工具，如桦树皮船、独木舟、滑雪板、雪橇、拖架等。

鄂温克人大都生活在大兴安岭支脉的丘陵山区，以畜牧业、农业和狩猎为生。鄂温克人非常好客，他们认为如果不好好招待客人，以后自己出去做客也不会受到礼遇。他们经常用手扒肉、风干肉和一种独具风味的肉粥待客。

#### 【百科链接】

**地理百科：兴安落叶松**

兴安落叶松材质坚硬，木纹顺直，纤维较长，是我国优良的用材树种之一。它有多种用途，可以做电杆、枕木和桥梁，也可用于造船和地下建筑等，有着很高的经济价值。兴安落叶松主要分布在大兴安岭的北部，即伊勒呼里山区。它是最喜光又最耐寒的树种之一，也是寒温带落叶针叶林区的代表树种。

◁ 地理位置：新疆天山南北坡、昆仑山西部、准噶尔西部山地　◁ 海　　拔：1500米至2800米
◁ 长　　度：1800千米

# 天山雪岭：云杉林的世界 ❧

峰峦重叠、气派雄伟的天山山脉横亘在新疆中部，分隔准噶尔、塔里木两大盆地，总长度为2500千米，是亚洲的较大的山系之一。天山上的积雪终年不化，形成了东西绵延1800千米的雪岭。天山雪岭有着发育良好的森林、草原和冰川，景观十分壮丽。

在天山的南北坡，雪岭云杉林的分布十分广泛，向西延伸到吉尔吉斯斯坦的天山与阿赖山，向东绵延至昆仑山和准噶尔西部的山地，构成了中亚荒漠带最主要的山地常绿针叶林，也构成了断断续续的山地森林垂直带。

## ■ 1. 百年云杉立神州

雪岭云杉又名天山云杉、天山松，是天山林海中特有的一个树种。据说，雪岭云杉是在4000多万年前由青藏高原移植而来的，后来逐渐演变成大西北独有且最为壮观的林木，是漫天冰雪中的活化石，堪称天山森林的精华。

雪岭云杉是常绿乔木，一年四季苍翠欲滴。它的叶呈针形，略弯曲；果球为长椭圆形，呈褐色；树冠特别狭窄，主干异常粗壮

笔直，树高一般为20米至30米，最高可达60米至70米。在巍巍天山深处，雪岭云杉依山势生长，密密麻麻，绵延不绝，犹如一片绿色的海洋。风吹林海，绿波起伏，其势如潮。

雪岭云杉之所以能在天山上生存下来，其根本原因在于，平均海拔在4000米以上的天山南部山峰如一道空中长城，截住了来自北冰洋的湿润气流，并使其下沉增温。由此，在整个天山北坡的中山带形成一个逆温层，逆温层的温度比低海拔的地段要高，气候也较为温暖湿润，因而，喜欢湿润环境的雪岭云杉得以在此茁壮地成长。

雪岭云杉通常在前20多年生长缓慢，25年以后生长速度加快，一直持续到80年之后，这种较高的生长速度才减缓下来。此后，雪岭云杉直径生长加快，一直可以长到180年至250年，最老能活到400年以上。因此，在许多保护较好的地方，到处可见生长了数百年之久的雪岭云杉，它们高大挺拔，给人留下了深

天山雪岭：
　　天山雪岭终日被冰雪覆盖，远远望去，银装素裹，分外美丽。

天山雪岭分布于新疆天山南北坡、昆仑山西部、准噶尔西部山地，延绵1800千米。这里有着壮观的森林、草原和冰川景观，其中最著名的是雪岭云杉林。雪岭云杉至今已有4000多万年的历史，是涵养水源的优质木材，也是天山森林的精华。

野蔷薇：蔷薇自古就是佳花名卉。蔷薇常生长在路旁、田边或丘陵地的灌木丛中。花色很多，有白色、浅红色、深桃红色、黄色等，花香诱人。

森林草原

刻的印象。

## ■ 2. 神奇的"微型水库"

云杉的根系极为发达，因而云杉的生长只需雨水，不择土壤，不管遇到岩石还是山脊，它的根都会沿细小的缝隙挺进。天长日久，强壮的根系逐渐穿岩裂石，变得越来越庞大。这些庞大的根系不断地吸收水分，就像一台吸水机——每株成材的云杉可贮水2.5吨。因而，有人形象地说"一株雪岭云杉就是一座微型水库"。

雪岭云杉林蒸发的水分与同纬度、同面积的海洋相比，要多50%。而水汽不断升腾，便会化云成雨。因此，广阔的雪岭云杉生长区是十分宝贵的水源涵养区。

## ■ 3. 西天山保护区——天然基因库

西天山自然保护区位于新疆维吾尔自治区巩留县境内，以恰特布拉克山峡谷为核心，是一个以雪岭云杉林生态系统为主要保护对象的自然保护区，海拔在1500米至2000米之间，面积达280平方千米。

保护区内气候条件独特而优越，生态系统保持完好，山地垂直带谱明显，植物区系成分复杂。

在保护区的密林之内，白桦、山杨、野苹果、野山杏等阔叶林簇拥密立；山柳、柽柳、野蔷薇、树莓等乔灌木处处丛生；苔草、嵩草、忍冬、角百灵、红尾伯劳等药草形态各异；棕熊、雪豹、狍鹿、北山羊、马鹿、猞猁、金雕、兔狲、草原雕、苍鹰、高山雪鸡、猎隼、红隼等300多种野生动物生息繁衍，堪称亚欧大陆腹地野生生物物种的"天然基因库"。

## ■ 4. 唯美的瑶池——天山天池

位于天山雪岭云杉林区内博格达峰北侧的天池是世界著名的高山湖泊，古称瑶池，后来

清朝的乾隆皇帝根据天镜神池之意将其命名为天池。1982年，它被列为第一批国家重点风景名胜区。

天山天池：

天池四周群山环抱，绿草如茵，繁花茂盛，松杉苍翠挺拔。天池湖水清澈明净，晶莹剔透，宛如一池碧玉。

天池是200余万年以前第四纪大冰川活动中形成的高山冰碛湖，湖面海拔1980余米，南北长3000余米，东西最宽处1500余米，水源旺盛时，湖面面积达4.9平方千米，最深处105米，总蓄水量为1.6亿立方米。

天池岸边绿草如茵，野花似锦。在天池四周的山腰上，是大片深绿的云杉林，林中的一株株云杉挺拔、俊秀，显示出一种高山风景区特有的景观。

### 【百科链接】

**地理百科：北山羊**

北山羊是国家一级保护动物，体长约115厘米至170厘米，肩高约100厘米，体重达50千克左右。雌雄北山羊都有角，但雄羊角特别长，达140多厘米，且呈弧形向后弯曲。夏季羊毛呈棕黄色，腹部及四肢内侧呈白色；冬季羊毛长而颜色浅淡。

北山羊生性机警，视觉发达，听觉、嗅觉都很灵敏，夏天常栖息于高山草甸及裸岩区，冬春两季迁至海拔较低的地区活动。它们经常结成十余只或几十只的集群，以各种野草为食。

◁ 地理位置：吉林省东南部
◁ 海　拔：2744米

长白山位于吉林省东南部，被称为"关东第一山"，享有"千年积雪万年松，直上人间第一峰"的美誉。这里是针阔混交林的王国，也是中国东北地区最大的温、寒带植物园，还是中国最大的野生东北虎聚集区。

# 长白山：针阔混交林王国

长白山从形成至今已有200万年之久，古名"不咸山"，意为神山。满族人称长白山为"果勒敏珊延阿林"，意为长白山。长白山被誉为关东第一山，人称"千年积雪万年松，直上人间第一峰"。

分布于长白山上的针阔混交林枝叶茂密、树干高大，是我国东北湿润地区最具代表性的植被类型。林区不仅保存了珍贵的红松资源，同时还生长着其他种类繁多的动植物，是一座天然博物馆和物种基因库。

## ■ 1. 针阔混交林王国

长白山针阔混交林景观带位于长白山中海拔1000米以下的山区。这一地区地形平缓，气候温和、湿润，林下发育着较好的山地暗棕色森林土，因而这里的植物种类极为丰富，群落结构非常复杂。

在这个景观带里，植物种类大致可分为乔木、灌木、草本植物三种。

在乔木中，以针阔混交林为主。在针阔混交林中，又以针叶林为主。针叶林的代表植物是红松，其树高常达数十米，树干笔直，材质优良，是长白山上的珍贵树种之一。此外，针叶林中还有长白落叶松、红皮云杉、鱼鳞云杉，以及为数不多的紫杉等。除了大量的针叶林，还有为数较少的阔叶林。阔叶林中的树种主要有春榆、蒙古栎、水曲柳、胡桃楸、山杨、白桦、大青杨等。

灌木一般分布在混交林内，其种类相当丰富，具有代表性的灌木有毛榛、五加及刺五加、卫矛、忍冬、接骨木、悬钩子、刺玫、蔷薇等。

乔木下的草本植物往往形成小片纯群，其中较高的可达1米以上，低者仅在10厘米左右。常见的草本植物有山茄子、棉马、木贼、掌叶铁线蕨、阴地苔等。

長白山针阔混交林：
长白山的原始针阔混交林雄浑伟丽，种类繁多。

朝鲜族：一个能歌善舞、热情好客的民族。他们很早以前就生活在长白山脚下的鸭绿江畔，在长期的生活和经济交往中同汉族人民结下了深厚的友谊。

## ■2. 绝美的垂直景观带

长白山的植被随着气候、土壤、海拔高度的变化而变化，从低到高垂直分布着4种不同类型的山地垂直景观带。

最底层是针阔混交林带，分布在海拔1100米以下的玄武岩台地上。这里地势平缓、气候温和湿润，发育着肥沃的山地棕色森林土，森林生长茂密、树木种类繁多，形成了"长白林海"的壮丽景观。这一景观带的主要林木是以红松为主的常绿针叶树和落叶阔叶树混交，灌木和草本植物层次分明，另外还有许多古老的植物，如红松、紫松、黄菠萝、春榆等。

再向上是暗针叶林带，分布于海拔1100米至1800米的倾斜玄武岩高原上。这里气候湿冷、冬寒夏凉、常年云遮雾罩，森林结构比较简单，主要林木是四季常青的云杉。由于云杉林冠遮天蔽日，林下阴暗潮湿，灌木和杂草生长稀疏。

继续向上是岳桦林景观带，分布在海拔1800米至2100米之间。这里的气候处在针叶林气候型与山地苔原气候型之间，气温低、相对湿度较大。土壤类型为山地草甸森林土，植被类型为山地苔原与针叶林彼此互相渗透，形成复杂的植被镶嵌类型。这里的乔木以岳桦为主，也分布有云杉、冷杉、落叶松和东北赤杨等；灌木主要有牛皮杜鹃、笃斯越橘等。

最高处是高山苔原景观带，分布在海拔2100米以上。这里地表覆盖着厚厚的一层火山灰、火山砾、浮石等。气候为高山苔原型，湿度大、风力强、土层薄。植被类型为高山苔原，无高大乔木，仅有矮小的灌木、多年生的草本植物、地衣、苔藓等。主要植物有牛皮杜鹃、笃斯越橘、松毛翠、大白花地榆、圆叶柳等。

## ■3. 长白第一圣树——红松王

长白山针阔混交林内的红松王风景区是我国东北地区最大的温、寒带植物园。园内植物资源十分丰富，数人难以合抱的大树更是举目皆见，其中，被人们誉为"长白第一圣树"的红松王可以称得上是天下奇观。

这棵红松王树冠丰满，枝叶繁茂，根部结实无空洞，树皮色泽健康，胸径130厘米，根径160厘米，树高30余米，周围伴生着两棵红松和沙松。据专家考证，红松王的树龄已经有1000多年了。在千年的历史长河中，长白山经历了数次火山喷发（最近一次在1702年），而红松王历经劫难却完好无损地生存至今，可以称得上是一个奇迹。

红松：
　红松是珍贵的经济林木，树干粗壮，大的两个人手拉手都抱不过来。树高耸入云，挺拔顺直，是天然的栋梁之材。在我国只分布在东北的长白山到小兴安岭一带。

### 【百科链接】

**地理百科：牛皮杜鹃**

　牛皮杜鹃为常绿灌木，一般株高10厘米至25厘米，枝横卧呈垫状，叶大光亮，花朵集生于枝顶，花初开时米黄色，开后逐渐转为白色。我国的牛皮杜鹃主要分布在长白山，这种东北稀有的常绿植物适应了高山寒冷的气候条件，根系发达、枝叶密厚，对保持水土和维护生态平衡起到了非常重要的作用，现已被定为国家三级保护植物。

# 黑竹沟：神秘的死亡之谷 ✿

　　黑竹沟是一片莽莽苍苍的原始森林，位于四川省峨眉山西南约100多千米的峨边彝族自治县，地跨斯合镇、勒乌乡和金岩乡，面积约180多平方千米，是四川盆地与川西高原、山地的过渡地带。

　　黑竹沟的当地名称为"斯豁"，意即死亡之谷。这里至今仍保持着十分古朴、原始的风貌，且充满神秘色彩。有人说它是"地狱"，因为这里迷雾缭绕，神秘莫测，有"进了石门关，不见人生还"之说。然而，也有人赞美它为"天堂"，因为这里古木参天，箭竹丛生，是珙桐的世界、杜鹃花的王国、大熊猫的乐园。

## ■ 1. 中国的"百慕大"

　　黑竹沟背倚四川盆地边缘的小凉山，邻近大渡河峡谷，山势险要，地质构造复杂，地貌高差巨大，海拔最高点为4288米，最低点仅1233米。这里地貌类型多样，既保留有角峰、冰斗、刃脊、V形谷等第四纪冰川遗迹，又具有复合漏斗、暗河、深谷、峭壁等喀斯特地貌特征。

　　深谷里沟壑纵横，溪涧幽深，森林密布，灌木丛生，终年迷雾缭绕，给人以莫名的压迫感和阴沉感。这里不仅有碗口粗的巨蛇、吃羊的熊猫，据说20世纪50年代曾有彝族同胞发现过野人的踪迹；20世纪80年代还曾发现过双翼展开长达一米多的巨鸟，有专家猜测那可能是幸存的翼龙；还有人在该地看见过"两头兽"；甚至还有人说目击到了飞碟……

> 黑竹沟：
> 　　雄险的地势、绝妙的景观、珍稀的物种、浓郁的民族风情和种种神奇的传说，使黑竹沟闻名于世。

黑竹沟位于四川省峨边彝族自治县境内，面积约180多平方千米。这里地势雄险、景观绝妙、物种珍稀、森林资源丰富、民族风情浓郁，再加上种种神奇的传说，有"中国的百慕大"之称。

猕猴：我国常见的一种猴类，在《国家重点保护野生动物名录》中被列为国家二级保护动物，在《中国濒危动物红皮书·兽类》中被列为易危种。

森林草原

据彝族同胞口耳相传，在沟内一个叫石门关的峡口，只要一声人语或犬吠，就会惊动山神摩朗吐出阵阵毒雾，把闯进峡谷的人畜卷走。石门关峡谷长约3000米，山势陡峻，高峰夹峙，相对深度达1000米至1200米，谷底最窄处仅4米左右，沟内水流湍急、深潭密布、云雾缭绕、气候多变。民间有"进了石门关，不见人生还"的谚语，此地之险，可见一斑。

近年来，有细心者发现，黑竹沟位于北纬30度附近，与大西洋"百慕大三角"同处"死亡纬度线"上，人们一下子省悟过来：原来中国也有一个"百慕大"！于是，黑竹沟从一个名不见经传的原始生态区，一跃成为全国乃至全世界关注的焦点。

## ■ 2. 原始古朴的森林王国

黑竹沟地形独特，神秘莫测，受人类开发极少，所以至今仍存在着大面积的原始森林。由于地势高低悬殊、气候复杂多样，区内植被垂直分布带谱明显，从低谷至高山依次有常绿阔叶林、常绿落叶阔叶混交林、山地针阔混交林、亚高山常绿针叶林、高山杜鹃—箭竹灌丛及高山草甸。

从地质史上讲，由于黑竹沟地区遭受第四纪冰川的袭击相对较小，所以这里的许多古老的动植物种类都能够保存下来，如珙桐、水青树、青檀、峨眉黄连等19种珍贵植物，大熊猫、羚牛、云豹、四川山鹧鸪、猕猴等29种野生动物，都属国家高等级保护种类。

生长在海拔1600米至2700米的珙桐，分布面积之广、花期之长、气势之壮观，是任何景区都不能比拟的。其中的光叶珙桐仅存于我国，是世界著名的活化石植物，具有较高的观赏价值。海拔3600米至4000米处的杜鹃花景区，花色艳丽多彩，种类达40多种，居世界之冠，其中有两种为我国新发现的品种。

黑竹沟内还有很多珍稀濒危的野生动物。这里有一种黑白相间、花纹呈条状的大

熊猫，还有一种黑白相间、花纹呈圆状的"花熊猫"，都是罕见的熊猫种类。一般的大熊猫吃竹子，但这里的大熊猫食性非常奇特，它们不但吃竹子，还经常跑到彝家山寨吃牛、羊和猪，实在令人匪夷所思！

## ■ 3. 美自天成的水系景观

由于黑竹沟地区的部分地段地质构成为不纯碳酸盐岩体，在长期地壳抬升、水流溶蚀的过程中，重力和断裂搬运作用不断加强，这里逐渐形成了千姿百态、自然天成的水系景观。

在黑竹沟内，分布有以"天眼"、"船湖"、"杜鹃池"为代表的10余处高山海子，大大小小的奇瀑深潭更是不胜枚举，水系间多有暗河密布，如在马鞍山主峰脚下的原始冷杉林内，就是只闻水声，不见水流，故称"神涛林"。

### 【百科链接】

**地理百科：珙桐**

珙桐又名水梨子、鸽子树，属于落叶乔木，花开时为紫红色，形状特别像鸽子。树高一般为15米至20米，树形比较端正，花期一般在5月中上旬。它是1000万年前的新生代的孑遗植物，有"植物活化石"之称，是我国独有的珍稀名贵观赏植物，也是制作细木雕刻、名贵家具的优质木材。

# 尖峰岭：南国天池

　　尖峰岭位于海南省乐东黎族自治县境内，主峰海拔1412米，最低处海拔200米，相对高差在千米以上。这种复杂的地形，孕育了植被类型齐全且成系列的热带雨林。目前，这里的森林面积约1739平方千米，是我国现存面积最大、保存最好的热带原始森林区。同时，这里野生物种丰富，不仅有多种与恐龙同时代的"活化石"植物，还有20余种世界罕见的国家级保护动物，被誉为"生物物种银行"。

## ■ 1. 蔚为壮观的天然森林

　　尖峰岭森林公园中有千米以上的山峰18座，其中主峰高达1412米。与这些山峰形成强烈对比的是，尖峰岭最低处海拔仅200米。存在着千余米高差的复杂地形孕育出了尖峰岭的多种植物生态体系：

　　海拔100米以下是刺灌丛、稀树草原；海拔100米至400米之间是热带半落叶季雨林；海拔400米至700米之间是常绿季雨林；海拔700米至900米之间是沟谷雨林；海拔900米至1100米之间是热带山地雨林；海拔1100米以上是山顶苔藓矮林。

　　在这些植物生态体系中，热带山地雨林中的植物结构最为复杂：众多的参天大树遮天蔽日；无数附生植物、寄生植物如吊兰、寄生兰等，或附着在树干和树枝上，或从树顶垂吊下来在半空中茁壮生长，宛若"空中花园"；还有许多藤蔓缠绕树木，榨取它们的养分，并最终导致其死亡，形成令人惊叹不已的植物"绞杀"现象……

> **尖峰岭天池：**
> 　　天池位于尖峰岭海拔800米的高山盆地中，是我国热带雨林里海拔最高、面积最大的高山湖。

## ■ 2. 难以计数的林海瑰宝

　　尖峰岭森林是一个真正的植物王国，有2600多种热带植物，相当于海南岛植物总数的1/2。在这些热带植物中，热带雨林树种共有303种，其中珍贵树种达80余种。比如：紫荆木和坡垒被列为珍贵的国家一级保护植物；香楠、油丹、卵叶樟、水团花、黄檀等都是热带稀有的珍贵树种；子京树坚硬如铁，有"绿色

尖峰岭位于海南省乐东黎族自治县境内，主峰海拔1412米，最低处海拔200米。该地区森林占地面积达1739平方千米，是中国现存面积最大、保存最好的热带原始森林。这里拥有丰富的动植物资源，被称为"生物物种银行"。

黎锦：黎族妇女精于纺织，黎锦展现了黎族妇女运用植物染料染色的高超技艺。

森林草原

尖峰岭国家森林公园：
尖峰岭国家森林公园成立于1992年，是海南省第一个国家级森林公园。

"钢铁"之誉；海南粗榧是中古生植物，可提取出对白血病和肺癌具有特殊疗效的药物……

尖峰岭还有一种形态奇特的树——高山榕，树龄可达百年以上，一棵树能生长出几十条大小不一的树干，这些树干互相交叉重叠，构成一组类似于野鹿群的图案，形态异常逼真，因此这种高山榕也被称为"海南鹿树"。

在尖峰岭，生长在森林底层的树蕨是2亿多年前与恐龙同时代的主要植物。当前，全国其他地区的树蕨绝大部分已变成煤炭，而这里仍有极少遗株保留，因此，这里的树蕨被生物界称为"活化石"。

金钱龟：
金钱龟喜欢在荫蔽的地方栖息，有群居的习性。它主要分布于广东、广西、福建、海南、香港、澳门等地；在国外，主要分布于越南等亚热带国家和地区。

### ■ 3. 珍稀动物的乐园

尖峰岭不仅植被类型齐全，野生动物的种类也非常多：这里的鸟类有143种，其中，原鸡、孔雀、雉、白鹇等均为国家重点保护动物。昆虫有3669种，其中，仅蝴蝶就有凤蝶、斑蝶、粉蝶、灰蝶等7种之多。兽类有28种，其中，作为类人猿之一的黑冠长臂猿是这里最珍贵的动物，现仅存20只至30只，被列为国家一级保护动物；还有一种独特的金钱龟，也属国家一级保护动物；此外，云豹、豹猫、小灵猫、猕猴等，也均属国家重点保护动物。

### ■ 4. 美丽的南国景观

尖峰岭有许多美丽的自然景观，其中尤以天池、黑岭等最为引人入胜。

尖峰岭天池是在海拔810米的山地上托起的一泓碧波，池水深10米，属于罕见的高山湖泊。天池湖区气候温暖湿润，年平均气温19摄氏度。

黑岭是尖峰岭的一座高山，站在黑岭上，可以看到整个公园呈现出的瑰丽神奇的"四海画卷"：画卷的最上层是蓝白相间、呈游走状的云海；画卷的中层是深蓝色、呈静止状的真正的大海；画卷的下层是以绿色为底色、呈波动状、并且传来喧嚣声的林海；而那些时隐时现、缥缈虚幻的则是雾海。

**【百科链接】**

**地理百科：残酷的绞杀植物**

在植物世界的生存竞争中，最残酷的情景莫过于绞杀植物发起的绞杀现象。绞杀植物大多生长在热带雨林中，开始，它像附生植物般附着在树木的枝干上，沿树干向上攀登，与树木争夺阳光、空间；随后，它长出气根扎入土壤，与树木争夺地下的矿物营养；当气根形成网状并包围住树干时，气根会逐渐愈合成完整的根系；最后，原来被攀附的树木会死去，而绞杀植物便形成了一株新的大树。

地理位置：云南省德钦县　　　　　　大事记：1988年被评为国家级自然保护区
海　拔：5430米（主峰）

# 白马雪山：高山动植物王国

白马雪山山脉在西藏境内称宁静山脉，进入云南称云岭。巍峨的云岭群峰连绵，白雪皑皑，远眺终年积雪的主峰，犹如一匹奔驰的白马，因而得名"白马雪山"。

白马雪山自然保护区位于横断山脉中段，1988年被评为国家级自然保护区。保护区内的国家重点保护植物有星叶草、澜沧黄杉等10多种，国家重点保护动物有滇金丝猴、云豹、小熊猫等30多种，因而白马雪山有"寒温带高山动植物王国"之称。

## ■ 1. 独特的垂直景观带

巍峨的云岭自北向南纵贯白马雪山自然保护区，区内海拔5000米以上的山峰有20座，主峰白马雪山海拔达5430米。

保护区内的气候随着海拔的升高而变化，从而形成了自然景观垂直带谱十分明显的植物分布带。在垂直高差不足40千米的范围内，就有十几个植物分布带：

海拔2300米以下是干热河谷，环境干旱，植被稀疏；海拔3000米至3200米是云雾山带，这里分布着针阔混交林，树种丰富多样；海拔3200米至4000米

**高山杜鹃林：**
　　高山杜鹃林不仅是一种重要的矮曲林类型，而且也是最娇艳的一种森林类型。

**白马雪山：**
　　白马雪山位于云南省德钦县境内，1983年，经云南省人民政府批准，建立了白马雪山自然保护区，1988年晋升为国家级，主要保护对象为高山针叶林、山地植被垂直带自然景观和滇金丝猴。

的地区是亚高山暗针叶林带，针叶林主要由长苞冷杉、苍山冷杉等多种冷杉组成，这里也是滇金丝猴常年栖息的地方；海拔4000米以上的地区则为高山灌丛草甸带、流石滩稀疏植被带；海拔5000米以上是极高山冰雪带。

## ■ 2. 寒温带高山动植物王国

白马雪山人迹罕至，环境幽静，保存了大面积的原始森林，有着较完整的自然生态环境，为野生动物提供了优良的栖息地，因而这

◆**118** 中国地理之最：白马雪山境内的高山杜鹃林是中国杜鹃种类最为丰富的地区，共有200余种。

白马雪山位于云南省德钦县境内，魏峨的云岭自北向南纵贯整个山区。这里群峰秀奇，白雪皑皑，具有独特的景观垂直带、丰富的动植物资源，是"寒温带高山动植物王国"，更是滇金丝猴的"乐园"。

云豹：在白马雪山保护区海拔较高的地方，生存着云豹、白马鸡和马麝等珍稀野生动物。

森林草原

里历来有"寒温带高山动植物王国"之称。

保护区内有国家重点保护珍稀植物24种，其中，国家二级保护植物有澜沧黄杉、星叶草、云南黄连、金铁锁等；国家三级保护植物有长苞冷杉、丽江铁杉、短柄乌头、延龄草等。

保护区内有兽类47种，鸟类45种。在这些动物中，属国家一级保护动物的有滇金丝猴、雪豹、绿尾虹雉、金雕；属国家二级保护动物的有猕猴、短尾猴、黑熊、棕熊、大灵猫、林麝、马麝、水鹿、斑羚、岩羊、石貂、苍鹰、红隼、血雉、角雉、藏马鸡等。其中，著名的珍稀动物——滇金丝猴是本区特产种类。

滇金丝猴：
滇金丝猴幼时通体白毛，藏民称之为"知解"，意即"白猴"，是栖居海拔最高的猴类。

### 3.最美的高山杜鹃林

在白马雪山广阔的怀抱中，生长着一片娇美异常的原始高山杜鹃林，这片广阔的杜鹃林是中国最美的十大森林之一。每当春末夏初杜鹃花的花期到来时，山上大片的杜鹃花竞相开放，远远望去，白马山被一片火红的、粉紫的花海装扮得异常美丽。鲜艳的杜鹃花与山顶的皑皑白雪相映成趣，十分壮丽。

这里的杜鹃种类非常丰富，有密枝杜鹃、金背杜鹃、银背杜鹃、韦化杜鹃、小叶杜鹃等200余种，是我国杜鹃种类最为丰富的地区。

然而最令人称奇的，则是高山杜鹃林的两大奇观：一是"十月怀胎"——每年七八月，杜鹃花谢了以后就会长出新的花蕾，直至来年5月才开花；二是"百变鹃花"——杜鹃花花开之初是红色的，继而转为粉色，后又变为紫色，最后变为白色。

### 4.滇金丝猴的乐园

滇金丝猴又名"大青猴"、"白猴"或"花猴"，这种猴类白面红唇，体形粗壮，头顶有黑灰色冠毛，身后拖着一条长长的尾巴。滇金丝猴天生面容别具一格，颇具美学欣赏价值，因而，滇金丝猴堪称"最美"的猴类。

在近200种世界现存灵长类动物中，生活在海拔高度超过2000米的种类寥寥无几，但滇金丝猴却多栖息于海拔3200米至4000米之间的亚高山暗针叶林带，是目前发现的生活海拔最高的灵长类动物。此外，滇金丝猴也是我国极为珍稀的濒危野生动物，还是世界最为濒危的物种之一。

在白马雪山自然保护区内，滇金丝猴快乐地栖息、繁衍，加之近年来保护工作的有效推进，它们的数量已经有所增加，且以每年10只左右的速度增长。灵巧的滇金丝猴在树林里奔腾跳跃、嬉戏玩耍，构成了白马雪山保护区内特有的景观。

**【百科链接】**

**地理百科：杜鹃花**

杜鹃花俗称映山红，是杜鹃花科中的一种小灌木，有常绿性的，也有落叶性的，是当今世界最著名的花卉之一。目前，全世界共有800多个杜鹃花品种，仅我国就有600多种。

杜鹃花花形为管状，花瓣有深红、淡红、玫瑰、紫、白等多种颜色，十分美丽。春天花开时，满山鲜艳，像彩霞绕林，被人们誉为"花中西施"。在我国，杜鹃花象征着国家的繁荣富强和人民的幸福安康，是人们比较喜欢的花卉类型。

# 呼伦贝尔草原：北国之碧玉

呼伦贝尔草原：

　　呼伦贝尔草原拥有1亿多亩草场、2亿多亩森林、500多个湖泊、3000多条河流，辽阔无边的大草原就像一块天然织就的绿色巨毯。

　　呼伦贝尔草原位于内蒙古自治区东北部的呼伦贝尔市，因其旁边有呼伦湖和贝尔湖而得名，它是世界上最著名的三大草原之一。草原上地域辽阔，风光旖旎，水草丰美，被人们誉为"绿色之净土"、"北国之碧玉"。

## ■ 1. 风吹草低见牛羊

　　呼伦贝尔草原是内蒙古草原风光最绚丽的地方，拥有约670万公顷草场，1340万公顷森林，500多个湖泊，3000多条河流。

　　呼伦贝尔草原之所以声名远扬，原因有三：第一，草原曾孕育了一代天骄成吉思汗；第二，草场长出的草质量极好，远销东南亚；第三，这里盛产体格高大健壮的三河马和三河牛。

　　辽阔无边的大草原就像一块天工织就的绿色巨毯，步行其上，那种柔软而有弹性的感觉非常美妙。

　　总之，将它誉为世界上最美、最大、最没有污染的几大草原之一，的确当之无愧。

## ■ 2. 绿色宝库

　　呼伦贝尔草原属于草甸草原。相对于我国其他温带草原，呼伦贝尔草原被破坏程度相对较低，草原利用、管理方式相对合理，因此草地生态系统人为破坏和退化程度较低。

　　呼伦贝尔草原拥有丰富的生物资源：天然种子植物653种，其中菊科最多；牧草茂密，每平方米内生长着20多种优良牧草；另外，还有药材428种，兽类35种，禽类241种，鱼类60余种。因此，呼伦贝尔草甸草原被誉为"生态动植物王国"。

## ■ 3. 呼伦湖——草原明珠

　　呼伦湖又叫呼伦池或达赉湖，是呼伦贝尔草原的标志之一，也是内蒙古第一大湖，湖面呈不规则斜长方形，面积约2600平方千米，湖面平均深度达5米左右。

　　呼伦湖中有丰富的水生动植物资源。湖区的沼泽湿地是良好的鸟类栖息环境，因此这里是一个巨大的天然鸟类博物馆。这里有鹤、

呼伦贝尔草原位于内蒙古自治区东北部的呼伦贝尔市，面积约10万平方千米，是世界著名的三大草原之一，被人们誉为"北国之碧玉"。这里是内蒙古草原风光最绚丽的地方，拥有中国目前原生植被保存最完好的草原生态系统。

呼伦湖远眺：呼伦湖也称呼伦池、达赉湖，是中国四大淡水湖之一。呼伦湖碧波万顷，像一颗晶莹硕大的明珠，镶嵌在呼伦贝尔草原上。

鸥、天鹅、雁、鸭、燕、鹭等241种禽鸟，占全国鸟类总数的1/5左右，其中有不少属于珍稀鸟类。

那达慕：
那达慕大会是蒙古族的传统活动，也是蒙古族人民喜爱的一种传统体育活动。现在，那达慕大会期间主要进行男子"三艺"（即摔跤、赛马和射箭）竞技赛。

## ■ 4. 风沙中的贝尔湖

贝尔湖位于呼伦贝尔草原的西南部边缘，是哈拉哈河和乌尔逊河的吞吐湖，也是中国和蒙古共和国两国共有的湖泊。贝尔湖湖面呈椭圆形，长40千米，宽20千米，面积608.78平方千米，一般深度在9米左右，湖心最深处可达50米。湖内盛产鱼类，湖周围为优良牧场。

## ■ 5. 独特的民族风情

"那达慕"在蒙古语中意为"娱乐"或"游戏"，是蒙古族的传统节日，如今已成为集娱乐、体育、经济活动、文化活动于一体的草原盛会。

"敖包"在蒙古语里是"堆子"的意思。在无际的草原上，有许多用大小石块垒起来的石堆，上插树枝、柳条为行人指路，树枝上挂满五颜六色的布条和纸旗，这就是敖包。"祭敖包"是蒙古族传统的祭祀神灵的活动，目的是祈求风调雨顺、四季平安、人旺年丰。此外，蒙古族的青年男女也常常在这

种活动中互诉爱慕之情。以此为题材的歌曲《敖包相会》更是红遍大江南北。

除此之外，草原上还会举行一些濒临失传的蒙古族民间活动，呼其腾大赛就是其中的一项。"呼其腾"在蒙古语中指大力士，顾名思义，这种比赛比的是力气。手掰羊脖子比赛是呼其腾大赛中的一个竞技项目，它原本是为考验新上门女婿的智慧而设。女方家人事先在煮熟的羊脖子里插进一根筷子，让新女婿用手掰，可掰开它并不容易，于是聪明人就要找原因、想办法。如今进行的掰羊脖子比赛就是由此习俗演变而来的。

还有，蒙古族人民的传统饮茶习俗是喝由砖茶煮成的咸奶茶。砖茶是牧民不可缺少的饮品，牧民们习惯于"一日三餐茶一顿饭"。

敖包：
敖包多设于山丘上或水泉边，一般用石块堆成，呈圆形，顶端围有柳条圈。在蒙古族人民的心目中，敖包象征山神，所以人们外出远行遇到敖包时必下马参拜，并随手捡石添上，以祈求山神保佑自己一路平安。

### 【百科链接】

**地理百科：蒙古酒**

蒙古酒是蒙古族人的主要饮料之一，它是从牛奶中提炼出来的，绵厚醇香，无色透明，故又称"牛奶酒"。

蒙古族人制作"牛奶酒"的历史十分悠久。据史书记载，铁木真建立元朝后，每逢吉庆之日都会狂饮此酒，以增添喜庆气氛。如今，虽然已经过了700多年，但生产蒙古酒的原始工艺仍未改变。蒙古酒既是蒙古族人民的日常饮用酒，也是他们欢迎来客时首先奉上的重要饮品。

# 锡林郭勒草原：风吹草低见牛羊

锡林郭勒草原位于内蒙古自治区锡林浩特市境内，不仅占据着优越的地理位置，还拥有丰富的自然资源和壮观的自然美景，是我国优良的温带草原牧场，也是著名的蒙古马和内蒙古细毛羊的主要产区。1987年，被联合国教科文组织接纳为"世界生物圈保护区"网络成员；1997年，被评为国家级自然保护区，主要保护对象为草甸草原、典型草原、沙地疏林草原和河谷湿地生态系统。

## ■ 1. 锡林郭勒草原自然保护区

锡林郭勒大草原属内蒙古高原的一部分，可利用的优质天然草场面积为18万平方千米。其地势由东南向西北方向倾斜，东南部多低山、丘陵和盆地，西北部地形较平坦，零星分布着少数低山、丘陵和熔岩台地。

锡林郭勒草原自然保护区内气候温润，四季分明，河流纵横，湖泊密布，因而植物资源非常丰富，已发现的植物种类有：种子植物74

**锡林郭勒草原：**

　　锡林郭勒草原是我国境内最有代表性的丛生禾草枣根茎禾草温性真草原，也是欧亚大陆草原区亚洲东部草原亚区保存比较完整的原生草原。

科、290多属，高等植物600多种，苔藓植物73种、大型真菌46种，其中药用植物426种，优良牧草116种。在这些植物中，优良牧草是保护区中具有代表性的植被类型，也是构成草原生态系统的主体。

保护区内分布的野生动物反映了蒙古高原区系特点，有黄羊、狼、狐等哺乳动物33种，有鸟类76种。其中国家一级保护野生动物有丹顶鹤、白鹤、大鸨、玉带海雕等，国家二级保护野生动物有大天鹅、草原雕、黄羊等。

锡林郭勒草原自然保护区是目前我国最大的以草原与草甸生态系统类型为保护对象的自然保护区，在保护草原生物多样性方面占有重要的位置。

锡林郭勒草原位于内蒙古自治区锡林浩特市境内，面积20.06万平方千米，出产蒙古马和内蒙古细毛羊，境内有被称为"天堂草原"的西乌珠穆沁草原。这里还曾是蒙古的历史文化中心，拥有上都遗址等特色人文景观。

蒙古包：蒙古族牧民的住房，是一种圆形尖顶的天穹式住屋，最大优点是拆装容易、搬迁方便。

森林草原

## ■ 2. 天堂草原

作为世界四大草原之一的西乌珠穆沁草原是锡林郭勒草原的典型区域，此处保存着较完整的草原风貌，是唯一汇集内蒙古九大类型草原的地区，也是中国北方草原最壮丽、最华美的地段，素有"天堂草原"之美称。

此外，这里还有一个美丽的盐湖——额吉淖尔湖。方圆20平方千米的湖面，波光粼粼，水雾蒸腾，仿佛人间仙境。

元上都遗址：
由我国北方游牧民族创建的这座草原都城，是中原农耕文化与草原游牧文化奇妙结合的产物。

## ■ 3. 蒙古的文化中心

原锡林郭勒盟境内曾是乌珠穆沁、苏尼特、浩齐特、阿巴嘎、阿巴哈纳尔5个部落的驻牧地。1958年，原锡林郭勒盟和察哈尔盟合并成锡林郭勒盟，察哈尔部落也融入到了锡林郭勒部落中。

察哈尔部落是成吉思汗在位时期形成的黄金家族蒙古大汗的住帐部落。阿巴嘎部落是成吉思汗的弟弟别里古台的后裔和臣民。他们至今仍然完整地保留着草原游牧文化与风俗习惯（包括服饰文化、饮食习惯、民居文化、歌舞文化、婚嫁风俗、礼仪习惯、节庆文化等），这些文化和风俗习惯在蒙古族的历史文化中具有重要的地位。

在锡林郭勒草原，人们可以看到秦、燕、金古长城的历史风貌和著名的元上都遗址等古代文明遗迹，可以领略古朴淳厚的蒙古民族民俗风情，甚至还可以亲身参与草原"那达慕"、"蒙古族婚礼"、"祭敖包"等富有浓郁民族特色的活动。

## ■ 4. 上都遗址

上都遗址位于锡林郭勒盟正蓝旗境内，在旗政府所在地敦达浩特镇东北部。上都古城南临滦河上游的上都河，北倚东西横亘的龙岗，全城呈方形，周长约9千米，有宫城、内城和外城三重。

宫城供皇帝及妃嫔居住，主要建筑有大明殿、慈福殿、辰丽殿、宝云殿、睿思殿、大安阁、迎春阁、紫檀阁、连香阁、绿珠亭、瀛洲亭等，宫城的建筑布局与中国传统建筑布局不同，除几个较大的宫殿位于中轴线上外，其余建筑的位置安排追求一种自然别致的风格；内城为随行朝官的衙署，其建筑对称分布，东北、西北两隅分别为华严寺和乾元寺；外城供下层官吏居住，城外三面是市民住宅及商贾店铺、茶房酒肆。

锡林郭勒平顶山：
这里的群山相互依偎，大大小小排列有序，而山顶部却如刀削般平整。远远望去，群山连绵，气势磅礴，别有一番景色。

### 【百科链接】

#### 地理百科：勒勒车

勒勒车，又称"哈尔沁车"、"辘辘车"、"罗罗车"、"牛牛车"等，是蒙古族人民普遍使用的传统交通运输工具，通常用草原上常见的桦木制成，轮高4米。牧民们拉水、拉牛粪、搬家、运送燃料及婚丧嫁娶，包括运输生活日用品、赶赴那达慕大会等等，都离不开它。这种勒勒车还可以首尾串联，这样一来，一个人就可驾驭三五辆甚至十余辆车，故勒勒车素有"草原列车"之称。

◁ 地理位置：新疆伊犁哈萨克自治州
◁ 海　拔：500米以上

# 伊犁草原：荒漠中的绿洲

新疆的绿色几乎全部集中在伊犁哈萨克自治州。伊犁处于西天山的中部，以西天山为屏障，形成了独特的河谷气候，是中亚干旱大陆床中的一块湿润宝地。

伊犁草原北、东、南三面环山，西部开口迎接西来的湿润气流，成为荒漠区中的"湿岛"，促成了伊犁草原完整的垂直带谱发育。无论是声名在外的那拉提草原，还是后起之秀唐布拉草原，抑或是传统的牧场巩乃斯草原，均展现出独特的魅力与气质，使伊犁草原成为一个美丽而又富有传奇色彩的风景区。

**那拉提草原：**
那拉提草原自古以来就是著名的牧场。河谷、山峰、深峡、森林交相辉映，如同一幅绝美的油画。

## ■ 1. 塞外江南——伊犁草原

伊犁草原的气候温和湿润，一年中的平均温度在8摄氏度至9摄氏度之间，雨量较为充沛——虽然河谷两岸降水量少，但山地上降水量多。同时，这里土壤肥沃，自然条件好，宜牧宜农。

特殊的地势和气候环境，促成了伊犁草原境内完整的气候垂直带谱发育。在伊犁草原

上，按照地势从高到低依次分布着高寒草甸、山地草甸、山地草甸草原、山地草原、山地荒漠草原、平原荒漠、河谷草甸，整个草原呈现出罕见的多样性布局。

**伊犁马：**
伊犁马性情温驯，是优良的轻型乘用马。

此外，游牧文化在这里也表现得十分突出——牧民冬天在平原地带放牧，春天转移到山脚，夏天就到高山草地，秋天回到山脚，冬天又开始新的轮回。

伊犁草原与新疆境内的其他草原一样，不仅与荒漠相邻，而且与雪峰对峙，有一种包罗万象的美，多面立体的美，是名副其实的"塞外江南"。

## ■ 2. 富饶的巩乃斯草原

巩乃斯草原主要指巩乃斯河系贯通的河谷山地草原，是伊犁多类型草场的典型分布区。巩乃斯草原地域辽阔，沟谷众多，水草丰美，有飞流湍急的河流和遮天蔽日的森林，有中世

伊犁草原位于新疆伊犁哈萨克自治州境内，包括巩乃斯草原、那拉提草原和唐布拉草原三部分。这里土壤肥沃、水源充足、牧草优良，有"塞外江南"的美名。

新疆细毛羊：适宜在干燥寒冷的高原地区饲养，这种羊具有采食性好、生命力强、耐粗饲料等特点，现已推广至全国各地养殖。

纪遗留下来的亚欧面积最大、最密集的野生苹果林以及野杏、沙棘等次生树种，还有雪豹、银狐、雪鸡、马鹿等多种珍贵野生动物。同时，这里还是新疆细毛羊的故乡和伊犁天马的重要产地。

新疆伊犁牧民转场：

当遇到雪崩、狼群袭击、龙卷风或其他灾害时，伊犁牧民都会赶着成群的牛羊转场。有时候，转场也是为了促进草原的牧草循环再生。

## 3. "鹿苑"——那拉提草原

如果说巩乃斯草原是一块绿色的锦缎，那么，那拉提草原就是镶嵌在这块锦缎上的"祖母绿宝石"。

那拉提草原是发育在第三纪古洪积层上的中山地草场，东南接那拉提高岭，并以其为天然屏障；西北沿巩乃斯河上游谷地断落，地势大面积倾斜。在那拉提草原上，由茂盛而绚丽的中生杂草与禾草构成的植株高达50厘米至60厘米，覆盖度可达75%至90%。到了仲春时节，草盛花旺，碧茵似锦，极为美丽。此外，那拉提草原的年降水量可达800毫米，有利于牧草的生长，载畜量很高，因而那拉提草原素有"鹿苑"之称。

## 4. 秀美的唐布拉草原

尼勒克县城东南有一个山沟，因沟东侧山梁上有几块硕大无比的岩块，恰似玉玺印章，故名唐布拉（"唐布拉"在哈萨克语中的意思为大印章）。唐布拉一带有森林、草原、飞流、山石等，风景秀美。

喀什河上游的广阔山地草场称为唐布拉草原，它是伊犁颇负盛名的草原之一。唐布拉草原中有113条沟，春夏之际，这里青草茂盛，山花烂漫，还有点点毡房、缕缕炊烟、声声马嘶、串串牧歌，以及雪山、密林、丽水、怪石……此外，这里的许多沟谷都有天然温泉，其数量之多，分布之广，非常罕见。

## 5. 奇特的草原石人

在水草丰美的伊犁草原上，有多处大型石雕人像。千百年来，它们一直屹立在广阔无垠的草原上，被称之为"草原石人"。

这些石人大都选用整块岩石雕凿而成，有的雕琢为全身像，头部、脸型、身躯都生动逼真，衣服、佩饰雕刻得十分精细，件件可数。也有的石人仅仅是在一块长圆石上浅刻了几条细线，粗略地显现出人物的面部轮廓。

据史籍记载，曾经显赫一时的突厥人曾长期活动于伊犁河谷，按照他们的习俗，突厥人死后要停尸帐前，宰杀马、羊等牲畜举行祭祀仪式，然后择吉日殡葬，且墓前往往要竖立死者石像。据此推测，散落在伊犁草原上的一尊尊石人，应该是我国古代突厥人的遗物。

### 【百科链接】

**地理百科：伊犁马**

我国古代所说的天马即乌孙马，而今天的伊犁马就是昔日乌孙马的后代。伊犁马眼大眸明，四肢强健有力，全身披着闪光的枣骝色细毛。伊犁马不但有惹人喜爱的外表，而且跑得非常快，负重能力强。新疆有一首民歌中唱道："骑马要骑伊犁马。"此外，伊犁马还是泌乳产肉的良马，肉味鲜美。

伊犁薰衣草田：

20世纪60年代，新疆西部的伊犁哈萨克自治州开始引进薰衣草。如今，新疆伊犁以其独特的地理位置、气候条件，成为全国最大的薰衣草产地，并成为世界薰衣草八大知名产地之一。

# 祁连山草原：匈奴的美丽家园

祁连山草原位于甘肃、青海两省交界处的祁连山区，东起乌鞘岭的松山，西到当金山口，北临河西走廊，南靠柴达木盆地，是我国西部典型的高山寒温型草原。该草原地势平坦广阔，土肥草茂畜旺，被誉为"中国最美的六大草原"之一。

> **山丹军马场：**
> 山丹军马场地势平坦，水草丰茂，夏季绿草如茵，冬季一片金黄，是马匹繁衍、生长的理想场所。

## 1. 雪线之上的"岁寒三友"

地理学上将海拔4000米以上的地方称为雪线。一般而言，雪线及其以上区域大多冰天雪地，生物绝迹。然而，在祁连山的雪线以上，却常常会出现逆反的生物奇观。这里有蘑菇状的雪山草甸植物——蚕缀，还有珍贵的药材——高山雪莲，以及一种生长在风蚀岩石下的雪山草。蚕缀、雪莲、雪山草被合称为祁连山雪线之上的"岁寒三友"。

> **祁连山：**
> 祁连山脉位于青海省东北部与甘肃省西部，由多条西北—东南走向的平行山脉和宽谷组成。

## 2. 金戈铁马古战场

位于高山地带的祁连山草原曾是历史上的兵家必争之地。位于祁连山草原北面的霍城遗址，相传就是汉朝霍去病将军当年的屯兵之处。

公元前121年（汉武帝元狩二年）夏，霍去病将军越过焉支山大破匈奴，同年秋再征匈奴并大获全胜，迫使匈奴退出河西。匈奴失去了"有柏五木、美水草、宜畜牧"的焉支山，乃歌曰："失我祁连山，使我六畜不蕃息；失我焉支山，使我妇女无颜色。"

著名的大马营草原是祁连山草原的代表之一，这里地势平坦、水草丰美，蜚声中外的远东第一大牧场——山丹军马场就建在这里，同时，这里还有被称为"黄金牧场"的夏日塔拉草原。

## 3. 美丽的大马营草原

大马营草原地处祁连山冷龙岭北麓，这里地势平坦，土肥草茂。

祁连山草原位于甘肃、青海两省交界处的祁连山区，被誉为"中国最美的六大草原"之一。这里有金戈铁马的古战场，有草茂畜旺的远东第一大牧场，还有"黄金牧场"夏日塔拉。这里是动植物的乐园，是旅游者的天堂。

夏日塔拉：夏日塔拉草原面积为3830平方千米，被誉为"黄金牧场"。

森林草原

每到七八月间，在大马营草原可以领略到最富诗意的草原风光：与草原相接的祁连山被终年不化的冰雪覆盖着，银装素裹；而草原上的万顷油菜花却开得正旺，金灿灿的连成一片花的海洋；再加上蓝天白云下的一群群牛羊点缀其中，给人一种如入仙境的感觉。此外，这里的西大河水库被群山环抱着，恰似一块明镜镶嵌在翠绿的草原上，此时若荡舟水上，定会令人心旷神怡。

**裕固族：**
祁连山中聚居着一个只有1万多人口的裕固族，他们主要从事畜牧业，信奉喇嘛教。

### ■4."黄金牧场"夏日塔拉

祁连山下有一片水草丰美的草原叫作夏日塔拉，也叫黄城滩、皇城滩、大草滩。这里曾是匈奴王、回鹘人和元代蒙古王阔端汗的牧地。

夏日塔拉是一片四季分明、风调雨顺的草原。在藏族史诗《格萨尔》中，将此地称为"黄金莲花草原"，而尧敖尔人和蒙古人均称之为"夏日塔拉"，意为"黄金牧场"。

夏日塔拉草原一望无际，呈现出一派天苍苍、野茫茫的草原风光。在一年中，夏天的夏日塔拉草原景色最美。每到夏季，草原上开满了金黄色的哈日嘎纳花，整个草原都沉浸在一片花的海洋中，生机勃勃。温情厚道的尧敖尔牧人驮着自己的帐篷，赶着畜群，整个夏季都在这金色的花海中迁徙、游牧。

### ■5.动植物的乐园

祁连山自然保护区跨越武威、张掖两个地区，主要保护对象是祁连山水源涵养林、草原植被。区内有高等植物1044种，其中，青海云杉、祁连圆柏以及零星

**白牦牛：**
白牦牛身体高大，毛长且密，自古以来就是藏族农牧民的主要运输工具。

的山杨和桦木，是水源涵养林的主要树种；灌木主要有金露梅、箭叶锦鸡儿、吉拉柳等。

保护区内的野生动物繁多，其中兽类有58种，鸟类有140多种，两栖、爬行类有13种。动物的分布呈现明显的海拔垂直差异性，在海拔2500米以下，以野牦牛、赤狐、兔狲等为主；在海拔2500米至3800米之间，动物种类丰富，主要有白唇鹿、麝、猞猁、雉鹑、血雉等；在海拔3800米以上，生活着高山耐寒动物，主要有雪豹、盘羊、岩羊、白尾海雕、藏雪鸡等。其中，白唇鹿、野驴、野牦牛、盘

> ### 【百科链接】
>
> **地理百科：雪莲**
>
> 雪莲，又称雪荷花，主要分布在新疆、青藏高原和云贵高原一带的高山雪线以上。由于生长环境特殊，雪莲生长3年到5年后才能开花结果。雪莲种类繁多，有水母雪莲、毛头雪莲、新疆雪莲、绵头雪莲、西藏雪莲等，其中，新疆雪莲最为有名。雪莲花中含有生理活性有效成分，有通经活血等效果，是一种稀有的名贵药用植物。

羊、雪豹等几十种动物属国家重点保护的野生动物。

如今，祁连山自然保护区已成为白唇鹿、藏野驴、野骆驼、岩羊、马鹿、蓝马鸡、雪豹等野生动物的乐园和河西地区新的旅游胜地。

# Part 8
## 自然保护区

# 五大连池：
# 中国的火山博物馆

◉ 地理位置：黑龙江省中北部
◉ 面　　积：40平方千米
◉ 深　　度：最深处136米
◉ 成因类型：火山堰塞湖
◉ 大 事 记：1996年被批准为国家级自然保护区

五大连池位于黑龙江省中北部，因5个湖泊串联而得名，池水面积达40平方千米，除五大湖泊外，景区内还有14座休眠火山以及火山熔岩凝结成的千姿百态的石景。火山堰塞湖、火山熔岩奇景、休眠火山湖等共同组成了一个神奇美丽、蜚声中外的天然火山博物馆。

### ■ 1. 天造地设的神奇景致

最初，五大连池所在地是白河（又称白龙河）的河道。白河属黑龙江水系，发源于小兴安岭南坡，由北向南流入嫩江支流讷谟尔河。

1719年，位于讷谟尔河中游的活火山——老黑山（又叫黑龙山）与火烧山突然喷发，溢出的熔岩阻塞了白河的一条支流，形成了南月牙泡和北月牙泡。没过多久，这两座火山再次喷发，又将白河的另一条支流堵塞，形成了头池、二池和药泉湖。1721年，火烧山喷发的熔岩流再次阻塞了白河河道，形成了三池、四池和五池。至此，5个火山堰塞湖全部形成。由于这5个湖底间有暗河相通，故名"五大连池"。

五大连池纵长20多千米，总容量为1.7亿多立方米，与广阔的玄武岩台地构成一组奇特的景观，古人曾作诗赞叹说："五池浩瀚环翠峦，好似明镜照九天。轻舟缓缓碧波远，十四名山眼底悬。"

### ■ 2. 天然火山博物馆

五大连池火山群是中国著名的第四纪火山群。一般认为它由14座火山组成，但如果包括火山区西部的莲花山，五大连池火山群应由15

五大连池自然保护区位于黑龙江省中北部，由5个火山堰塞湖组成，池水面积40平方千米。五大连池区拥有火山堰塞湖、火山熔岩、休眠火山等奇景，是一座天然的火山博物馆。此外，这里还出产多种火山矿产，拥有蜚声世界的优质矿泉水资源。

五大连池风光：五大连池景区有奇异壮美的火山、波光粼粼的湖水、喷涌不息的泉水，景色十分优美。

自然保护区

座火山组成。火山群内的火山熔岩分布面积达800多平方千米。

在这些火山中，近期火山包括老黑山和火烧山。这两座火山均由高钾玄武质熔岩岩盾和锥体构成，熔岩岩盾是火山主体。

五大连池火山的活动时间可分为7个时期，其中最早的一期喷发距今约200万年。在一次次的喷发过程中，有大量黏度较低的玄武岩岩浆流出，从而形成了该地质公园最具魅力的各种熔岩流景观以及国内外罕见的喷气构造景观。其中包括千姿百态的象鼻状、爬虫状、绳状、木排状、钢轨状、盘肠状、瀑布状熔岩，类似各种动物的熔岩造型以及1537个喷气锥。

## 3. 火山矿产宝地

五大连池自然保护区是一块矿产资源极其丰富的宝地。火山喷发出的大量熔岩碎石广布于800多平方千米的台地上，数量惊人，用途极广。据有关部门调查，仅火山熔岩一项就达100多亿吨，是制作水泥以及水泥混合材料的良好原料，如建立一座年产百万吨的水泥厂，可以生产1700年。

另外，在这里的火山岩中加入一定比例的生石灰和石膏混合研磨后，即可制成另一种建筑材料——无熟料水泥，这种水泥具有免于煅烧的优点，生产过程中可节省大量能源。以火山熔岩作为原料还能制成良好的保温材料——岩棉和钢铁代用品——铸石。而且，火山喷发的碎屑物——火山砾及浮石也都已被应用于建筑业中。

## 4. 世界名泉

火山喷发时逸出的气体在冷却时融入地下水，会溶解许多矿物质，形成矿泉。五大连池拥有世界上最优质的矿泉水资源，像药泉山下的南泉、北泉、翻花泉等，都是蜚声中外的"世界名泉"。这里的铁硅质、重碳酸钙镁型天然矿泉水天然含汽，可饮可浴，在民间已有上千年的医用、饮疗和洗疗历史，对人体健康极为有利。

## 5. 五大连池圣水节

每年端午节都是五大连池市的圣水节。传说端午节零点的水是象征吉祥的"神水"、"圣水"，喝到这个钟点的水能免除全年的灾难。所以端午节这天的零点一过，围聚在饮泉旁的人们便争相从环列的供水管中取水饮用，然后互相祝福。圣水节是当地一个隆重而盛大的重要节日，有时五大连池市还会为此连续放假3天。

### 【百科链接】

**地理百科：天然矿泉水的特点**

首先是天然净化。真正的矿泉水是地表水经历千百年的渗透、过滤、地下深部循环才形成的，不含致癌化合物、农药、重金属、细菌、病毒、寄生虫等对人体有害的成分。

其次是天然矿化。矿泉水中含有多种人体必需的微量元素。这些微量元素在人体内的含量虽然很少，但是其作用是无可替代的，如果缺乏这些微量元素，则会导致各种疾病。过去人们认为，微量元素来自食品补给，但现已证明，某些微量元素仅来自矿泉水补给，因为这些微量元素只有在游离状态下才能被人体吸收。

# 可可西里：珍稀动物的王国 ❧

可可西里的蒙语意为"青色的山梁"，藏语称该地区为"阿钦公加"。这里地处青藏高原腹地，平均海拔在4600米以上，气候严酷，自然条件恶劣，人类无法长期在此居住，被称为"世界第三极"、"生命的禁区"。

然而，可可西里却是珍稀动物的王国。此外，这里也是目前世界上原始生态环境保存最完善的地区之一，还是目前我国建成的面积最大、海拔最高、野生动物资源最为丰富的自然保护区。

便是雪花与冰雹。即使是在6月天，地上的平均积雪深度也有六七厘米，而且雷电经常在地面上跳跃，形成了高原上特有的"滚地雷"。

可可西里常年刮大风，最大风速可达每秒20米至28米。此外，由于空气稀薄，这里的气压只有低海拔地区的一半，所以水的沸点只有80摄氏度。

## ■ 1. 生命的禁区

可可西里地区平均海拔4600米以上，年平均气温为零下4摄氏度，最冷时温度可达零下40摄氏度，夏季气温通常也在零摄氏度以下，日平均气温为1摄氏度。这里的天气瞬息万变——蓝天白云瞬间就会变成风起云涌，随之而来的

## ■ 2. 独特的高原植被景观

可可西里地区现有高等植物202种，且多为矮小的草本和垫状植物，木本植物仅存在个别种类，如匍匐水柏枝、垫状山岭麻黄。虽然这里的植物种类少，但是种群大、分布广。

高寒、干旱、严酷的自然环境限制了大多

可可西里自然保护区位于青藏高原腹地，平均海拔在4600米以上，因为环境条件恶劣，所以有"生命的禁区"之称。可可西里自然保护区是当今世界上原始生态环境保存最完好的地区之一，也是目前我国已建立面积最大、海拔最高、野生动物资源最为丰富的自然保护区。

藏羚羊，是青藏高原上的特有物种，可可西里是藏羚羊的主要分布区，20世纪80年代末至90年代初，可可西里地区的藏羚羊曾一度达到近5万只，但20世纪90年代以来，可可西里藏羚羊种群却呈逐年急剧下降态势。

*自然保护区*

数植物的生存，所以，该地区的多数植物都以低矮、垫状的生长形态出现，从而形成了大面积垫状植被景观。在广阔的宽谷、湖盆地区，分布着5种垫状的点地梅，5种垫状的雪灵芝，以及数种垫状的凤毛菊、黄芪、棘豆、红景天、水柏枝等。

垫状植物的大量出现表明了青藏高原腹地高寒、干旱、强辐射、强风等恶劣自然条件对植物生长的限制，但另一方面，垫状植物的存在和发展对改善原始生态环境，尤其是对改善土壤环境也起着积极作用。

## ■ 3. 不可复制的动物王国

在可可西里，金雕、黑颈鹤、大天鹅等鸟类展翅飞翔；藏羚羊、野牦牛、藏野驴、藏原羚、雪豹、棕熊等高原珍稀野生动物栖息繁衍；裸腹叶须鱼等鱼类悠游于湖水之中……这些动物世上罕有，有些是青藏高原特有的物种。因此，可可西里不仅有青藏高原"动物王国"之美誉，又有"珍稀野生动物基因库"之称号。

可可西里动物资源的特点是种群大、数量多，包括哺乳动物23种，其中青藏高原特有种11种；鸟类48种，其中青藏高原特有种18种；鱼类6种，均为青藏高原特有种；经济价值较高的水生生物多种，如卤虫等。高原区特有的生物种类，无论在学术研究上还是在自然保护上，均具有非常重要的价值。

## ■ 4. 高原精灵藏羚羊

藏羚羊是青藏高原特有的物种，也是国家一级保护动物，被称为"可可西里的骄傲"，已被列入《濒危野生动植物种国际贸易公约》的附录中。

藏羚羊生活于海拔4100米至5500米之间的高寒荒漠草原、高寒草原和高寒草甸等环境中，主要食物为禾本科、莎草科以及绿绒蒿属的植物。藏羚羊对低海拔、高含氧量的环境不适应，因此到目前为止，全球还没有一个动物

园或其他场所饲养藏羚羊。

藏羚羊体型较大，头形宽长，鼻腔鼓胀非常明显。雄性藏羚羊有一对特殊的长角，直竖于头顶上，

黑颈鹤：
　　每年4月份，黑颈鹤迁徙至可可西里，在高寒草甸沼泽地或湖泊河流沼泽地中活动，并选择适宜的地区进行繁殖育幼活动。

仅角尖微向内、向前弯曲，雌性藏羚羊则没有这样的角。藏羚羊的底绒非常柔软，用这种底绒做成的披肩称为"沙图什"，是世界公认的最精美、最柔软的披肩，正因为这种披肩在国际市场上十分走俏，且价格昂贵，才引发大量捕杀藏羚羊的犯罪现象产生。

在可可西里地区，每到5月底、6月初，成群结队的临产藏羚羊便会从保护区东部向腹地卓乃湖、太阳湖一带大规模迁徙。随后，数万只雌性藏羚羊在湖畔集中分娩，场景十分壮观。

目前，我国现存藏羚羊数量仅在7万至10万只，因而保护藏羚羊的任务依然十分艰巨。

【百科链接】

**地理百科：藏羚羊保护面临困境**
　　目前，我国的藏羚羊保护工作仍面临着重重困难，其根本原因就是我国境外存在着利润巨大的藏羚羊绒及其织品贸易。虽然我国有关部门多次实施严厉的打击行动，但非法盗猎藏羚羊、走私藏羚羊绒的活动仍然十分猖獗，藏羚羊总数仍呈现出不断下降的趋势。究其原因，主要是由于藏羚羊分布区人烟稀少、空气稀薄、气候恶劣，以现有的条件难以实施全方位、不间断的巡护，从而让盗猎分子有机可乘。

◁ 地理位置：四川省阿坝藏族羌族自治州北部　　◁ 大 事 记：1978年被批准为国家级自然保护区
◁ 面　　积：600平方千米　　　　　　　　　　　　　　1992年被列入《世界自然遗产名录》
◁ 海　　拔：2000米至4300米　　　　　　　　　　　　1995年被纳入世界生物圈保护区网络成员

# 九寨沟：五彩缤纷的人间仙境

　　九寨沟位于四川省阿坝藏族羌族自治州北部，是长江水系嘉陵江源头的一条支沟，海拔在2000米至4300米之间。因为有9个藏族村寨坐落在沟内，因而被称为"九寨沟"。

　　九寨沟拥有奇幻、优美的自然风光，彰显着"自然的美，美得自然"，被誉为"童话世界"、"人间仙境"，其中，翠海、叠瀑、雪峰、彩林和藏族风情被称为该地区的"五绝"。同时，九寨沟也是我国唯一拥有"世界自然遗产"和"世界生物圈保护区"两顶桂冠的胜地。

### ■ 1. 绚丽缤纷的海子

　　水是九寨沟的精灵，九寨沟的海子别具特色——按照藏族同胞的习俗，湖泊被称为"海子"，而且在藏族文化里，每一个海子都有一个美丽的传说。

> 九寨沟风情：
> 　　九寨沟集湖、瀑、滩、流、雪峰、森林及藏族风情为一体，以其独有的原始自然之美、变幻无穷的四季景观、丰富的动植物资源而被誉为"人间仙境"、"童话世界"。

　　海子终年清澈见底，而且随着光照的变化和季节的推移，海子中的水还会呈现出不同的色调与韵味。秀美的水，玲珑剔透；雄浑的水，碧波荡漾；平静的水，惹人青睐。风平浪静时，蓝天、白云、远山、近树一起倒映在湖中，水上水下虚实难辨，如幻如真；微风吹起时，阳光下的微波细浪璀璨成花。

　　这里有个叫"五彩池"的海子，是九寨沟最美的海子，它是阳光、水藻和湖底沉积物的"合作成果"。一湖之中有鹅黄、翠绿、绛红、碧蓝、赤褐5种色彩，不同色彩的湖水相互浸染，绚烂夺目。而且，随着视角移动，彩色的湖水也随之改变，可谓一步一态、变幻无穷。

　　被誉为"九寨沟第一海"的长海是在第四

九寨沟自然保护区位于四川省阿坝藏族羌族自治州北部，面积600平方千米。这里风光旖旎、景色如画，拥有五花海、五彩池、树正瀑布、诺日朗瀑布等绝佳的美景，被誉为"童话世界"、"人间仙境"。

藏式木雕：风格淳朴的藏式木雕多取材于宗教故事，其中的人物雕刻逼真传神。

自然保护区

纪冰川时期形成的冰斗湖，它是九寨沟的海子之源，也是九寨沟风景区内最大的海子。炎炎夏日，在长海荡舟是十分惬意的事；春秋两季，奇花异草倒映水中，湖区恍若仙境；隆冬时节，长海便成了一个硕大的冰湖，景色十分壮观。

九寨沟树正寨的藏族寺庙：

该寺庙坐落于树正寨口，屋宇建筑处处可见藏族传统的雕饰、花纹，是当地人祈福的寺庙。

上水下，有动有静，形色交错，光怪陆离，美不胜收。

入冬以后，积雪使这里变成了一个银白色的世界，整个景区就像一位冰美人，显得素净、高雅、气质非凡。

### ■ 2. 雄浑壮丽的森林瀑布

九寨沟是水的世界，也是瀑布的王国。这里几乎所有的瀑布都是从密林里狂奔出来的，它们就像一台台织布机永不停息地织造着各种规格的白色绸缎，从而形成了罕见的"森林瀑布"奇观。

九寨沟的很多瀑布都从山岩上腾越呼啸，几经跌落后形成叠瀑，似一群银龙竞跃，激溅起无数水珠，接着又化作迷茫的水雾，犹如仙境一般。其中，九寨沟中心部位的诺日朗瀑布被看作九寨沟的标志和象征。"诺日朗"在藏语中意为"雄伟壮观"。诺日朗瀑布高24.5米，瀑顶宽320米，其瀑宽为全国瀑布之最。瀑顶由数个梯湖构成，湖深达20米。湖水沿陡壁飞流直下，水花飞溅，雾气蒸腾，十分壮观。

### ■ 3. 四季皆有美景的彩林

被誉为九寨沟"五绝"之一的彩林，有着3万顷莽莽苍苍的原始森林，这片森林随着季节的变化，会呈现出种种绮丽的风貌。

春夏两季，林中的奇花异草色彩绚丽；沐浴在雾霭中的孑遗植物浓郁神秘；林地上不仅积满厚厚的苔藓，还散落着鸟兽的翎毛，处处生机勃勃。

金秋时节，林涛树海换上了五彩的盛装：那深橙色的黄栌，金黄色的桦叶，绛红色的枫树，殷红色的野果，绚丽得令人眼花缭乱。同时，水

### ■ 4. 浓郁而古朴的藏族风情

九寨沟长期以来即为藏族人民聚居地，当地人的风俗习俗和生产方式至今还保持着浓郁而古朴的藏族传统。

精美的藏族服饰，剽悍的腰刀，香醇的青稞酒、酥油茶，洁白的哈达，还有欢快的踢踏舞，稳健的"二牛抬杠"，满载的是藏族人民对生活的炽爱。遍地的玛尼堆，高耸的喇嘛塔，循环不息的转经轮，到处都洋溢着藏族人民对宗教的虔诚。所有这些，形成了九寨沟独特的民族风情。

藏族：

藏族人民热情开朗、豪爽奔放。他们以歌舞为伴，自由地生活。

【百科链接】

**地理百科：关于九寨沟的美丽传说**

关于九寨沟的由来，有一个美丽的传说。相传，主管草木万物的神"比央朵明热巴"有9个勇敢、聪明、美丽、善良的女儿。有一次，她们来到此地的雪山上空，看见蛇魔正在向水中投毒，企图谋害当地的人畜。于是，她们奋力将蛇魔打败，并留下来与9个英俊的藏族小伙子结婚成家，一起重建家园。后来，这里逐渐形成了9个部落，分居在9个寨沟，从而形成了现在的"九寨沟"。

◁ 地理位置：云南省西双版纳傣族自治州　　◁ 大 事 记：1982年被批准为第一批国家重点风
◁ 面　　积：1202.13平方千米　　　　　　　　　景名胜区

# 西双版纳：热带植物的王国

　　西双版纳傣族自治州位于中国云南省南端，东南部与老挝接壤，西南部与缅甸交界，州府为景洪市。西双版纳是我国境内唯一的热带雨林区，这里不仅拥有美丽迷人的热带、亚热带雨林风光，还有丰富的珍稀动植物资源，享有"植物王国"、"动物王国"和"药材王国"的美称。

## 1. 神奇的热带雨林风光

　　西双版纳热带雨林地处热带北部边缘、横断山脉南端。受印度洋、太平洋季风气候的影响，这里形成了既具有大陆性气候特点，又具有海洋性气候特点的热带雨林。这片热带雨林是一个丰富多彩的"植物王国"和"动物王国"。

　　在西双版纳热带雨林里，不仅有以望天

> **野象谷：**
> 　　野象谷位于云南省西双版纳自治州景洪市境内勐养自然保护区南部，距景洪城区约50千米，是西双版纳最令人神往的森林公园和观赏野象活动的最佳景区。

树为代表的高大树木，也有许多果树，比如野荔枝树、三权果树等，还有大果油麻藤、扁担藤等藤本植物，这些植物如巨蟒般缠住古树，拼命沿着树干向上攀援，并结成一张张无边的藤网。

　　此外，在这里还可以观赏到在海芋树上荡秋千的猴群，在林间悠闲漫步的野象……这些随处可见的可爱动物使热带雨林显得更加神奇迷人。

> **西双版纳热带植物园：**
> 　　西双版纳热带植物园于1959年在著名植物学家蔡希陶教授领导下创建，是目前我国最大和保存物种最多的植物园。

## 2. 热带动植物王国

　　西双版纳境内共有植物2万多种，其中许多物种都十分特别，有的是珍贵的药材，有的具有特殊用途，还有的十分古老。比如：美登木、嘉兰具有抗癌的功效；罗芙木能治疗高血压；槟榔可以健胃；风吹楠的种子油是高寒地区坦克、汽车发动机和石油钻探增黏降凝双效添加剂的特需润滑油料；被誉为"花中之王"的依兰香可制成高级香料。此外，这里还有很

西双版纳自然保护区位于云南省西双版纳傣族自治州境内，面积1202.13平方千米，是中国境内唯一的热带雨林区，享有"植物王国"、"动物王国"和"药材王国"的美誉。其中最令人神往的景点是野象谷，此外，这里迷人的傣族风情也吸引了大批的中外游客。

傣族泼水节：每逢泼水节，傣族的男女老少都穿上节日的盛装，挑着清水，先到佛寺浴佛，然后就开始互相泼水，一朵朵水花在空中盛开，象征着吉祥、幸福、健康。

*自然保护区*

多神奇的物种，如：古茶树已经在这里生长了1700多年；有一种小草会闻乐起舞、甚至会"吃"蚊虫……

同时，宽广茂密的森林也为各种野生动物提供了理想的生存环境。这里目前已知有鸟类429种，有兽类67种，其中被列为世界性保护动物的有兀鹫、亚洲象、印支虎、金钱豹等；被列为国家一级保护动物的有野牛、羚羊、懒猴等。

### ■ 3. 令人神往的野象谷

野象谷是西双版纳最令人神往的森林公园，也是可以观赏野象活动的景区，以其特有的热带原始森林景观和数量较多的野生亚洲象而著称。野象谷的林间铺设有4000米长的步行游览道，道旁有乔木板根出露、古藤攀树、植物绞杀等独具特色的景观。

### ■ 4. 珍稀植物望天树

望天树是我国著名的珍稀植物，以望天树为主要树种的季节雨林是西双版纳自然保护区的主要保护对象之一。这种季节雨林主要分布在勐腊补蚌一带的河谷阶地和山地下部，其分布范围很小，仅2平方千米左右。

望天树树干通直，树干上面常布满附生的鸟巢蕨和麒麟叶等植物。有时候，望天树的叶片上也密密麻麻地生长着一大片叶附生苔类。

望天树非常高大，平均高度为50米至60米，最高的可达80米，如利剑般直刺蓝天，因而有"林中巨人"、"林中美王子"之美誉。

### ■ 5. 迷人的傣家风情

傣族是西双版纳地区最主要的少数民族，来源于古代百越族中的一支。在傣语中，"傣"意为"热爱和平、勤劳勇敢的民族"。

傣族人的饮食以大米为主，也吃鱼虾等水产。他们喜欢饮酒、吃酸辣食品，还有嚼槟榔的习惯。傣族民居的主要形式是分上下两层的干栏式建筑。

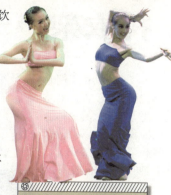

傣族舞蹈具有很高的艺术水平和鲜明的民族特色，动作多为类比和美化动物的举止。最为著名的傣族舞有"孔雀舞"、"象脚鼓舞"等。傣族的音乐悦耳动听，傣族的雕刻、绘画也具有鲜明的特点。

**傣族舞蹈：**
傣族是一个有着悠久历史的民族，也是一个能歌善舞的民族。傣族舞蹈种类繁多，形式多样，舞姿优雅。

傣族人大多信仰佛教，因而该地区的佛塔和佛寺随处可见。

泼水节为傣家人庆祝傣历新年（大约在农历清明后10日）的一个节日。泼水的目的是消灾除难，预祝新的一年风调雨顺、五谷丰登。

---

### 【百科链接】

**地理百科：槟榔**

槟榔是常绿乔木，生长在热带季风雨林中，有喜温、好肥的习性，最适宜生长的温度为20摄氏度至25摄氏度。槟榔主要分布在中非和东南亚，如印度、巴基斯坦、斯里兰卡、菲律宾、缅甸、泰国、越南、柬埔寨等国。我国引种栽培槟榔已有1500年的历史，广东、台湾两省栽培较多，广西、云南、福建等省（区）也有栽培。

槟榔果实中含有多种人体所需的营养元素和有益物质，是我国名贵的"四大南药"之一，主治虫积、食积、气滞、痢疾等。

---

◁ 地理位置：湖北省西北部　　◁ 大 事 记：1986年被评为国家级自然保护区
◁ 面　　积：3250平方千米　　　　　　　　1990年加入联合国教科文组织国际"人与生
◁ 海　　拔：3052米（最高峰）　　　　　　物圈"保护网

# 神农架：千年野人未解之谜

神农架位于湖北省西北部，面积3250平方千米，其中林地面积占85%以上，森林覆盖率达69.5%。神农架是我国中纬度内陆地区唯一一片保存完好的亚热带森林，也是北半球中纬度地区唯一的一块绿色宝地。

相传，神农氏（炎帝）曾在这里尝遍百草，为民除病。由于山高路险，他不得不搭架攀山采药，因而人们称这里为"神农架"。神农架一向以神秘、奇特、幽深而著称，尤其是神秘的野人传说，更使许多热爱探险的人趋之若鹜。

### ■ 1. 绮丽的绿色宝地

神农架自然保护区地处大巴山系与武当山系之间，有着独特的地理环境和立体小气候，因而形成了我国南北植物种类的过渡区域和众多动物繁衍生息的交叉地带，动植物区系成分丰富多彩。

据统计，神农架拥有各类植物3700多种，各类动物1050多种，几乎囊括了北自漠河，南至西双版纳，东自日本中部，西至喜马拉雅山的所有动

**土家族人：**
神农架地区共生活着12个民族，除汉族外，少数民族中人数最多的是土家族，约占神农架总人数的5%，人数约4000人左右。

植物物种。

在神农架自然保护区，苍劲挺拔的冷杉、古朴郁香的岩柏、雍容华贵的杪椤、风度翩翩的珙桐以及独

**神农架风光：**
神农架保存完好的原始生态与亿万年来形成的亘古地貌，孕育了众多自然奇观，境内奇山异石、奇洞异穴、奇花异草、奇兽异鸟无处不在。

占一方的铁坚杉等树木枝繁叶茂、遮天蔽日；金丝猴、白熊、苏门羚以及大鲵等动物出没于草丛；白鹳、白鹤和金雕等珍稀的飞禽飞翔于林间……这里的一切都是那样的和谐宁静，自在安详。在地球生态环境日益遭到破坏、环境污染日趋严重的今天，神农架已越来越引起世人的瞩目。

### ■ 2. 野人之谜

神农架之所以神秘、离奇和引人入胜，在于这一带流传

神农架自然保护区位于湖北省西北部房县、兴山、巴东三县的边缘，面积3250平方千米，是目前北半球中纬度内陆地区唯一保存完好的亚热带森林生态系统。隽秀如屏的群峰，苍苍莽莽的林海，保存完好的原始生态系统，丰富多样的生物群落，神秘独特的内陆高山文化使神农架成为当今世界人与自然和谐共存的净土和乐园。

神农顶：面积约2平方千米，海拔3052米，被誉为"华中第一峰"。

自然保护区

着有关"野人"的传说。

神农架野人究竟是一个荒诞的传说，还是一个真切的类人社会？这些还都是未解之谜。

近年来，有关专家曾多次到神农架考察"野人"踪迹，发现了"野人"的毛发、粪便、脚印等珍贵资料。目前，科学界将"野人"定义为"未知的高等灵长目"，并推测它们有可能是巨猿的一支。

据说已有很多人在神农架亲眼目击过"野人"，还有很多人见过"野人"的活动形迹，他们形容"野人"形态为前额突出，全身长有红色、棕色或褐色的毛，个体高大，半直立行走。但是，目前尚无一张实拍照片公开，因而又为这些传闻增加了几分神秘色彩。

神农架瀑布：
神农架瀑布水流清澈，与周围的山林景致相映成趣。

### ■ 3. "华中第一峰"——神农顶

神农顶海拔3052米，号称"华中第一峰"，峰顶几乎终年被云雾缭绕，唯有夏秋之际，天晴云开雾散时，才能在峰顶将万千景象尽收眼底。

神农顶上面的大部分地表被苔藓、蕨类植物覆盖，在南北坡翠绿而又松软的草甸上，可以看到三个极其分明的植被层次：第一层是箭竹环山而生，排列有序，仿佛护卫山寨的坚实城墙；第二层是棵棵冷杉耸天傲立，苍翠欲滴；第三层是簇簇杜鹃偎依在挺拔的冷杉怀抱里，鲜艳夺目，十分美丽。

### ■ 4. "林海石城"松柏镇

林海石城北倚送郎山，南临青杨河，原名狮象坪，现名松柏镇。相传神农氏曾在此降伏激烈争斗的雄狮和大象，并将其变成对峙的两座山，故此地得名狮象坪，后来又因此地遍生古松，幽香四溢，故改名为松香坪，后又更名为松柏镇。

在中唐时期，这里是庐陵王李显的辖地，从那时起，此地始建古庙和古城。古庙玉皇阁曾被李显作为去深山游猎时的行宫，现仅存遗址。古城于清初毁于山洪后，一直没有得到重建，直至20世纪60年代末，这里仍是一个荒僻的小村。1970年，经国务院批准成立神农架林区后，这里才开始建镇。又因此地房屋多用石块砌成，坚实而别致，牢固而美观，故有"林海石城"的美誉。

**【百科链接】**

**地理百科：神农架里神奇的植物**

在神农架原始森林中，有许多奇异的植物，如花朵开在叶面上的"叶上花"、能发出声响的"拍手树"等。此外，还有一种叫作"人血草"的植物，这种植物生长在神农架海拔600米至1800米的山坡、林间和沟旁。一旦这种草被折断，就会流出一种鲜红色的液体，因酷似人血，故名"人血草"。

# 苍山洱海：洱海月照苍山雪 ❀

苍山洱海位于云南省大理白族自治州，这里山水相依，宛如一幅色彩鲜明的山水画卷，是古今中外旅游者所向往的胜地。

苍山洱海保护区于1981年经云南省人民政府批准建立，1994年晋升为国家级自然保护区，主要保护对象为高原淡水湖泊、水生动植物、南北动植物过渡带自然景观和冰川遗迹。该保护区集自然景观、地质地貌、生物资源与人文历史等方面的特色于一身，在国内比较少见，在国际上也享有较高的知名度。

## ■ 1. 苍山仙境

苍山位于大理西北部，属横断山脉的云岭山系，又名点苍山、玷苍山。它东临洱海，西濒黑惠江，境内共有19座山峰，最高峰海拔4000多米。

苍山的雪、云均有较高的知名度。经夏不消的苍山雪，是久负盛名的大理"风花雪月"四景之最。在风和日丽的阳春三月，苍山雪顶会变为一个名副其实的冰清玉洁的水晶世界，显得分外晶莹娴静。

苍山的云变幻多姿，时而淡如青烟，时而浓似泼墨，十分迷人。尤其是在夏末秋初，不时出现玉带似的白云横束在苍翠的山腰，绵亘百里，经久不消，妩媚动人。

在苍山之巅，有许多高山冰碛湖泊，湖泊四周是遮天蔽日的原始森林。这里还有18条溪水，泻于19座峰之间。此外苍山还是一个花团锦簇的世界，这里不仅有几十种杜鹃，还有珍稀的此碧花和绣球似的马缨花等。

> 苍山洱海：
> 云南省大理白族自治州的苍山洱海是古今旅游者所向往的地方。明代著名文人杨升庵描绘它"山则苍茫垒翠，海则半月掩蓝"。

## ■ 2. 苍山垂直景观带

苍山山体高大，山上的植物分布具有明显的垂直地带性：东坡海拔2500米以下为云南松林和灌丛草坡带，海拔2500米至3300米之间为华山松林杜鹃及箭竹灌丛带，海拔3300米至3800米之间为苍山冷杉林带，海拔3800米以上为高山灌丛草甸带。

苍山是苍山冷杉的分布中心。苍山冷杉林是横断山脉地区特有的森林植被类型，也是我

苍山洱海自然保护区位于云南省大理白族自治州境内，主要保护对象为高原淡水湖泊、水生动植物、南北动植物过渡带自然景观和冰川遗迹。苍山雪、洱海月所组成的银苍玉洱是该景区最著名的景观。

蝴蝶：自古就被看作爱情的象征，传说，梁山伯与祝英台最后双双化蝶，从此双宿双飞。每到蝴蝶会时，白族青年男女就会来蝴蝶泉边寻找自己的爱情。

国冷杉分布最南的类型之一。

苍山有众多的珍稀濒危植物，如水青树、云南山茶、云南梧桐、蓝果杜鹃、和蔼杜鹃、假乳黄杜鹃、似血杜鹃、滇藏木兰、龙女花和云南红豆杉等。

此外，苍山还是我国三大名花——杜鹃、报春和龙胆的现代分布中心，尤其是杜鹃花，多达37种。其中似血杜鹃为苍山特有品种，粉钟杜鹃和大理杜鹃为云南特有品种。

**蝴蝶泉：**
大理蝴蝶泉是著名的游览胜地之一，这里风光秀丽，泉水清澈，独具天下罕见的蝴蝶会奇观。蝴蝶泉象征着忠贞的爱情，每到蝴蝶会，来自各地的白族青年男女都要在这里用歌声寻找自己的意中人。

### ■ 3. "高原明珠"——洱海

洱海，古称昆明池、洱河、叶榆泽等，因其轮廓似人耳，故名洱海。它南北长42千米，东西宽3千米至9千米，面积约为250平方千米。

洱海水深清澈，秀丽无比，宛若无瑕的美玉，日月照于其上。"洱海月"是大理"风花雪月"四大名景之一。如果在每月农历十五月明之夜泛舟洱海，就会发现月亮格外的亮、格外的圆，其景令人心醉：水中月圆如轮，浮光跃金；空中玉镜高悬，清辉灿灿。那么，洱海月为什么如此明亮呢？科学的解释是：第一，洱海水质特别纯净，透明度相当高，其反光性极强；第二，洱海上空尘埃较少，空气清新，使得水天相映，因而这里的月光显得格外明亮。

**合欢树：**
合欢树横跨在蝴蝶泉上，枝叶婆娑，树荫遮天蔽日。每当春末夏初，古树开花，散发出诱蝶的清香味，一时间蝴蝶群集飞舞，从枝头悬至泉面，形成千百个蝶串，像一条条五彩缤纷的彩带。

### ■ 4. 蝴蝶泉

在苍山脚下、洱海之滨，还有一处闻名遐迩的游览胜地——蝴蝶泉。

蝴蝶泉的出名与徐霞客在他的游记中的描述有关。他曾写道："泉上大树，四月初即发花如蛱蝶，须翅栩然，与生蝶无异。还有真蝶千万，连须钩足，自树颠倒悬而下及于泉面，缤纷络绎，五色焕然。"

而事实也的确跟徐霞客所描述的一样。每年四五月份，来泉边聚会的彩蝶多得难以计数，这些蝴蝶色彩绚丽，如霞如锦，十分美丽。

### 【百科链接】

**地理百科："风花雪月"四大名景**

大理一年四季风景如画。在诸多风景名胜之中，"风花雪月"四大奇景最引人入胜。"风花雪月"是指下关风、上关花、苍山雪、洱海月。

1962年1月，著名作家曹靖华游过大理之后，对大理的"风花雪月"四大奇景感慨万千，遂赋《风花雪月诗》一首：

下关风，上关花，下关风吹上关花；苍山雪，洱海月，洱海月照苍山雪。

# 卧龙：国宝熊猫的天堂

卧龙自然保护区位于四川省汶川县，横跨卧龙、耿达两乡，始建于1963年，到1975年时，面积扩大到了2000平方千米。它是我国建立最早、栖息地面积最大的综合性自然保护区，享有"熊猫之乡"、"宝贵的生物基因库"和"天然动植物乐园"等盛誉。

## ■ 1. 华西雨屏

卧龙自然保护区地处亚热带边缘向西南高山和青藏高原的过渡地带。这里山峰高耸，河谷深切，最低处海拔1218米，最高峰海拔6250米，相对高差达1000米至4000米。由于高山阻挡了东来的气流及西风环流，湿润空气在这里大量聚集，从而带来了充沛的雨水——年降水量1500毫米至1800毫米。因此，这里又有"华西雨屏"、"西蜀天漏"之称。

## ■ 2. 五花草甸

在保护区内海拔3600米以上的地方，气候寒冷而湿润，冬季有积雪，夏天短促。由乔木构成的森林逐渐消失，高山杜鹃以及匍匐枸子木等是这一地带仅有的几种灌木，同时中生耐寒的草本植物大量出现，形成山地灌丛草甸。

每逢开花时节，草甸内五颜六色的大小花朵便会竞相开放，艳丽夺目。因为各种植物的花期不同，所以会形成五光十色的季相变化，这种景观被称为"五花草甸"。

大熊猫：

卧龙自然保护区以"熊猫之乡"、"宝贵的生物基因库"、"天然动植物园"而享誉中外。保护区内建有中国保护大熊猫研究中心。

## ■ 3. 壮观的英雄沟和神秘的银厂沟

英雄沟与银厂沟是隔河相望的两条姊妹沟，也是卧龙自然保护区的主要景区。

英雄沟的沟口险峰峭立，迷雾漫山，山溪从万丈悬崖上飞泻直下，形似银练直扑谷底山，如千军万马在奔腾、呐喊。穿过峡谷中的仙峰、幽穴、听泉、水帘四个小隧道，眼前便会出现由葱茏的箭竹所形成的竹的海洋。微风过处，竹海翻起层层绿波，场面蔚为壮观。"国宝"大熊猫的饲养场，就坐落在竹海之中。

银厂沟与英雄沟的风光迥然不同。银厂沟内奇峰叠嶂，云蒸霞蔚，峡谷低处古木遮天，湍急的溪流在密林中忽隐忽现，为峡谷增添了神秘之感。

### 4. 天然动植物乐园

卧龙自然保护区内，气候温暖湿润，土壤肥沃蓬松，给森林植被的发育提供了优越的条件。据统计，该地区的植物达4000多种。

在这里的针叶林和针阔叶混交林内，不仅生长着茂密的拐棍竹、大箭竹和冷箭竹等，还生长着金钱槭、珙桐、连香、红豆杉等珍贵植物。

除了种类繁多的植物以外，保护区内还有各种兽类50多种、鸟类300多种，此外还有大量的爬行动物、两栖动物和昆虫。

尤其值得一提的是，这里分布的大熊猫约占全国大熊猫总数的1/10，被誉为"大熊猫的故乡"。除了大熊猫外，还有金丝猴、扭角羚、白唇鹿、小熊猫、雪豹、水鹿、猕猴、短尾猴、红腹角雉、藏马鸡、石貂、大灵猫、藏雪鸡、血雉等几十种珍稀野生动物。其中，川金丝猴是区内的重要种类，它们主要生活在针阔混交原始林里。

### 5. 熊猫之乡

卧龙自然保护区内丰富的植物资源、良好的自然条件，为国家一级重点保护动物大熊猫创造了良好的栖息环境。目前，保护区内生活着100多只大熊猫，约占全国大熊猫总数的10%，是中国大熊猫最集中的地区。因而，这里以"熊猫之乡"的美名而享誉中外。

在动物分类学上，大熊猫自成一科，虽与食肉动物同类，却以脆嫩清香的竹笋及竹叶为食，堪称是"肉食动物中的素食者"。它们总是寻找箭竹发育良好而又清洁隐蔽的地区"居住"。这样，既有丰富的食物，又能随时隐蔽，防止敌人来犯。

目前，卧龙自然保护区内设有中华大熊猫园、中国卧龙大熊猫博物馆。而且，保护区与世界自然基金会组织合作，在此地建立了全世界唯一的"中国保护大熊猫研究中心"，设有实验室、大熊猫野外生态观察站、小熊猫生态馆和世界最大的熊猫圈养场。在这里，大熊猫幼崽的出生率、存活率均领先于世界平均水平。

> 箭竹：
> 箭竹是中国特有的竹子品种，是大熊猫最喜欢的食物。

【百科链接】

**地理百科：2008年北京奥运会吉祥物**

北京奥运会吉祥物由以下5个寓意深刻的"福娃"组成："福娃贝贝"以鱼为原型，传递的祝福是繁荣；"福娃晶晶"以熊猫为原型，传递的祝福是欢乐；"福娃欢欢"以奥运圣火为原型，传递的祝福是激情；"福娃迎迎"以藏羚羊为原型，传递的祝福是健康；"福娃妮妮"以京燕为原型，传递的祝福是幸运。

# 扎龙：珍稀水禽的天然乐园

扎龙自然保护区位于黑龙江省齐齐哈尔市（部分地区位于大庆市境内），面积2100平方千米，1979年建立省级自然保护区，1987年晋升为国家级自然保护区，1992年被列入《世界重要湿地名录》，主要保护对象为丹顶鹤等珍禽及湿地生态系统。

## ■ 1. 扎龙自然保护区

扎龙自然保护区地处中国东北松嫩平原外围的栎林草原地区。在辽阔的松嫩平原上，嫩江干流纵贯南北，其右岸分出支流雅鲁河、绰尔河、洮儿河等，左岸支流有讷谟尔河、乌裕尔河、双阳河等。其中乌裕尔河及双阳河为无尾河，河流尾部散流形成大面积沼泽、草甸及小湖泊，成为丹顶鹤及其他水禽理想的栖息地。

在这一望无际的沼泽地中，占优势的植物是禾本科和莎草科植物，但它们缺少艳丽的花瓣，也缺少繁茂的绿叶。因而这里的景观初看上去是单调而贫乏的，但如果仔细观察，就可以看出，这里草甸的种类各不相同。这里的草甸包括多种不同类型，按照其群种的差异可分为野古草草甸、拂子茅草甸、牛鞭草草甸、小叶樟沼泽草甸、针蔺与三棱草草甸。

## ■ 2. 扎龙湿地

湿地与人类的生存、繁衍和发展息息相关，是自然界最具生物多样性的生态景观和人类最重要的生存环境之一。它不仅为人类的生产、生活提供

扎龙湿地：
扎龙湿地距齐齐哈尔市区约30千米，这里河道纵横，湖泊沼泽星罗棋布，湿地生态保持良好，被誉为水禽的"天然乐园"。

多种资源，而且具有巨大的环境净化功能和其他综合效益，在抵御洪水、蓄洪防旱、控制污染、调节气候、控制土壤侵蚀、促淤造陆、美化环境等方面，均有不可替代的作用，被誉为"地球之肾"，因而受到全世界的广泛关注。

扎龙自然保护区境内的湿地，是指乌裕尔河下游因河道消失河水漫溢而形成的一大片永久性弱碱性淡水沼泽区，由许多小型浅水湖泊和广阔

【百科链接】

**地理百科：人工湿地**

湿地是一种自然景观，是地球上具有重要环境净化功能的生态系统。如今，新兴的人工湿地是由人工建造和监督控制而形成的生态环境。它充分利用湿地生态系统净化污水的特点，来处理各种工业废水；在处理污水的同时，还可用鲜花绿叶装饰环境，从而促进良性生态环境的建设，有显著的社会、环境和经济效益。

扎龙自然保护区位于黑龙江省齐齐哈尔市，面积2100平方千米，是珍稀水禽的天然乐园。它以丹顶鹤等珍禽及湿地生态系统为保护对象，是世界上现存丹顶鹤数量最多的保护区。1992年，扎龙自然保护区被列入《世界重要湿地名录》。

*自然保护区*

的草甸、草原组成。

湿地中各个弯弯曲曲的长短河道连通各个大大小小的湖泊，形成密如蛛网的水系，宛如九曲回肠的亮线串起一颗颗明珠。这些明珠被翠绿的植被所衬托，显得十分美丽。全区地势低洼，由于没有固定河道，每逢夏季丰水期，河水出槽，湖泊外溢，大小沼泽星罗棋布，河道纵横，可形成方圆数百千米的明镜水面，十分壮观。

### ■ 3. 鹤的故乡

扎龙自然保护区是水禽的理想乐园。据统计，这里生活着200多种禽鸟。其中，鹤种类多、数量大，享誉世界。世界现存鹤类共15种，中国有9种，扎龙即有6种，其中丹顶鹤、白枕鹤、蓑羽鹤、灰鹤为繁殖鸟，白鹤、白头鹤为迁徙停息鸟。除了鹤以外，这里的稀有鸟禽还有大天鹅、小天鹅、白鹳、大白鹭、鸳鸯、大鸨、白琵鹭、鸿雁、灰雁等。至于普通鸟禽，数量更加繁多。

头顶红冠、修颈长腿、步履轻盈、优雅多姿的大型涉禽丹顶鹤，在中国又被称为"仙鹤"，是吉祥、尊贵和长寿的象征。由于数量稀少，目前丹顶鹤已被列入世界《濒危野生动植物种国际贸易公约附录》，属国家一级保护鸟类。

丹顶鹤善于"舞蹈"，在动物世界中称得上是"天才舞蹈家"。此外，它们的"婚姻"也很特别。求偶时，雄鹤常在雌鹤周围摆动羽毛，翩翩起舞，以赢得雌鹤的欢心。一起生活后，他们彼此之间十分亲密，如果一方受到敌人伤害，另一方便终日守护在对方身旁，徘徊不去，直到对方死亡，才带着哀鸣依依不舍地离去。据说，幸存的一方从此不再寻找新的配偶，直至死亡。这也可能是导致丹顶鹤数量稀少的一个重要原因。

丹顶鹤在中国的主要繁殖地为东北地区，其中又以齐齐哈尔扎龙湿地自然保护区为主要基地。目前，扎龙自然保护区有野生丹顶鹤350多只，人工繁殖驯养的丹顶鹤约60只，是全世界现存丹顶鹤数量最多的地区。

### ■ 4. 扎龙湖观鸟旅游区

扎龙自然保护区中的"扎龙湖观鸟旅游区"面积约15平方千米。其中的观鸟点包括：榆树岗、龙泡子（扎龙南湖）、大泡子（扎龙北湖）、西沟子（系自然河道）九间房和大场子以及扎龙苗圃及其毗邻草甸草原。在这些观鸟点，观赏者不仅可以观赏到鹭类、鹤类、鹳类以及沼泽猛禽，还可观赏到林栖鸟类和草原旷野鸟类等。

**丹顶鹤：**
丹顶鹤是我国一级保护动物，是湿地生态系统的重要指示物种，被誉为"湿地之神"。

# 天目山：林木十里深

天目山自然保护区位于浙江省西北部，始建于1956年，1986年被列为国家重点自然保护区，后又被联合国教科文组织接纳为国际"人与生物圈"保护区网络成员。

保护区地理位置和自然条件独特，区内生物多样性突出，生物资源极其丰富，是一块具有物种多样性、遗传多样性、生态系统多样性和文化多样性的独特宝地，也是我国江南地区不可多得的"物种基因库"和"文化遗产宝库"。

> **天目山：**
> 　　天目山地处浙江省西北部临安市境内，主峰仙人顶海拔1506米。天目山于1956年被国家林业部划为森林禁伐区，1986年被列为国家级自然保护区，1996年加入联合国教科文组织"人与生物圈"保护网。

## ■ 1. 江南奇山——天目山

享有"大树华盖闻九州"之誉的天目山，是浙江省第一名山，地处浙江省西北部，主峰仙人顶海拔1506米，最高峰清凉峰海拔1787米。天目山由东西两峰组成，分别称东天目山和西天目山。

天目山地质年代久远，地貌独特，地形复杂，被称为"华东地区古冰川遗址之典型"。

天目山峭壁突兀，怪石林立，峡谷众多，谷幽泉清，茂林蔽日，奇花遍地，是风景旅游胜地，素有"江南奇山"之称。

## ■ 2. 绝美森林景观

天目山地处东南沿海丘陵区的北缘，属亚热带季风性湿润型气候，四季分明。因此，这里的植物区系成分复杂，种类繁多，形成了由多种植物组成的生机勃勃的植物世界，是世界罕见的"物种基因库"，素有"天然植物园"的美称。

在天目山自然保护区内，森林覆盖率高达99%。这里保存着长江中下游典型的森林植被类型，其森林景观以"古、大、高、稀、多、美"冠于全球："古"是指古杉、古松、古银杏、古丹枫和其他原生古树比比皆是，树龄在千年以上的有500多株，500年以上的有800多

天目山自然保护区位于浙江省西北部，是稀有的"物种基因库"和"文化遗产宝库"。它保存着长江中下游典型的森林植被类型，其森林景观以"古、大、高、稀、多、美"著称，享有"大树华盖闻九州"之誉。

禅源寺

禅源寺位于西天目山南麓，始建于明代，清康熙年间在原址进行翻新，后又历经多次损毁和重修。

株；"大"指天目山以"大树华盖"闻名于世，拥有世界罕见的大柳杉群落，合抱需3人以上的大树达数千株；"高"是指这里有国内最高的金钱松，树高56米，被誉为"冲天树"，而40米以上的树木则不计其数；天目山还有许多特有物种，尤其是天目铁木，全球仅天目山遗存5株，被称为"地球独生子"，所以谓之"稀"；区内植物种类繁多，故又称"多"；"美"是指林林总总的各色植物构成了一幅蔚为壮观的森林美景，千树万枝，争奇斗秀，四季皆美。

## ■ 3."天下奇观"仙人顶

仙人顶是西天目山的主峰，海拔1506米，民间传说曾有仙人在此锯板架桥，故称"仙人顶"。

仙人顶上有一块兀立的巨石，石上原本镌刻着"天下奇观"四个大字，可惜在战乱中巨石被拦腰炸断，现在仅剩"可观"两字。

在仙人顶上可以观看日出、云海，偶尔还能看到罕见的"天目宝光"。

## ■ 4.禅源寺

禅源寺位于西天目山南麓的昭和峰、旭日峰、翠微峰、阳和峰之下，始建于明代，占地近3万平方米，为东南佛教圣地之一。雍正

年间，雍正帝亲笔书写"禅源寺"匾额赠于此寺。咸丰十年（1860年），寺内建筑毁于战乱，后于同治年间再次重建。抗战时期，国民党浙西行署曾驻于此，共产党的领导人也曾在寺内的百子堂作过团结抗战的演说。后来，寺庙被日军飞机轰炸，损失惨重，仅存山门、天王殿及客堂偏房数间。

现在，在百子堂旧址上已立起了纪念碑，碑名为著名美术大师刘开渠题写，背面碑记为方志恩书写。

禅源寺周围巨木挺秀，苍翠凌霄，浓荫覆地。寺院左边的青龙池绿波荡漾，清溪回绕，风景十分优美。

## ■ 5.秀丽的东西双瀑

东天目山位于临安县城西北23.5千米处，主峰大仙峰海拔1479米。这里有号称"东天目山六绝"的飞泉、奇石、云峰、大树、茶叶、笋干。其中，尤以该区内的东西双瀑最为有名。

自山麓登山，可以看见山岭东侧峡谷空旷，峭壁陡立，东瀑自数十米高的峭壁上飞流直泻；继续向上走约300米，转过山弯，又会看见一道瀑布级级下泻，连成一挂水晶帘幕，此为西瀑。西瀑落差约55米，瀑旁岩上凿有"悬崖飞溅"四个大字。瀑前溪上有石桥横跨，景观极其秀丽。

### 【百科链接】

#### 地理百科：天目铁木

天目铁木属于落叶乔木，树高一般可达20米，胸径可达1米，树皮呈深褐色。它是我国的特有树种，目前仅生长于浙江西天目山。

现在，天目山仅有5株天目铁木，且损伤都很严重，其中胸径达1米的大树主干顶梢已断，另外4株的下部侧枝几乎全部被砍。天目铁木的生存环境受到严重破坏，加之自身更新能力很弱、幼苗极少，所以若不采取有效措施，它将面临着灭绝的危险。

# Part 9
## 海域风情

◁ 地理位置：海南岛东南海域　　　◁ 气候类型：热带海洋性气候
◁ 面　积：岛屿面积13平方千米，海域面积50多万平方千米

# 西沙群岛：
# 美丽富饶的海上仙岛

在距海南岛约180海里的东南海面上，有一片由大大小小的珊瑚岛组成的岛屿群，那就是充满神秘色彩的西沙群岛。西沙群岛又名宝石岛，是中国南海四大群岛之一。它时时展现出独具热带风情特色的岛屿风光：茂密的乔木林，碧蓝如洗的大海，连绵数千米、陡峭壮观的珊瑚礁林，五光十色、清晰可见的海底世界……

### ■ 1. 中华"千里长沙"

西沙群岛坐落在海南岛东南大陆坡的台阶上，与东沙群岛、中沙群岛、南沙群岛共同组成了中国最南端的疆土。西沙群岛从东北向西南方向伸展，在50多万平方千米的海域里，分布着32座岛屿、8座环礁、1座台礁和1座独立的暗礁，它们的基底是在水深900米至1000米的基座上发展起来的前寒武纪的花岗片麻岩和火山碎屑岩。

1959年，我国人民海军官兵正式进驻西沙永兴岛，直接对西沙群岛、南沙群岛、中沙群岛及其海域进行

**永兴岛：**
永兴岛是西沙群岛最大的岛屿，面积2.1平方千米，也是西沙群岛的军事、政治中心。因岛上林木深密，故又称"林岛"。

管理，再次向世界表明：西沙群岛是中国神圣不可侵犯的领土。

**西沙群岛：**
西沙群岛是中国南海的四大群岛之一，这片大大小小的珊瑚岛屿群分布在50多万平方千米的海域上，一派热带海域风情。

### ■ 2. 绮丽的海上仙岛

西沙群岛主要由宣德群岛和永乐群岛组成。东半部是宣德群岛，由赵述岛、北岛、中岛、南岛、石岛、东岛和永兴岛7个主要岛屿组成；西半部是永乐群岛，由甘泉岛、珊瑚岛、金银岛、晋卿岛、琛航岛、广金岛、中建岛7个主要岛屿组成。

西沙群岛中，最大的是永兴岛，面积为2.1平方千米；其次是东岛，面积为1.60平方千米；再次是中建岛，面积为1.20平方千米；其余各岛面积都在0.40平方千米以下。

由于远离大陆，人迹罕至，所以群岛四周的海水十分清澈，最高能见度可以达到40米。坐在船上近看，海水总是那么清澈幽蓝；站在岸边远看，整个海面就像一块巨大的深蓝色的

绸缎在随风飘动，十分美丽。因此，对于久居内陆的人来说，这里的确是真正的"海上仙岛"。

### ■ 3. 西沙最大的岛屿——永兴岛

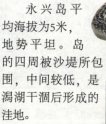

永兴岛平均海拔为5米，地势平坦。岛的四周被沙堤所包围，中间较低，是潟湖干涸后形成的洼地。

永兴岛岛屿面积大，植物茂盛，淡水充足，中央低地不积水，且有高大沙堤防风，是南海诸岛中地理环境最优越的一个岛。

在岛的西部还有一片被称为"西沙将军林"的椰林，这些椰树是党和国家领导人以及100多位将军先后栽种的，每一棵椰树上都刻着栽种者的名字。

此外，岛上的人文景观还有日本人留下的旧炮楼、国民党所立的收复纪念碑和人民政府设立的南海诸岛纪念碑——历史的痕迹在这里被清晰地保留了下来。

棱皮龟：
棱皮龟是世界上龟鳖类中体型最大的一种，堪称巨龟，体长在200厘米至230厘米之间，体重一般为100千克至200千克，主要分布在我国西沙群岛地区。

### ■ 4. 奇异的七连屿风光

七连屿位于永兴岛的西南方，是由7个大小不一、形状各异的岛屿连在一起形成的。这些小岛上热带植被茂盛，自然风光独具一格。

七连屿一带的沙滩绵白细洁，海水晶莹透明，是优良的潜水地。此外，在这里的海水中还可以看到奇异的海底空间：一丛丛、一簇簇珊瑚像盛开的鲜花，布满整个海底；五光十色的鱼儿，成群结队地游来游去……

### ■ 5. 富饶的西沙群岛

西沙群岛是海鸟的天下。据统计，西沙群岛上栖息的海鸟有40多种，常见的有鲣鸟、乌燕鸥、黑枕燕鸥、大凤头燕鸥和暗绿乡眼等。

在这些鸟中，最有趣的是鲣鸟。它们会在大海中给渔船导航：早上，渔民根据鲣鸟集结和寻食的方向，驾船扬帆前去撒网捕鱼；傍晚，再根据它们飞回的路线，把渔船从茫茫大海驶往附近的海岛停泊。因此，渔民们都亲切地称鲣鸟为"导航鸟"。

西沙群岛是我国主要的热带渔场，这里共有珊瑚鱼类和大洋性鱼类400余种，是捕捞金枪鱼、马鲛鱼、红鱼、鲣鱼、飞鱼、石斑鱼的重要渔场。

除了鱼类，这里的海产品还有海龟、海参、珍珠、贝类、鲍鱼、渔藻等。其中比较名贵的有"海龟之王"棱皮龟、"海参之王"梅花参，还有世界上最著名的珍珠——南珠。

西沙鲣鸟：
在南中国海的西沙群岛上空，长年飞翔着数万只鲣鸟。

【百科链接】

**地理百科：金枪鱼**

金枪鱼属鲈形目鲭科，又称"吞拿（鱼）"，是大洋暖水性洄游鱼类，主要分布于中低纬度海区。这种鱼的游动速度非常快，一般时速为30千米至50千米，最高时速可达160千米，比陆地上跑得最快的动物还要快。金枪鱼的"旅行足迹"可以远达数千千米以外，能作跨洋环游，被称为"没有国界的鱼类"。

# 南沙群岛：珊瑚筑就的界碑

在南中国海最南端的浩瀚海面上，散布着一簇簇美丽的珊瑚岛屿，它们构成了椭圆形的珊瑚礁群，这就是南海诸岛中分布范围最广、岛礁最多的南沙群岛。南沙群岛十分富饶。这里海洋生物、油气、矿产资源十分丰富；两栖生物丰富，水产种类繁多；海滩似玉，海鸟群集；绿洲如茵，热带海洋风光美不胜收……

> 曾母暗沙：
> 曾母暗沙位于南沙群岛南端，是中国领土的最南点。曾母暗沙的主体是丘状珊瑚暗礁，也可称为礁丘。

## 1. 千里长沙，万里石塘

南沙群岛在我国古代有"千里长沙，万里石塘"之称。它北起雄南滩，南至曾母暗沙，东至海里马滩，西到万安滩，南北长500多海里，东西宽400多海里，水域面积约82万平方千米，约占南中国海传统海域面积的2/5。

它地处太平洋和印度洋之间的国际航道要冲，是扼守马六甲海峡、巴士海峡、巴林塘海峡、巴拉巴克海峡的关键所在，又位于越南的金兰湾基地和菲律宾的苏比克湾基地之间。这种独特的地理位置决定了它重大的战略价值。

南沙群岛由许多岛、洲、礁、滩等组成，但在这些"陆地"中，露出海面的部分仅占1/5。同时，这里的水下地形十分复杂，群岛边缘水深超过2000米，因此此地又被称为"危险地带"。

## 2. 领土最南端——曾母暗沙

曾母暗沙位于南沙群岛南端，是中国领土的最南端。它远离大陆岸线已有数千千米，北距大陆雷州半岛971.9海里，与马来西亚仅有一步之遥。

曾母暗沙海水最深处有40米，最浅处为17.5米。其形状如纺锤，面积为2.12平方千米，主体是丘状珊瑚暗礁，也可称为礁丘，礁丘脊部呈北西走向。

礁丘表面崎岖不平，由以珊瑚为主体的造礁生物组成，上面还有很多附礁生物。据水下电视观察，在水下25米以内活珊瑚生长较好，滨珊瑚、蜂房珊瑚、厚丛珊瑚和蔷薇珊瑚等较普遍，尤以中华蔷薇珊瑚为优势种类，礁栖生物也较丰富。但在25米以下的礁体表面，活珊瑚则很少，只有一些附礁生物稀疏地生长在礁石上。在礁石之间的凹坑内堆积着钙质生物碎屑，其中软体动物壳屑较多，其次为苔藓虫和有孔虫，还有少量钙藻、棘皮类和八射珊瑚骨针。

## 3. 南沙最大的环礁——郑和群礁

明代航海家郑和七下西洋，即是经南沙群岛向印度洋、非洲挺进的。后人为了纪念这位

南沙群岛位于中国最南端，海域面积82万平方千米，是南海诸岛中分布范围最广、岛礁最多的群岛。这里风光旖旎，动植物资源、矿产资源、海洋资源丰富，战略位置非常重要。　　玳瑁：生活在南沙的"万里石塘"中，以鱼、软体动物和海藻为食。其背甲是名贵的药材，有清热解毒、滋阴补阳的功效，亦可做工艺装饰品。

海域风情

大航海家，便以他的名字来命名南沙群岛中最大的环礁，称为郑和群礁。

在郑和群礁内，有多处沙洲、暗礁、礁暗滩等，环礁内部是风平浪静的潟湖，水深达10余米，是天然的避风良港。在郑和群礁边缘，以西北角的太平岛为起点，又依次发育有敦谦沙洲、泊兰滩、安达礁、鸿麻岛、南薰礁等岛礁。这里地势复杂，水道险要。

永暑礁海洋观测站：
　　1988年，应联合国教科文组织的要求，我国选定永暑礁作为海洋观测站，同年8月竣工。观测站对今后的海洋研究和开发利用海洋资源具有重要意义。

### ■ 4. 南沙最大的岛屿——太平岛

太平岛是南沙群岛中最大的岛屿，东西长1383米，南北宽416米，面积为0.432平方千米。

岛上淡水资源丰富，植被茂密，盛产椰子、木瓜、香蕉、菠萝蜜等热带水果。此外，还有不少海鸟在岛上栖息繁衍，竟积下了1米多厚的鸟粪。

抗战胜利后，中国政府派太平号军舰从日本军队手中接收此岛，因此用"太平"二字作为它的名字。渔民则习惯称之为"黄山马"或"黄山马峙"。该岛现为中国台湾当局管辖。

### ■ 5. 物产丰富的南沙群岛

南沙群岛靠近赤道，属热带海洋性季风气候，月平均气温在25摄氏度至29摄氏度之间，雨量充沛，为植物的生长提供了良好条件。岛上生长着各种果树，如椰树、木瓜、野芒果、羊角蕉等，有些树甚至高达30多米，显得俊秀挺拔。

太平岛碑：
太平岛上的主权碑证明太平岛是中国的领土，神圣不可侵犯。

这里还繁衍着各种热带海洋动物，其中海龟、玳瑁、大龙虾、梅花参等均是南沙群岛的珍品。海龟是生活在热带海洋中的大型爬行动物，最大的

重达千余斤，一般亦可达三四百斤。雌海龟们每年夏秋之交会爬到沙滩上挖洞产蛋，每只海龟每次产蛋100个以上，海龟蛋形状和大小酷似乒乓球。随后，海龟用沙子将蛋掩埋好，从容地回到大海。

另一种形近似海龟的珍稀动物叫玳瑁，渔民称之为"十三鳞"。玳瑁形似海龟，其背部角板上布满了有光泽的黄褐色条纹，其嘴形像鹦鹉。

南沙群岛海域还蕴藏着石油、天然气、铁、铜、锰、磷等多种资源。其中油气资源尤为丰富，地质储量约为350亿吨，主要分布在曾母暗沙、万安西和北乐滩等十几个盆地，总面积约41万平方千米，而且，仅曾母暗沙盆地的油气储量就有126亿至137亿吨。因此，南沙群岛有"第二个波斯湾"之称。

#### 【百科链接】

**地理百科：梅花参**

海参主要分布在海洋地区，它的种类很多，全世界大约有1100种。在所有种类的海参中，梅花参的体积是最大的。梅花参体长一般为60厘米至70厘米，最大者体长可达90厘米至120厘米，故名"海参之王"。梅花参形似长圆筒状，背面的肉刺很大，3个至11个肉刺的基部连在一起，形状像梅花瓣，故名。又因为它的整体外形像凤梨，故也有人称它为"凤梨参"。

◁ 地理位置：台湾海峡南部　　　　◁ 面　　积：127平方千米
◁ 海　　拔：30米至40米

# 澎湖列岛：人文与自然交相辉映

澎湖列岛位于台湾海峡南部，是中国台湾省最早开发的地方。澎湖设县，全县由澎湖本岛及周围63个岛屿组成，这些岛屿统称为澎湖列岛。

澎湖列岛居台湾海峡的中心地带，就像大大小小的珍珠、玉石镶嵌在万顷碧波之上。历史上，它曾是大陆移民去台湾岛的踏脚石，故有"台湾海峡之键"、"海上桥墩"之称。又因为它是亚洲东部的海运要冲，所以也被称为"东南锁钥"。

## ■ 1. 中国"东南锁钥"

澎湖列岛扼守台湾海峡海上交通要冲，东隔澎湖水道，与台湾岛相对，最短距离约24海里；西面与祖国大陆福建省厦门市隔海相望，最短距离约75海里。澎湖列岛是控制台湾海峡之锁钥，也是通往东南亚各国的海上交通要道。

澎湖列岛中的岛屿，按位置可分为南、北两个岛群：南岛群在八罩水道以南，包括望安岛（八罩岛）、七美屿、花屿等，几乎所有岛都为火山岛，组成岛的岩石均为第四纪玄武岩；北岛群分布在八罩水道以北，包括面积最大的澎湖岛和渔翁岛（西屿）、鸟屿等。

> 澎湖列岛：
> 澎湖最大的本岛与中屯、白沙、西屿三岛相衔似湖，外侧海水汹涌澎湃，故而得名。

## ■ 2."火烧风"肆虐的列岛

澎湖列岛区域内地势平坦，无河川山岳；土壤层浅薄，且均为红棕土壤，肥力不足。岛上的年降水量在1000毫米以上，降水多集中在夏季，但是年蒸发量却高达1800毫米，因此岛上严重缺水。

每年10月至翌年3月吹东北风，风速最高可达每秒三四十米，相当于中等强度的台风。因此，冬天的澎湖列岛就像一只"风柜"。这种强劲的风挟带着海水泡沫，当地人称其为"火烧风"。火烧风所到之处，树木植物无不焦枯。

澎湖列岛位于台湾海峡南部，总面积127平方千米，由64个岛屿组成，交通地理位置十分重要，享有"海上桥墩"、"东南锁钥"之称。除了拥有亚热带自然风光外，这里还有浓厚的人文底蕴，是沟通海峡两岸文化的桥梁。

澎湖天后宫：天后宫是台湾历史最悠久的古庙。其庙体建筑集民间艺术之精粹，历经多次修建仍保留了原有的古朴面貌。

岛上水源缺乏，加上海风强劲，不利于农作物生长，仅能种植甘薯、花生等。但80年代中期，这里曾试种成功西瓜、哈密瓜、丝瓜，号称澎湖"三瓜"。不过，全县所需的粮食、蔬菜、水果等，大部分仍依赖台湾本岛供应。岛上现有人口约9万，全部为汉族，世居人口中以福建泉州人最多。

### ■ 3. 奇特的"蜂巢墙"

澎湖列岛上的农田四周有许多用珊瑚礁石砌成的防风墙。珊瑚礁石表面凹凸不平，遇水微溶，然后再胶结起来。因而用它砌成的墙经过长年风吹雨打以后，不仅不会坍塌，反而更紧密地胶结在一起，十分牢固。

澎湖一带的老房子也多用珊瑚礁石砌筑而成。迄今为止，这种墙壁仍是澎湖建筑景观的一大特色，被称为"蜂巢墙"。

### ■ 4. 古老的妈祖宫

澎湖列岛上的"妈祖宫"是我国台湾地区最古老的妈祖庙，也是台湾历史最悠久的古迹之一。

澎湖岛又称马公岛，马公即"妈宫"的谐音。相传，"妈祖宫"始建于元朝后期，可谓历尽沧桑。如今，庙内墙垣斑驳残缺，但细看时仍能发现这座具有闽南特色的庙宇建筑结构精巧、浮雕技艺精湛、庄严古朴。正殿重檐燕尾脊凌空欲飞，线条流畅。檐下梁柱、柱础石鼓、窗棂及殿内各处的装饰性雕刻，无不栩栩如生。

### ■ 5. 书香气息浓郁的文石书院

文石书院位于台湾省马公镇东郊，是清代以前澎湖列岛上唯一的一个学府。清乾隆三十一年（1766年）冬，贡生许应元在此提倡儒学，选育人才，并募款兴修学府，取名为"文石书院"。

书院里原来陈列的图书史册极其丰富，堂中祀奉文昌帝像以及朱熹、程颢、程颐、周敦颐、张载五位宋代理学大师的画像。当时，书院担负着兴盛儒学的重任，是澎湖文化的发源地。

目前建于文石书院遗址上的孔庙，是20世纪60年代修建的。庙前为大成殿及圣祠，庙后为文昌祠，庙右侧是古老的登瀛楼。登瀛楼为文石书院遗迹，门庭秀雅，颇有书香气息。登楼凭栏远眺，可见澎湖湾碧波万顷，白浪滚滚。此外，孔庙附近还有记载着书院建立和整个澎湖列岛开发历史的两块石碑，极具历史价值。

高山族：
台湾省绝大多数居民为汉族，汉族人口占总人口的97%，少数民族中，人口最多的是高山族。

**【百科链接】**

**地理百科：妈祖**

妈祖又称天妃、天后、天上圣母、娘妈，是历代船工、海员、旅客、商人和渔民共同信奉的神祇。

古人在海上航行经常受到风浪的袭击而导致船毁人亡，因而船员的安全成了航海者担心的主要问题，无奈之际，他们把希望寄托于神灵的保佑。在船舶起航前，人们要先祭天妃，祈求她保佑一路顺风，有人甚至还在船上供奉着天妃神位。

# 舟山群岛：中国最大的群岛

舟山群岛古称海中洲，它是中国沿海最大的群岛，有"千岛之城"的美誉。这里秀岩嶙峋，奇石林立，异礁遍布，风光秀丽，是国家重点海上风景区。

由于附近海域自然环境优越，饵料丰富，为不同习性的鱼虾洄游、栖息、繁殖和生长创造了良好的条件，因而这里的海洋生物种类和数量都极其丰富，舟山群岛也由此赢得了"东海鱼仓"和"祖国渔都"的美称。

## ■ 1. 中国最大的群岛

舟山群岛位于我国东南沿海，是我国大陆海岸线的中心，也是长江、钱塘江和甬江的出海口。它北起嵊泗列岛花鸟山，南至六横岛，由1339座大小岛屿组成，约相当于我国海岛总数的20%。它隶属于浙江省舟山市、岱山县、嵊泗县，陆地面积达1371平方千米，是中国沿海最大的群岛。

舟山群岛的主要岛屿有泗礁山岛、大衢山岛、岱山岛、舟山岛、金塘岛、普陀山岛、朱家尖岛、桃花岛和六横岛等，其中面积在1平方千米以上的岛屿有58个。整个岛群沿北东走向依次排列，南部大岛较多，岛屿海拔较高，且排列密集；北部多为小岛，岛屿海拔较低，且分布较散。

在舟山群岛中，舟山岛最大，面积为469.3平方千米，是浙江省第一大岛和全国第四大岛。

嵊泗列岛：

嵊泗列岛位于舟山群岛北部，与上海隔海相望，距上海南汇芦潮港仅17海里，南邻"海天佛国"普陀山。境内有404座岛屿，如一颗颗璀璨的明珠，闪耀在万顷碧波之中。

## ■ 2. 海天佛国普陀山

普陀山位于舟山群岛中的一个小岛上，是中国四大佛教名山之一，素有"海天佛国"之称。

相传普陀山是观音菩萨传经说法的道场。普度众生的普陀山观音道场始建于公元863年，日本僧人慧锷在五台山请得一尊观音像，从宁波下海回国。舟至普陀山莲花洋时

舟山群岛陆地面积达1371平方千米，是中国沿海最大的群岛，也是我国大陆海岸线的中心。由于该区域自然环境优越，饵料众多，渔业资源丰富，因此成为我国最大的渔场，被誉为"祖国渔都"。

普陀山：普陀山以其神奇、神圣、神秘，成为驰名中外的旅游胜地。

海域风情

遇上风浪，无法东渡，慧锷认为是菩萨不愿离去，于是留像于普陀山。随后，当地居民为之建庙供奉。北宋元丰二年（1079年），宋神宗赐匾"宝陀观音寺"，标志着普陀山"南海观音道场"地位的正式确立。

### ■ 3. 壮观的"千步金沙"

千步金沙俗称"千步沙"，在普陀山的东部海岸，因其长度近千步而得名。

这里的沙滩颜色如金，纯净松软，宽坦柔美，犹如锦茵设席，人行其上，不濡不陷；这里的海浪日夜拍岸，涛声不绝，浪潮戏沙，来如飞瀑，止如曳练，每遇大风激浪，则又轰雷成雪，撼人心魄。

每逢月夜，千步金沙婵娟缓移，清风习习，涛声时发，其清穆景色更是让人陶醉不已。

### ■ 4. 秀美的嵊泗列岛

舟山群岛境内的嵊泗列岛，由数百个岛屿组成，具有礁美、滩佳、石奇、崖险的特色。

嵊泗列岛境内岛屿林立，岩礁棋布，面积在500平方米以上的岛屿有394个。列岛区域属亚热带海洋性季风气候，夏无酷暑，冬无严寒。境内的沙坡下海域平坦，海水清澈，

素有"南方北戴河"之美誉。

此外，境内的花鸟岛上有建于1870年的远东第一大灯塔，气势雄伟，是指引南北航线上的船只进入上海吴淞口的重要航标。

### ■ 5. 祖国渔都

舟山渔场是我国最大的近海渔场，素有"东海鱼仓"和"祖国渔都"之美称。大陆江河径流源源不断地注入此地，为渔场带来了大量的浮游生物，这些浮游生物与海水营养盐类相结合，形成了丰富的饵料，使渔场及其附近海域成为适宜多种鱼类繁殖、生长的栖息地。

舟山渔场共有海洋生物1163种，可供捕捞的主要品种有带鱼、鳓鱼、马鲛鱼、海鳗、鲌鱼、马面鱼、石斑鱼、梭子蟹和虾类等40余种。其中，大黄鱼、小黄鱼、带鱼和乌贼，为舟山渔场捕捞量最大的资源群体，被称为"四大鱼产"。

舟山群岛：

舟山群岛岛礁众多，星罗棋布，共有大小岛屿1339个，约相当于我国海岛总数的20%，分布海域面积2.2万平方千米，陆域面积1371平方千米。

【百科链接】

**地理百科：乌贼**

乌贼俗称墨鱼，是捕捞量很大的一种海产品。乌贼味道鲜美，药用效佳，是海产品中较为珍贵的种类。

乌贼肚子里有许多"墨汁"，那是它们保护自己的武器。一旦有凶猛的敌害来袭，乌贼就立刻从墨囊里喷出一股"墨汁"，把周围的海水染成一片黑色，使敌害看不见自己，它就在这黑色烟幕的掩护下，逃之夭夭了。而且，乌贼喷出的这种墨汁还含有毒素，可以用来麻痹敌害，使敌害无法再继续追赶自己。

# 鼓浪屿：迷人的海上花园 ❧

鼓浪屿与厦门仅一水相隔，全岛面积1.91平方千米，是厦门最大的一个卫星岛，常住居民2万人。

鼓浪屿终年绿树成荫，花香扑鼻，处处似公园，触目皆佳景，被誉为"海上花园"。同时，它也是我国著名的"钢琴之岛"。

## ■ 1.鼓浪屿"鼓浪洞天"

宋朝以前，鼓浪屿名为"圆沙洲"或"圆洲仔"。当时，这个岩石遍布、水草丰茂的小岛渺无人烟，只有白鹭、海鸥栖息。宋末元初，渐有嵩屿的渔民出海捕鱼来到这个小岛的西南隅沙坡，以躲避风浪，之后又有李氏家族上岛开发。

鼓浪屿边缘的海滩上有一块高过人头、中有洞穴的礁石，风浪冲击时发出"隆隆"、"咚咚"的声响，酷似鼓声，这块巨大的礁石于是被称为"鼓浪石"，此岛也因此得名"鼓浪屿"。至于正式命名，则是在明朝。明朝万历初年，漳泉名人丁一中在鼓浪屿的最高峰——日光岩上刻下"鼓浪洞天"四个字，鼓浪屿这一岛名遂由此确立。

日光岩：
日光岩俗称"晃岩"，位于鼓浪屿中部偏南的龙头山顶端，高92.68米，为鼓浪屿最高峰。

鼓浪屿：
鼓浪屿是厦门最大的一个卫星岛。岛上气候宜人，四季如春，无车马喧嚣，有鸟语花香，素有"海上花园"的美称。

## ■ 2.景观独特的日光岩

日光岩又称龙头山，高约90米，为鼓浪屿的最高峰。因为此地山麓有一座日光寺，每当早晨太阳从东海升起，阳光即正射到山上和寺内，山峰由此得名"日光岩"。

日光岩耸峙于鼓浪屿中南部，与厦门的虎头山隔江相望，这处景观被称为"龙虎守江"。此地岩峰怪异，山顶上有两块巨大的岩石，一高一低，高的一块直立，低的一块横陈，合称"骆驼峰"。"骆驼峰"是鼓浪屿的标志。

日光岩山间磴道盘旋，迂回曲折。在林木之间有许多巨石，石上往往有题刻，以明万历元年（1573年）丁一中所题的"鼓浪洞天"为最早。此外，还有张瑞图、何绍基、郑成功、许世英、蔡元培、蔡廷锴、蒋鼎文等人的诗文题刻，其中以"鹭江第一"、"天风海涛"最为著名。

## ■ 3.海上明珠——菽庄花园

有"海上明珠"之称的菽庄花园坐落于鼓浪屿南部，背倚日光岩，面向大海。虽然园林占地面积很小，但是景观却奇特秀美。

花园主人原是台湾富绅林尔嘉。清光绪二十一年（1895年），他携眷内渡，寓居鼓浪屿，于1913年始建此园，以寄托自己对台北板桥故园的怀念，并以其号"叔臧"的谐音为园命名。全园借山藏海，布局巧妙，有壬秋阁、四十四桥、叠石、假山、谈瀛轩、顽石山房等诸多景致。其左侧的港仔后海滨浴场，沙净水清，可容纳数千人。

## ■ 4.万国建筑博览会

鼓浪屿最负盛名的是风格各异的建筑，因而有"万国建筑博览会"之称。

这里有纯欧陆式别墅，牵藤攀薜的廊柱和拱门，虽斑驳残缺，犹可见考究的百合浮雕。这里还有庭院深深的大夫第和四落大厝。铜门环凹凸剥蚀，击声依然清亮如磬。红砖铺砌的天井里有兰花数盆，月季两三朵。檐前滴水青石已被岁月滴穿。

岛上更有"穿西装戴斗笠"的中西合璧的别墅。建筑主体是西洋式的，有地下隔潮层，卫生设施也十分先进，但屋顶却是飞檐翘角，门楣装饰挂落、斗拱、垂柱花篮等颇具中国特色。花园里既建喷水池，又造假山、八角亭等。此地甚至还有集清真寺、希腊神庙、罗马教堂和中国宫殿于一体的建筑。

## ■ 5.久负盛名的"钢琴之岛"

鼓浪屿是音乐的沃土，这里音乐人才辈出，岛上的钢琴拥有密度居全国之冠，故得美名"钢琴之岛"、"音乐之乡"。

鼓浪屿有许多钢琴世家。每逢节假日，这里常会举行家庭音乐会，有的一家祖孙三代一起演出，使得岛上充满音乐气氛。这里还设有全国唯一一个钢琴博物馆。

鼓浪屿音乐人才辈出，蜚声中外乐坛的钢琴家有殷承宗、许斐星、许兴艾等。此外，中国第一位女声乐家、指挥家周淑安，声乐家、歌唱家林俊卿，男低音歌唱家吴天球等，都是出自此地，真可谓"音乐之乡群星灿烂"。

---

### 【百科链接】

**地理百科：中国钢琴王子——郎朗**

郎朗，1982年生于辽宁沈阳，3岁开始学习钢琴，9岁时获得全国钢琴比赛冠军，后又相继获得德国第四届青少年国际钢琴比赛冠军，以及第二届柴科夫斯基国际青年音乐家比赛冠军，17岁进入美国著名的柯蒂斯音乐学院深造，3个月后签约美国著名文体经济公司IMG。1999年在芝加哥拉维尼亚音乐节上，因紧急替代生病的钢琴演奏家安德里·瓦兹而一举成名，是近年来世界上最受瞩目的年轻钢琴演奏家之一。

---

**菽庄花园：**

菽庄依海建园，海藏园中，傍山为洞，垒石补山，与远处的山光水色互为衬托，浑为一体。

◁ 地理位置：海南省三亚市　　◁ 海滩长度：8千米
◁ 面　　积：海湾面积66平方千米　◁ 大 事 记：1992年被评定为国家级旅游度假区

# 亚龙湾：跌落在地上的天空 ❀

亚龙湾具有得天独厚的自然条件，银色的沙滩，沙粒洁白细软；海水清澈澄莹，能见度极高；海底资源丰富，有珊瑚礁、各种名贵贝类等。此外，这里还有未被破坏的山峰、原始粗犷的植被……这里是一个真正的人间天堂，神奇而美丽，被誉为"天下第一湾"。

## ■ 1. "天下第一湾"

亚龙湾位于海南省三亚市东南28千米处，是海南省最南端的一个半月形海湾。这里三面环山，南面向大海敞开。除阳光、海水、沙滩俱佳外，还有奇石、怪滩、田园风光等，风景各具特色，素有"三亚归来不看海，除却亚龙不是湾"的美誉。1992年10月，经国务院批准，在这里成立了国家级的旅游度假区。

亚龙湾气候宜人，自然风光优美。绵软细腻的沙滩绵延伸展约8千米，长度约是美国夏威夷的3倍。海湾内波平浪静，海水清澈澄莹。海湾面积66平方千米，可同时容纳10万人嬉水畅游，数千只游艇游弋追逐。

亚龙湾海底资源十分丰富。在9平方千米的珊瑚礁保护区内，在湛蓝、透明、清澈的海水里，生活着世界上保护最完整的、种类繁多的硬珊瑚和软珊瑚，以及众多形态各异、色彩缤纷的热带鱼种。

## ■ 2. 古典与现代并重的中心广场

亚龙湾中心广场是度假区内的标志性建筑。它位于度假区中心，毗邻大海，占地约7万平方米，是集游览、集会、餐饮、娱乐于一体的综合性广场。

广场中央的大型环境艺术——图腾雕塑群，以高约27米的图腾柱为中心，气势宏大，用材质朴，形象独特，体现了中华民族的原始自然崇拜和对吉祥太平、丰收富足的美好追求。广场外围建造了五组造型优美的白色帐篷以及大型彩色喷泉，使具有古老文化意

亚龙湾位于海南省三亚市东南部，海湾面积66平方千米，这里风光秀丽、物产丰富，被誉为"天下第一湾"。独特迷人的贝壳馆、五彩的蝴蝶谷、宏伟的亚龙湾广场、多姿多彩的热带森林公园……一处处旅游胜地让游客们流连忘返。

天涯海角：天涯海角风景区位于距三亚市区约23千米的天涯镇下马岭山脚下，风景独特，令人神往。

海域风情

蕴的广场增添了许多现代化气息。

## 3. 独特迷人的贝壳馆

亚龙湾的贝壳馆位于度假区的中心广场内，占地面积3000平方米，是国内首家以贝壳为主题，集科普、展览和销售为一体的综合性展馆。

在展览厅里，分五大海域展出世界各地具有代表性的贝壳300多种，比如象征纯洁的天使之翼海鸥蛤、著名的活化石红翁戎螺和鹦鹉螺等等。贝壳馆内还设有先进的放映设备，为游客不间断地放

贝壳展品：

亚龙湾贝壳馆位于亚龙湾国家旅游度假区中心广场内，馆内展出的贝壳种类繁多，堪称世界之最。

映海洋中各种鱼类、贝类、珊瑚等奇特的自然景观。游客在曲径幽深、典雅自然的展厅里参观，就仿佛沉浸在蓝色的海洋世界里一般。

## 4. 五彩的蝴蝶谷

亚龙湾蝴蝶谷位于亚龙湾国家旅游度假区的北部，它是巧妙利用热带季雨林的自然植被环境建成的大型网式园区，占地面积1.5万平方米，是中国目前最大的网式蝴蝶园。

这里设有蝴蝶标本展览馆、蝴蝶生态观赏园、工艺品制作室、蝴蝶繁殖园和以蝶文化商品为主的购物中心。另外，蝴蝶谷按蝴蝶形态设计了5个展厅及1个前厅。展厅内展出了我国各省市比较名贵的代表性品种和世界各地的名贵蝴蝶与昆虫标本500多种，例如，这里有生活在新疆天山等高寒地区的圆润剔透的绢蝶，有

生活在海南岛上的被誉为"蝶王"的金斑喙凤蝶，还有巨型翠凤蝶、银辉莹凤蝶、太阳蝶、月亮蝶等世界名蝶。

## 5. 热带森林公园

亚龙湾热带森林公园总面积1506公顷，分东园和西园，犹如伸展的双臂环抱着"天下第一湾"。公园的森林植被类型为热带常绿性雨林和热带半落叶季雨林。有着丰富的多样性，植物133科1500余种。森林结构复杂，季相变化多姿多彩。

主要树种有高山榕、美丽梧桐、白茶、闭花木、藤竹、不老松、桃金娘等。其中树中之王是高山榕，它主干粗大，树冠巨大，堪称园中的"迎客榕"。而美丽梧桐，如同它的名字一样，是公园中最美的景观树，在每年的5月份盛开。最另类的植物应该是藤竹，它像藤一样在地上爬行，在林中攀缘。最奇特的是，这里的竹笋不长在地里而长在竹竿上，"节外生枝"也许就是这么来的。

图腾雕塑群：

图腾雕塑群气势宏大，图腾柱由200多块巨大的花岗岩和铅合金柱组成，柱身上刻有远古时代人们顶礼膜拜的图腾，如龙、凤、麒麟等。

### 【百科链接】

**地理百科：金斑喙凤蝶**

金斑喙凤蝶是世界上最名贵也是最罕见的蝴蝶，为中国特有，一直被蝴蝶专家誉为"梦幻中的蝴蝶"。它翅上的磷粉常闪烁着幽幽的绿光，左右前翅各有一条金绿色的弧形斑带，后翅中央有几块金黄色的斑块，十分美丽。而且，它的飞行姿态十分优美，犹如华丽高贵、光彩照人的"贵妇人"，因此也被称为"蝶中皇后"。

地理位置：香港岛和九龙半岛之间　　平均水深：12.2米
面　　积：41.88平方千米

# 维多利亚海港：万丈红尘映碧海

香港是举世瞩目的美丽的海港城市，这里蓝天碧海，山峦秀丽，自然风光优美迷人。同时，香港的港口地理位置十分优越，是少有的天然良港。

紫荆花雕像：
　　此为镀金雕像，位于香港金紫荆广场内，是中央政府送给香港特区政府的礼物，是香港的重要地标之一。

位于香港岛和九龙半岛之间的维多利亚港（简称维港）是香港最著名的海港，这里港阔水深，曾被评为世界三大天然海港之一。美丽的维多利亚港夜景，享有"世界三大夜景"之一的美誉；维多利亚港的富贵之气和繁盛景象，也为香港博得了"东方之珠"的美名。

## ■ 1. 天然良港

1万多年前，维多利亚港附近的地域是大陆山脉的延伸部分，后来由于山体断裂下沉

与海水入侵才形成现在的维多利亚港湾，同时也使香港岛与陆地（即现在的九龙半岛）分离。

维多利亚港：
　　维多利亚港水面宽阔，景色迷人，繁忙的渡海小轮穿梭于南北两岸之间，渔船、邮轮、观光船、万吨巨轮交织出一幅美妙的海上繁华景致。

维多利亚港面积为41.88平方千米，东至鲤鱼门，西至汲水门，北至青衣南部海域。海港内有青洲、小青洲、昂船洲及九龙石等岛屿。1861年，英军占领此地时，他们以当时在位的英国维多利亚女王的名字将此港命名为维多利亚港。

维多利亚港是一个天然的深水港，这里的自然条件得天独厚，港区海底多为岩石基底，泥沙少，航道无淤积，由于九龙半岛向南伸入海中，抵挡了风浪，使港区相对平静。港区水域辽阔，水域总面积达59平方千米，宽度从1.2千米到9.6千米不等，可以同时停泊50艘巨轮。港区水域深度大，平均水深为12.2米，万吨级的远洋巨轮可以全天候进出港口。

港内有三个海湾和两个避风塘能躲风避浪。另外，整个港区开发的码头和货物装卸区

◆ **158** 中国地理之最：中国最大的港口是上海港，2004年货物吞吐量达到3.79亿吨。

维多利亚港位于香港岛和九龙半岛之间，面积41.88平方千米，是香港最著名的海港，也是世界三大天然海港之一。绚烂的维多利亚港夜景被誉为"世界三大夜景"之一，它的繁华也为香港赢得了"东方之珠"的美誉。

货轮：维多利亚港内航道平均深度超过10米，大型远洋货轮可直接进入码头和装卸区。

海域风情

香港夜景：
　　二战后，香港经济和社会迅速发展，被称为"亚洲四小龙"之一，是全球最富裕、经济最发达、生活水平最高的地区之一。

总长度近7千米，进出港的轮船停泊时间只需10小时左右，装卸效率之高为世界各大港口之冠。

## 2. 幻彩咏香江——绚烂的维港夜景

维多利亚港两岸的夜景是世界知名的观光点，与日本函馆夜景和意大利那不勒斯夜景并称"世界三大夜景"。

很多人到香港旅游时，都要乘坐著名的天星小轮观光船游览维多利亚海港。摩挲多年后变得锃亮光滑的甲板，吱吱呀呀的古旧木质座椅，沿袭着传统的不列颠的绅士品格。小轮在维多利亚海港中缓缓前行，两岸璀璨耀眼的景色让人目不暇接，加上流光倒影，越发显得奢华。湾仔会展中心明亮如洗，铜锣湾熙攘如潮，中西区错落有致的高大建筑灯火通明，中环中心的明灯直刺云霄，青黑的太平山上星光忽隐忽现。回望小轮所经之处，灯火繁华渐行渐远，只有几艘夜泊的小船静静地躺在近处的码头上。这一切都会让人如醉如痴。

## 3. 现代化的过海通道

维多利亚港现在有三条过海行车隧道，分别是香港海底隧道、东区海底隧道、西区海底隧道。

香港海底隧道又名红磡海底隧道（简称红隧或旧隧），是香港第一条过海行车隧道，也是目前世界上最繁忙的四线行车隧道之一。海底隧道南端出入口所在地位于奇力岛，北端出入口所在地位于红磡以西。

东区海底隧道简称东隧，是香港第二条过海行车隧道。该隧道连接香港岛东部和九龙东部，全长1.86千米，共有五条管道。

西区海底隧道简称西隧，也是全港首条双程三线行车的过海隧道和全港最大的海底隧道，连接香港岛的西营盘和九龙油麻地附近的西九龙填海区。

## 4. 金紫荆广场

金紫荆广场位于香港湾仔会议展览中心新翼人工岛上，三面被维多利亚港所包围，与对岸的尖沙咀对峙。

金紫荆广场是为纪念我国对香港恢复行使主权而建立的。当时，中央人民政府把一座金紫荆雕像送给香港，并安放在新落成的会议展览中心新翼的广场上，该广场遂更名为新紫荆广场。现在，这里已成为香港重要的旅游景点之一。

### 【百科链接】

**地理百科：香港迪斯尼乐园**

香港迪斯尼乐园是全球第五个迪斯尼乐园，位于大屿山，环抱山峦，与南中国海遥遥相望，是一座融合美国加州迪斯尼乐园及其他迪斯尼乐园特色于一体的主题公园。它包括四个主题区：美国小镇大街、探险世界、幻想世界、明日世界。每个主题区都能给游客带来无尽的奇妙体验，而且各种迪斯尼人物会随时出现在游客身边，惊喜无处不在。

# Part 10

## 乡村古镇

## 大理：遍布历史的古城

⊲地理位置：云南省西部　⊲始建年代：明朝初期
⊲面　积：1468平方千米

**古城城楼：**
大理古城原有东、南、西、北四座城楼，高大的城门上矗立着巍峨的城楼，宏伟壮观。

大理位于云南省西部，历史悠久，文物古迹众多，被誉为"东方日内瓦"。1200多年前，这里曾是南诏国故地；700多年前，这里成为大理国的国都。当时大理已成为滇西的经济文化中心和丝绸之路的重要门户，也是我国白族文化的重要发祥地。

大理的居民有养花种草的习惯，因此大理古城自古就有"家家流水，户户养花"的优美景致。

### ■ 1. "三坊一照壁，四合五天井"

大理古城内的民居建筑，一般为典型的白族民居，布局格式为"三房一照壁"、"四合五天井"。

所谓"三房一照壁"，即每户院内均有一处正房，两处厢房，正房对面是一面墙壁，下午至傍晚时阳光照耀在这面墙壁上，墙壁会将阳光反射到院内，把整个院落都照得十分明亮，故称"照壁"。

所谓"四合五天井"，即四面都是房子，有的独成一院，有的一进数院，平面呈方形，造型为青瓦人字大屋顶、二层重檐，主房呈东向或南向，为土木砖石结构，木屋架用榫卯组合，一院或数院连接成一个整体，外墙面多为上白（石灰）下灰（细泥）粉刷。

"三坊一照壁，四合五天井"的民居布局，以及城内用石板或碎石铺就的街道和马路，无不体现着白族建筑的独特风格。

**大理古城：**
现存大理古城始建于明洪武十五年（1382年），方圆12里，城墙高二丈五尺，厚二丈，东、西、南、北各设一处城楼，四角还有角楼。

大理坐落在云南省西部，拥有1200多年历史，是我国著名的历史文化名城。优美的风光、古老的建筑、浓郁的民族风情，为它赢得了"东方日内瓦"的美誉。

崇圣寺：崇圣寺原在三塔以西，毁于清咸丰年间，2002年重修。

乡村古镇

## ■ 2. 大理古文化的象征——大理三塔

崇圣寺三塔位于大理古城西北1千米处的苍山应乐峰麓、原崇圣寺正前方，如今寺毁塔存。崇圣寺三塔是大理古国的象征，也是云南古代历史文化的象征，还是中国南方最古老、最雄伟的建筑之一。

三塔的主塔名叫千寻塔，现存千寻塔高69.13米，有16层，为方形密檐式空心砖塔。塔以白灰涂面，每级四面有龛，相对两龛供佛像，另两龛为窗洞。塔内设有木质楼梯，循梯可达顶层。塔底镶嵌着镌刻在大理石上的"永镇山川"四个大字，为沐英后裔明代黔园公孙世阶所书，笔力雄浑苍劲，气势磅礴。

三塔中的南、北二小塔在主塔之西，两塔均为五代时期大理国所建造。两塔形制相同，均为八角形密檐式空心砖塔，外观装饰成阁楼式，每角有柱，每级设有斗拱，顶端有镏金塔刹宝顶，非常华丽。

## ■ 3. 宝相寺胜景

宝相寺位于大理剑川县城西的石宝山上，始建于元代，初名祝延寺，后被火焚毁，于清康熙二十九年（1690年）重建。因寺周围怪石磊磊，有的做仙佛相，有的做鸟兽相，故改名为宝相寺。

宝相寺分上下两层，筑于一处大石崖上。下层有大殿，上层有玉皇大帝像、弥勒大佛等。殿堂建筑与悬崖峭壁合为一体，天梯石栈，十分奇险。附近还有海天居、灵泉庵、金顶寺、蝙蝠洞等寺庙和名胜。

## ■ 4. 白族迎客"三道茶"

白族是大理人数最多的少数民族，当地的民族风情十分浓郁。

白族三道茶也称"绍道兆"。这是一种

大理三塔：
大理三塔是大理的象征，也是云南古代历史文化的象征，是1961年3月国务院第一批公布的全国重点文物保护单位之一。

宾主相互抒发感情、表达美好愿望的饮茶方式，富有戏剧色彩。喝三道茶，当初只是白族人在求学、学艺、经商、婚嫁时长辈对晚辈的一种祝愿。如今，喝三道茶已经成了白族人民喜庆迎宾时的饮茶习俗。

第一道茶，选取较粗、较苦的茶叶装进小砂罐用文火烘烤，再冲滚烫的开水，此茶虽香，却也很苦，称之为"清苦之茶"；第二道茶，加进红糖、乳扇、核桃仁、芝麻，香甜可口，称为"甜茶"；第三道茶，用蜂蜜和4粒至6粒花椒调拌，甜中有苦，苦中有甜，还夹带一丝麻辣味儿，称为"回味茶"。

白族：
白族是一个古老的民族，主要分布在云南省大理白族自治州以及丽江、碧江、保山、南华、元江、昆明、安宁等地。白族没有自己的文字，使用汉字书写，但是有自己的语言，其文学艺术丰富多彩、独具特色。

### 【百科链接】

**地理百科：关于"三道茶"的传说**

一位老木匠多年授徒，徒弟临出师前，老木匠带他去苍山伐树锯板。徒弟口渴难耐，随手抓了一把鲜树叶放入口中，感到十分苦涩，于是皱眉咂舌。师傅说："要学好手艺，不先吃苦头是不行的！"等把木板锯好后，师傅递给徒弟一块红糖，说："这叫先苦后甜！"待徒弟出师临别时，师傅递上一碗茶，放上蜂蜜和花椒叶，让徒弟喝下。徒弟咂舌品味道："有苦，有甜，还有麻辣，真叫人回味。"老木匠高兴地说："对了！一苦二甜三回味，学手艺和做人的道理都在这里。"

# 丽江古城：沧海桑田的沉静

丽江古城坐落在云南省丽江市玉龙山下一块海拔2400米的高原台地上，始建于宋末元初（12世纪末至13世纪中叶），总面积3.8平方千米。它是我国保存最完整、最具纳西族风格的古代城镇，1997年被联合国教科文组织列入《世界遗产名录》。

> **丽江古城：**
> 丽江古城历史悠久，城市布局错落有致，既具有山城风貌，又富于水乡韵味。丽江民居既融合了汉、白、彝、藏等民族建筑的精华，又有纳西族的独特风格。丽江古城是研究中国建筑史、文化史不可多得的重要遗产。

## ■ 1. 历史悠久的丽江古城

丽江古城虽然不大，却有着悠久的历史，它始建于宋末元初。当时丽江木氏土司先祖将其统治中心从白沙移到狮子山麓，开始在此地

**纳西民居：**
纳西族民居大多为土木结构，以"三房一照壁"为鲜明特点。

大造房屋城邑，称为"大叶场"。后来，忽必烈南征大理，到达丽江时，木氏先祖迎降，于是蒙古军就在"大叶场"驻军，随后又在大叶场设三赕管民官。

元朝时，三赕管民官改为丽江路通安州。明朝时，又在此设立丽江军民府，此后，古城贸易集市和街道建设不断扩大，并具有相当规模。

自明朝时，丽江古城称"大砚厢"，因其居丽江坝中心，四面青山环绕，一片碧绿之间水波荡漾，形如一块碧绿大砚，故而得名。

至明朝末年，徐霞客到丽江时，他笔下的古城已是"民房群落、瓦屋栉比"，"居庐骈集、萦坡带谷"，城中的木氏土司官府则呈现出"宫室之丽、拟于王者"的非凡景象。而且，此地当时已成为滇藏茶马古道上的重镇。

1961年，丽江纳西族自治县成立。

1997年12月，丽江古城申报世界文化遗产并获成功，填补了我国在世界文化遗产中无历史文化名城的空白。

## ■ 2. 古城枢纽四方街

丽江古城内街道密如蛛网，以四方街为中心，以五条主要干道为脉络，向四面八方辐射延伸。

四方街头枕西玉河，街面由清一色的五花

石铺就，与互相通连的几条街巷融为一体。四方街曾是滇西北名贵中药材集散地、藏族生活用品产销地，这里的皮制裘衣、图案垫褥、藏

"全书"，内容涉及社会生活的方方面面，天文地理、文学艺术无所不包，还有生产、生活方面的许许多多知识，当然也包括很多神话故事。

东巴舞：
　　东巴舞内容丰富、形式多样、独具特色，有模仿动物的，有模拟神灵的。

靴、藏铜锅等产品远销藏区及国外。

　　在四方街做买卖的大都是纳西族妇女，所以四方街又被外地人称为"女人街"。

### ■ 3. 神奇秀丽的玉龙雪山

　　玉龙雪山位于丽江古城以北15千米处，是纳西族及丽江各民族人民心目中的一座神山。纳西族的保护神"三朵"就是玉龙雪山的化身，至今丽江每年还举行盛大的"三朵节"。

　　玉龙雪山以险、奇、美、秀著称于世，气势磅礴，玲珑秀丽，是一个集观光、度假、郊游、登山、探险、科考于一体的多功能的旅游胜地。玉龙雪山以其迷人的景观、神秘的传说和至今尚无人征服的处女峰，吸引着无数游人。

### ■ 4. 古朴浓郁的东巴文化

　　纳西族是一个有着深厚文化底蕴的民族，他们不仅善于吸收其他民族的优秀文化，而且还创造了自身独特的民族文化——东巴文化。

　　东巴文是纳西族先民用来记录东巴教经文的独特文字，它是目前世界上唯一存活着的象形文字，被称为人类社会文字起源和发展的"活化石"。

　　东巴经就是人们所说的"活着的象形文字"，它现在被统称为"纳西古代社会的百科

　　东巴舞是纳西族的古典舞蹈，也是东巴文化的重要组成部分。它是东巴祭司根据不同仪式，按照道场规则所跳的一种宗教舞蹈。东巴舞从形式上看，似乎多是跳神驱鬼之类的动作，跳法大同小异，但实际上，根据祭祀内容的不同而有所区别，比如，祭天祭祖和缅怀亡人时，舞蹈的内容不同，形态也各异。

东巴鼓：
　　东巴鼓用纯手工制作，鼓身用草编制而成，鼓面羊皮上画的是东巴文字。

**【百科链接】**

**地理百科：玉水寨**
　　丽江白沙乡被公认为纳西族文化的发源地，如今这里还残留着千年的古城老巷、广阔苍茫的古老战场，这里的纳西人仍旧沿袭着浓郁、古朴的民风民俗。
　　位于白沙乡北部的玉水寨，山水相依，风景秀丽，纳西先民觉得这是一块"风水宝地"，因此每次祭祀大典都到玉水寨举行。先民们认为这样与天上的神最接近，玉水寨也由此成了丽江纳西族的圣地。

# 平遥古城：晋商的辉煌

　　平遥古城位于山西省中部，始建于西周宣王时期（公元前827至前782年），明洪武三年（1370年）扩建，距今已有2700多年的历史。

　　平遥古城是中国境内保存最完整的一座古代县城，是中国汉民族城市在明清时期的杰出典范，在中国历史的发展中为人们展示了一幅非同寻常的文化、社会、经济及宗教发展的完整画卷。

## ■ 1. 平遥三宝

　　平遥有"三宝"，即古城墙、镇国寺和双林寺。

　　古城墙于1370年扩建后，周长约6.157千米，是山西省现存历史较早、规模最大的一座城墙。这座城墙在明、清两代都有补修，但基本上还是明初的形制和构造。城墙高12米左右，外表皆为砖砌而成，墙上筑有垛口，墙外有护城河，深、宽各4米。城周辟门六道，东西各二，南北各一。东西城外又筑有瓮城，以利防守。城墙历经了600余年的风雨沧桑，至今雄风犹存。

　　古城北门外的镇国寺，是古城的第二宝。该寺的万佛殿建于五代时期，距今已有1000余年的历史，殿内的彩塑是不可多得的雕塑艺术珍品。

　　古城的第三宝是位于城西南的双林寺，其建筑年代至今尚难确证，但据寺内现存的北宋《姑姑之碑》所记，应该不晚于北魏，距今至少也有1400年的历史了。

　　双林寺坐北朝南，禅院在东，寺院居西，寺内现有大小殿宇10座，组成前后三进院落。前院有释迦殿、罗汉殿、阎罗殿、武圣殿和土地殿；中院有大雄宝殿、千佛殿和菩萨殿，其中大雄宝殿是明初在焚毁的七层楼阁台基上重修的；后院有重建于明正德年间的五楹娘娘殿和贞义祠。整个建筑规模适中，布局紧凑。

平遥古城位于山西省中部，拥有2700多年历史，面积2.25平方千米，是中国境内汉民族地区保存最完整的一座古代县城。

平遥古民居：古民居是平遥古城的文化精髓。城内具有保护价值的古四合院有3797处，其中有400多处保存得比较完整，这些独具特色的明清建筑遍布平遥的街头巷尾。

寺中的唐槐、宋碑、明钟、彩塑以及古代建筑都是稀世珍宝，其中尤以彩塑艺术最为出名。各寺庙殿堂内的彩塑均用红泥塑成，用黑琉璃点睛，用表情手势来表情达意、塑造性格。寺内现存彩塑2000多尊，大者丈余，小者尺许，它们造型生动、形神兼备、色彩艳丽，艺术价值极高，凝聚了我国彩塑艺术的精华。

## ■ 2. 中国第一家票号——"日升昌"

平遥曾是中国晋商的重要发源地之一。明清两代，晋帮商人逐渐崛起，并发展成为中国举足轻重的商业集团。清道光四年（1824年），平遥西大街上的中国第一家票号"日升昌"应运而生。

"日升昌"票号占地1400平方米，拥有建筑21座，建筑总面积达1240平方米。建筑空间形式为三进式穿堂楼院，临街铺面、过厅、客厅都位于南北中轴线上，庭园和厢房沿中轴线对称布局。建筑风格体现了山西晋中民居建筑的传统特色，又具有晋中商业店铺的独特风格。

"日升昌"票号前院前半部的厢房为对外营业的柜房，其室内地下挖筑有金库，后半部的厢房为内部管理用的信房和账房。前院还有三间正房，明间为过厅，其余两间为经理办公、起居的地方。后院是客房、厨房、厕所，客房主要供各地分号来的人暂住。

日升昌票号：
日升昌票号采用三进式穿堂楼院，既体现了晋中民居的传统特色，又吸收了晋中商铺的独特风格，实现了建筑艺术和实用功能的和谐统一。

## ■ 3. 坚实雄壮的古民居

平遥普通的居民住宅大都是清代修建的，这些住宅体形较大、用料讲究，加之当地气候干燥，又未经战争破坏，所以大多数住宅保存得相当完整。

住宅平面布局多为严谨的四合院形式，院内有明显的轴线，沿中轴方向坐落着几套院落（一般为三进院），院落内的建筑左右对称、主次分明。院落之间多用矮墙和装饰华丽的垂花门隔开。正房一般为三间或五间拱券式砖结构的窑洞，在窑洞的前部，一般都加筑木结构的披檐、柱廊，上覆瓦顶。正房屋顶为平顶，一般在两侧砌有砖梯，沿梯上攀可到屋顶。

平遥民居的外墙是清水砖墙，高达七八米，对外不开窗户，外观坚实雄壮。院子里的地面用砖铺就，门为木雕精细的垂花门，沿街巷的宅门更是讲究。

平遥古城墙：
平遥古城墙平面呈方形，略偏东南。城墙形制按照"因地制宜，用险制塞"的原则规划，东、西、北墙为方直，南墙随中都河蜿蜒而筑，周长6157.7米。

【百科链接】

**地理百科：山西票号**

道光年间，晋商进入了第三个大发展阶段，他们首创山西票号。山西票号又称山西汇兑庄或山西票庄，是一种金融信用机构，开始主要承揽汇兑业务，后来也承揽存放款等业务。随着票号业的发展，山西商人逐渐成为当时中国金融界一支举足轻重的力量。

# 福建土楼：围起来的家园

在福建省西南部连绵起伏的崇山峻岭之中，矗立着一幢幢高大雄伟的建筑，这就是举世闻名的福建土楼。

福建土楼是世界独一无二的民居，它倚山偎翠，方圆错落，以生土夯筑，却巧夺天工，既安全坚固、防风抗震，又冬暖夏凉、阴阳调和，在建筑的每个细节都显示出了客家人的聪明才智。

## ■ 1. 神秘的东方古城堡

客家是汉族中的一支重要民系，族祖是中原人，因战乱和灾害曾有五次较大规模的南迁，相对于迁入地区的原住居民而言，他们是客人，因而被称为"客家人"。在南迁和开发中国南方山区的过程中，客家人形成了刻苦勤俭、开拓进取、重教崇文、念祖思亲的客家精神。

来到闽西南一带的山区后，为避免外来侵袭，他们不得不恃山经营，聚族而居，用当地的生土、砂石、木片等建成单屋，继而连成大屋，进而垒起厚重封闭的土楼。土楼具有防盗、防震、防兽、防火、防潮等功能。其外形有圆形、半圆形和方形之分。土楼多为三四层，下层为仓储和公共活动场所，上层住人。其设计风格各有特色，有的精致典雅，有的古朴壮观。

在永定2200多平方千米的土地上，分布着2万多座土楼，其中三层以上的大型建筑近5000座、圆楼360多座。这些立面多姿、造型各异、高大雄伟的方圆土楼，和谐地与蓝天大地、青山绿水融为一体，组合成气势磅礴、壮丽非凡的土楼群体，形成让人"销魂夺魄"的奇特景观。

永定土楼千姿百态，种类繁多，包括殿堂式楼、五凤楼、长方形楼、正方形楼、三合式楼、五角楼、六角楼、八角楼、纱帽楼、走马楼、日字形楼、曲尺形楼、吊脚楼、半月形楼、圆形楼、前圆后方楼、前方后圆楼、椭圆形楼等20多种建筑形式。因此，永定被称为"一座没有大门的中国客家土楼博物馆"。

福建土楼位于福建省永定县，面积2200多平方千米，是世界独一无二的民居。福建土楼历史悠久，建筑技术高超，既有四合院式的五凤楼，也有中国最大的圆楼，还有斜而不倒的裕昌楼。

永定土楼：位于龙岩地区，是世界上独一无二的山区民居建筑。它历史悠久，风格独特，规模宏大，结构精巧。

乡村古镇

## ■ 2. 典雅高贵的五凤楼

五凤楼始建于元朝，是中原四合院式民居在福建的特定环境下衍变而成的产物，是永定土楼中的典型代表。

五凤楼一般为"三堂两落"式，保持了明确的中轴线和规整、内向的传统布局。两侧横屋是四合院厢房的加高，后进的正房为高大的主楼。这种主次分明、高低错落、和谐统一的建筑构思，既显示了封建宗法制的尊严和古朴庄重的艺术风格，又体现了土楼与中原文化千丝万缕的联系。

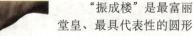

"振成楼"是最富丽堂皇、最具代表性的圆形土楼，也是客家土楼的精品，被称为"圆楼王子"。大厅里的门楣上有民国初年黎元洪大总统的题字，楼内还有永久性楹联及题词20

> **客家茶：**
>
> 对客家人来说，饮茶不仅是愉悦身心休闲享受，而且是"开门七件事"（柴、米、油、盐、酱、醋、茶）之一，是生活之必需。

余幅，充分展示了土楼深厚的文化内涵。

## ■ 3. 圆楼之最

位于永定县大竹乡高头村的承启楼，是中国最大的圆楼，也是世界上独一无二的客家"圆楼王"。该楼坐北朝南，占地5376平方米，外圈直径73米，高四层，每层有房间72间。

永定县的"如升楼"，是最小的圆楼，共12层12间房，住6户人家。

最古老的圆楼，是华安县沙建乡的"齐天楼"，距今已有600多年的历史。

承启楼：

承启楼高大、厚重、粗犷、雄伟的建筑风格和庭园院落端庄秀丽的造型艺术，加上如诗的山乡神韵，让无数参观者叹为观止。

## ■ 4. 神奇的"东倒西歪楼"

永定县下坂村的裕昌楼，又被称作"东倒西歪楼"，始建于元末明初，楼内天井中心建有单层圆形祖堂，祖堂前面的天井用卵石铺成大圆圈，等分为五格，代表"金、木、水、火、土"五行。

这座土楼建成后不久，楼内回廊木柱便开始倾斜，最大倾斜度为15度，因而整座楼看起来摇摇欲坠。但令人称奇的是，经受了几百年风雨侵蚀和无数次地震的考验后，这座土楼依然有惊无险地耸立于此。

### 【百科链接】

**地理百科：客家盆菜**

盆菜一般也称大盘菜。大盘菜源于客家人传统的"发财大盘菜"，就是用一个大大的盘子，将食物都放到里面，和在一起，制作成一种滋味丰富的菜肴。制作时，把材料一层层叠进大盘之中，最易吸收汁的材料通常放在最下面。吃的时候，一层一层吃下去，汁液交融，味道馥郁而香浓，令人大有渐入佳境之快。

地理位置：广东省开平市　　始建年代：明朝后期
面　　积：1659平方千米　　现存数量：1833座

# 开平碉楼：战乱年代的防卫住宅

广东省开平碉楼是中国乡土建筑的一个特殊类型，集防卫、居住功能于一体，是中西结合的多层塔楼式建筑。

根据现存实证，开平碉楼在明代后期（16世纪）已经产生，并随着华侨文化的发展而兴盛于20世纪初期，被誉为"华侨文化的典范之作"、"令人震撼的建筑文艺长廊"。

## ■ 1. 建于动乱中的碉楼

开平碉楼的兴起，与开平的地理环境和过去的社会治安密切相关。开平地势低洼，河网密布，而过去水利失修，每遇台风暴雨，当地居民便深受洪涝之苦。加上其所辖之境向来有"四不管"之称，社会秩序比较混乱。因此，清初即有乡民建筑碉楼，作为防涝、防匪之用。

鸦片战争以后，

开平立园：
立园既有中国园林的古典韵味，又吸收了欧美建筑的西洋情调，将二者巧妙地融合在一起，在中国华侨私人建造的园林中堪称一流，也是中国目前发现的保存最完整的中西合璧的名园。

开平人民迫于生计，开始大批出洋谋生，渐渐积累了一些家产。民国时期，战乱更加频繁，匪患尤为猖獗，而开平的侨眷、归侨家中多有财物，故土匪集中在开平一带作案。

民国十一年（1922年），众匪伙劫开平中学时被鹰村碉楼的探照灯照射，四处乡民及时截击抢匪，截回校长及学生17人。此事轰动全县，海外华侨闻讯十分惊喜，觉得碉楼在防范匪患中起了重要作用，因此他们在外节衣缩食，集资汇回家乡修建了各式各样的碉楼。

这样一来，碉楼林立逐渐成为侨乡开平的一大特色。开平共有碉楼3000多座，现存1833座。

开平碉楼的建筑风格多种多样，装饰艺术千姿百态，堪称建筑史上的杰作。这些大大小小的碉楼，有中国传统建筑形式，如

开平碉楼：
开平碉楼位于广东省开平市，是中国乡土建筑的一个特殊类型，是集防卫、居住功能于一体的多层塔楼式建筑。

168　中国地理之最：坐落在广州市的石室圣心大教堂是中国现存最大的石结构哥特式建筑。

硬山顶式、悬山顶式，也有欧洲不同时期的建筑形式，如哥特式、罗马式。不同的建筑风格反映出碉楼主人不同的经济实力、独特的审美情趣等。

### ■ 2. 开平第一楼

坐落在开平市蚬冈镇锦江里村的瑞石楼，号称"开平第一楼"。此楼高9层，占地92平方米，建于1923年，以其始建者的名号命名，是开平市内众多碉楼中原貌保存最好、高度最高的一座碉楼，堪称开平碉楼之最。

说它是"开平第一"，不仅指它的高度，在外观上它也是别的碉楼无法比拟的。楼的顶部有三层亭阁，凸显出西方建筑的独特风格，给人以不同寻常的美感。同时，该楼楼体每层都有不同的线脚和柱饰，增加了建筑立面的效果。五层顶部的仿罗马拱券和四角别致的托柱有别于其他碉楼中常见的卷草托脚，循序渐进，向上部自然过渡，十分美观。六层有爱奥尼克风格的列柱与拱券组成的柱廊。七层是平台，四角建有穹庐顶的角亭，南北两面有巴洛克风格的山花图案。八层平台中，有一座西式的塔亭。九层小凉亭的穹庐顶，体现了浓郁的罗马风格。

楼名匾额放在七层上部正中的位置，上书"瑞石楼"三个刚劲隽秀的大字。从外观上看，瑞石楼比例匀称，宏伟端庄，同时墙体的法国蓝给它平添了几分浪漫的气息。

### ■ 3. 豪华的铭石楼

铭石楼楼主方广仁早年在美国以经营"其昌隆"杂货铺而发家，回到老家后花巨资修建了这座气派的豪宅。铭石楼共有五层，外形壮观，内部陈设豪华，是该村最漂亮的一座碉楼。

瑞石楼：

瑞石楼坚固可守，配有各种探照灯，成了锦江村的保护神。瑞石楼建成以后，没有盗匪敢进犯锦江村，对保障锦江村村民安居乐业起到了很大的作用。

铭石楼的第一层是客厅，天花板上刻画着西方常见的卷草图案。第二层到第四层为起居室，厅堂里摆放着中国乡村常见的桌椅、茶几；两旁是宽敞的卧室，床、衣柜等基本上都是中国传统风格，床顶是镂空烫金木雕花纹，木材纹理细密，图案栩栩如生。第五层为祭祖场所，房间正中央摆放着金碧辉煌的神龛。楼顶上面是宽阔的敞廊，敞廊两边是古罗马风格的爱奥尼克柱；四角各有一个向外突出的小平台，人称"燕子窝"，平台上面挖有射击孔，可以居高临下地射击逼近碉楼的土匪。

站在铭石楼最高处极目四望，整个村落仿佛一幅立体的田园风景画。而星罗棋布的碉楼，好像一座座丰碑，矗立在稻田织成的绿毯上，谱写着开平大半个世纪的风雨沧桑。

◁ 地理位置：浙江省绍兴市
◁ 面　　积：7901平方千米

# 绍兴：东方威尼斯

"悠悠鉴湖水，浓浓古越情。"绍兴以其丰富的人文景观、秀丽的水乡风光、诱人的风土人情而著称于世，是中外游客向往的游览胜地。

绍兴古城历史悠久，人文景观极其丰富，素有"江南明珠"、"文化之邦"、"名士之乡"、"鱼米之乡"之美誉，是我国著名的历史文化名城。

绍兴东湖风光：
东湖是古城绍兴景色最奇特的一处游览胜地。它以洞深、岩奇、湖洞相连为特色，被誉为"稽山镜水之缩影"，兼具"西子湖头之秀丽"，并享有"天下第一山水大盆景"之美称。

## ■ 1. 温婉秀美的水乡

绍兴城集街、河、桥、船于一体，一河一街、一河数街、有河无街的城市布局，梁桥、洞桥、乌篷船交相辉映的水域景色，给人一种古朴、独特、典雅的情趣和享受。

以鉴湖为代表的平原水乡，其间河流纵横交错，湖泊星罗棋布，河荡比比皆是。分布于水网中的田野、村庄、农舍，以及河岸的纤道、河中的渔舍等，都让人如入世外桃源。

此外，这一带抵水而筑的民居，斑驳的灰墙独踞水上，参差的檐影透映水中，竟在这江南水乡中显露出一派徽州印象。黑瓦下的白墙被水汽长年累月地熏黑，不由让人想起泼墨式的文化传承。

## ■ 2. 中国的"古桥博物馆"

绍兴城内，石桥连街接巷，五步一登，十步一跨，真可谓"无桥不成市，无桥不成路，无桥不成村"。这里平均每平方千米有3.71座桥，而欧洲水城威尼斯每平方千米只有桥约0.67座。

两相比较，绍兴的桥梁密度约是威尼斯的5.5倍。

从适用于小溪小河的木梁桥、木拱桥，到适用于大江大河的浮桥，继而发展到三边形桥、五边形桥、七边形桥、半圆形石拱桥、马蹄形石拱桥、椭圆形石拱桥，及至跨入当今世界先进拱圈结构行列的准悬链线拱桥，绍兴的桥梁构成了一个极完整的古桥系列，成为中国古代桥梁发展、演化的一个缩影，绍兴因而被称为中国的"古桥博物馆"。

其中，很多古桥都有"桥梁珍宝"的称号：宋代八字桥是国内现存最早的城市桥梁；纤道桥是国内仅有

兰亭：
兰亭位于绍兴市西南约14千米处的兰渚山下，东晋著名书法家王羲之和友人曾在此聚会，留下了流传千古的《兰亭集序》。

的唐代特长型石梁桥；泾口大桥是国内仅有的连续三孔马蹄形拱桥；玉成桥、迎仙桥是国内首次发现的准悬链线拱古桥……

绍兴古桥：

　　绍兴地区盛产青石，绍兴人利用这种石头因地制宜地构筑了数量众多、样式各异的桥梁，全市现存古桥604座。"垂虹玉带门前事，万古名桥出越州。"这句著名诗句生动地刻画出了绍兴的古桥。

　　正所谓"垂虹玉带门前来，万古名桥出越州"，绍兴古桥在桥梁造型、建桥工艺、技术水平上都达到了当时的高峰。

## ■ 3. 庄严的大禹陵

　　大禹陵背靠会稽山，面对亭山，前临禹池。池岸有1979年重建的大禹陵碑亭一座，内立明人南大吉所写的"大禹陵"三字巨碑一块。亭周围古槐葱郁，松竹交翠，幽静清雅。亭南有禹穴辩碑和禹穴碑。陵左侧有禹祠，为近年重建，陵右侧有禹庙。庙宇高瓦飞檐，气象庄严。

## ■ 4. 书法圣地——兰亭

　　兰亭位于绍兴城西南约14千米处的兰渚山麓。据传，春秋时越王勾践种兰于此，东汉时此处建有驿亭，因而得名。而东晋"书圣"王羲之在此写就了绝世佳作《兰亭集序》，更使

兰亭闻名遐迩，并被后人尊崇为书法圣地。据《兰亭集序》载："此地有崇山峻岭，茂林修竹，又有清流激湍，映带左右。"景区内建筑布局疏密相间，错落有致，小巧而不失恢弘之势，典雅而更具豪放之气。

　　兰亭融秀美的山水风光、雅致的园林景观、独特的书坛盛名、丰厚的历史文化积淀于一体，以"景幽、事雅、文妙、书绝"四大特色而享誉海内外。

## ■ 5. 鲁迅故居

　　鲁迅故居位于绍兴鲁迅路208号。清光绪七年（1881年），鲁迅先生诞生于此，直到18岁外出求学时才离开此地。鲁迅故居现已辟为鲁迅纪念馆。整个建筑坐北朝南，宅院幽深，主体建筑由台门斗、大厅、香火堂、后楼四进组成，东西各有厢楼，内设"鲁迅祖居复原陈列"、"绍兴民俗陈列"等。

乌篷船：

　　乌篷船是水乡绍兴的独特交通工具，因篷篷漆成黑色而得名。

# 周庄：中国第一水乡 ❀

　　著名画家吴冠中曾撰文说"周庄集中国水乡之美于一身"，海外报刊则称"周庄为中国第一水乡"。这个历史悠久、民风淳朴的水乡古镇，犹如一颗拂去了尘埃的珍珠，散发着璀璨的光芒。

## ■ 1. 历史悠久的水乡古镇

　　周庄所在地在春秋时期至汉代称"摇城"，相传吴王少子摇曾被封于此。

　　周庄镇旧名贞丰里。北宋年间，周迪功郎（迪功郎为官名）信奉佛教，将良田200亩捐赠给全福寺，百姓感其恩德，将这片田地命名为"周庄"。但那时的贞丰里只是集镇的雏形，与村落相差无几。后来，金二十相公跟随宋高宗南渡，迁居于此，此地人口才逐渐多了起来。元朝中叶，颇具传奇色彩的江南富豪沈万三之父沈佑，迁居周庄，因经商而逐步发迹，同时也使周庄出现了繁荣景象，由原来的小集迅速发展为商业大镇。

　　沈万三利用白蚬江西接京杭大运河、东

北接浏河的交通优势，将周庄变成了一个粮食、丝绸及多种手工业品的集散地和交易中心，使周庄的手工业和商业得到了迅猛的发展。

> 周庄古镇：
> 　　周庄因河成街，呈现一派古朴的幽静，虽历经900多年的沧桑，仍完整地保存着原有的水乡古镇风貌和格局。

## ■ 2. 中国第一水乡

　　四面环水的周庄，像一片小小的荷叶漂在澄湖、淀山湖、南湖和30多条大小河流之中，的确不愧为"水乡泽国"。

　　有水便有桥，有水便有船，"桥自前门进，船从家中过。"桥和船成了周庄人生产生活中不可缺少的组成部分。因水成路，因桥成市，桥桥相望，船船相连，给水乡周庄增添了无穷的魅力。来周庄观光的游客，只要坐上乌篷船，缓缓行驶在清澈明净的水中，便会情不自禁地产生一种恍若隔世的感觉。

## ■ 3. 走向世界的双桥

双桥（世德桥、永安桥）是周庄的著名景点，位于南北市河和银子浜交叉的河道上。

双桥桥面一横一竖，桥洞一方一圆，呈直角状排列，颇似古时的钥匙，故被当地人称为"钥匙桥"。

富安桥：
富安桥位于周庄中市街东端，始建于1355年，是古镇中桥与楼联袂结构完美的独特建筑，也是江南水乡仅存的立体型桥楼合璧建筑。

其中世德桥为单孔桥，南北向，桥孔中每道拱券用7个拱板石，拱板间插入锁石，构成连锁式桥孔；永安桥为梁式小桥，横跨在银子浜上。

双桥完整地体现了古镇的神韵：粉墙黛瓦，绿树掩映，小船在桥洞中穿过，牵着牯牛的老农走在桥阶上……著名画家陈逸飞曾以双桥为题材，创作了油画《故乡的回忆》，这幅油画后来被印在了当年联合国邮票的首日封上。

## ■ 4. 桥楼合璧的富安桥

富安桥位于周庄镇中市街东端，相传桥旁有座总管庙，故此桥原名总管桥。

桥东西两侧有级梯，中间为平面，桥身四角的桥楼临波拔起，遥遥相对。此桥为江南水乡仅存的桥楼合璧的立体型建筑。桥上有五块江南一带罕见的武康石，其中较长的有两块，一块在桥东用做行人歇脚的栏杆石，一块作桥阶用。

周庄竹编：
周庄竹编历史悠久，主要生产筐、箕、笋、匾、榻、桶、席、篮等生产和生活用具。周庄竹编细密美观、坚实耐用，闻名四乡。

## ■ 5. 豪宅沈厅

沈厅位于富安桥东堍南侧，由沈万三后裔沈本仁于清乾隆七年（1742年）所建。

沈厅占地2000多平方米，七进五门楼，共有百余间房，总体布局由三部分组成，前部是水墙门、河埠，中部是门楼、茶厅、正厅，后部是大堂楼、小堂楼、后厅屋。前后楼之间均由过街楼和过道阁连接，形成了一个大的"走马楼"。正厅"松茂堂"面积达170平方米，朝正厅的砖雕门楼高6米，门楼上所雕人物、走兽等非常传神。

## ■ 6. 周庄历史上的文人

周庄自古文人荟萃，历史上曾出现的进士、举人有20余名。西晋文学家、大司马东曹掾张翰以及唐代文学家刘禹锡、陆龟蒙都先后寓居于此，他们的宅第目前尚有部分遗址。

辛亥革命前后著名的文学社团"南社"中有不少社员曾在周庄居住，这里至今还保留着叶楚伧、王大觉、费公直、沈体兰、柳率初先生的旧居和陈去病先生的祖居遗址。此外，此地还保留着"南社"成员饮酒、吟诗、集会的"迷楼"等。

### 【百科链接】

**地理百科：周庄特色小吃**

周庄有许多特色小吃，最著名的是沈万三最爱吃的肘子和猪蹄，这两道菜起源于明代沈万三家，是沈家招待贵宾的必备菜肴，当地人分别称其为"万三肘子"和"万三蹄"。

这两道菜是用大号砂锅经过一天一夜的煨煮而成。煨煮熟烂要适度，过烂了易碎，难免破坏原形。煨煮好后，整只蹄髈皮色酱红，而且保持原状。吃的时候用蹄髈中的一根细骨代刀取食，吃起来味道鲜美，香而不腻。

◁ 地理位置：浙江省桐乡市　　　◁ 始建年代：春秋时期
◁ 城区面积：2.5平方千米

# 乌镇：六千年的历史积淀

乌镇位于浙江省北部、京杭大运河西侧。这里有古朴秀美的水乡风景、风味独特的美食佳肴、缤纷多彩的民俗文化、深厚奇特的人文积淀和亘古不变的生活方式，是承载着东方古老文明的一块宝地。

## 1. 穿越数千年的古镇

乌镇的历史十分悠久，6000多年前就有先人在此创造着属于他们那个时代的文明，镇东郊谭家湾古文化遗址便是最好的证明。

乌镇古时候称为"乌墩"，春秋时此地为吴疆越界，吴国曾戍兵于此提防越国，故又名"乌戍"，到唐代咸通年间始称"乌镇"。南宋嘉定年间以车溪（今市河）为界将乌镇分为两镇，河西称为乌镇，属湖州府，河东称青镇，属秀州府。新中国成立后，乌镇、青镇合并，统称乌镇。

乌镇曾是集商重地，从现存建筑的格局与整体风貌来看，当时的街市已经十分繁华了。同时，历史上的"一观二塔三宫六院九寺十庵"之说，也可验证乌镇灿烂的历史文明。如今，经过岁月更替、风雨沧桑，保存下来的十几万平方米的江南典型水乡民居群及十几座古桥梁，正诉说着古镇的悠久历史。

乌镇夜景：

乌镇依河筑屋，深宅大院，重脊高檐，河埠廊坊，过街骑楼，穿竹石栏，临河水阁，古色古香，是典型的江南"小桥、流水、人家"景观。

## 2. 家家面水，户户枕河

"家家面水，户户枕河"，这是乌镇和许多江南水乡小镇的相通之处。但此地却有一部分民居在建造时将木桩或石柱直接打入河床中，上架横梁，搁上木板，由此造成"人在屋中居，屋在水中游"的"水阁"，可谓独具匠心。

这种构建方法与过去的交通方式有关。水上交通是过去乌镇人主要的出行方式，建了水阁便占据了可供独家享用的河埠，也具备私家

乌镇位于浙江省桐乡市，拥有十分悠久的历史。6000年前，乌镇的先民就在这一带繁衍生息了。秀美的风光、独特的美食、深厚的文化积淀、浓郁的地方风情，吸引着无数游人在这里流连驻足。

茅盾故居外景：乌镇不仅有旖旎的水乡风光、保存完好的明清建筑，还孕育了一代文豪茅盾。茅盾故居位于乌镇观前街与新华路交接处，是现代文学巨匠茅盾出生和生活过的地方。

乌镇皮影戏：
　　皮影戏又称羊皮戏、手影戏，始于春秋战国时期。随着皮影剪刻的日益精致和敷色填彩、制作工艺的不断提高，乌镇皮影戏现已走出国门，以其特有的艺术魅力获得了广泛的认同和喜爱。

船停泊的泊位。

　　水阁靠水的一边完全突兀水中，加之屋子三面建窗，因此从任何一方凭窗而观，均可见河水粼粼，舟楫寥寥，风光无限。水阁是乌镇的灵气所在，有了水阁，乌镇人与水更加亲密了，乌镇的风貌也更有韵味了。

### ■ 3. 深厚的文化底蕴

　　在中国江南水乡的美丽小镇中，乌镇以独特的历史文化气息独树一帜。除了小桥、流水、人家的古镇风貌，这里还留有战国时代的遗韵，还流传着太平天国的故事。由宋代至清代，这里出了161名举人、64名进士……

　　现代文学巨匠茅盾的故居更为古镇增添了静雅之气。茅盾故居位于乌镇观前街与新华路交接处。故居面街向南，是砖木结构的江南民居。其主体是四开间两进深的二层楼房，共有房间16间，面积414.25平方米。另外，楼房后有小园，园内有平房三间，面积近100平方米。

### ■ 4. 民俗风情浓郁的城隍会

　　过去乌镇一带的"出会"习俗相当盛行，一年四时八节，人们要出各式各样的"会"：正月灯会、三月庙会、四月"青苗会"、五月"瘟元帅会"、七月"城隍会"，还有"周仓会"、"总管会"等等，五花八门，名目繁多。

　　在众多的"会"俗中，"城隍会"最热闹。城隍会除了举行迎神扮鬼等活动外，还有各街坊的"抬阁"和"地戏"等节目。

　　出会那天，人们用16人抬的大轿，将城隍庙里身穿神袍、面施彩粉的城隍爷木像抬出来，先到西栅一座无主的荒坟滩上祭祀一番，然后便上街周游。整个出会队伍由一个"鬼保长"引路，接着便是鸣锣开道的人，这些人后面是轿子，轿子后面是各街坊组织的"抬阁"、"地戏"等节目。那些向城隍爷许过愿的人家会叫一名儿童扮成"犯人"跟在队伍最后。这样，一支由近百人组成的队伍沿街行走，再加上街道两边观看的人群前呼后拥，显得十分热闹。

乌镇老戏台：
　　该戏台已有250多年的历史，是江南水乡仅存的戏台。

**【百科链接】**

**地理百科：文坛巨匠——茅盾**

　　茅盾本名沈德鸿，字雁冰，现代著名作家，1896年生于浙江桐乡乌镇。乌镇是太湖南部的鱼米之乡，紧邻现代化的城市——上海，又是文人荟萃的地方，这些条件造就了茅盾勇于面向世界的开放的文化心态以及精致入微的清新笔风。

　　茅盾的代表作有《子夜》和《林家铺子》等，这些小说十分注重作品题材与主题的时代性和代表性，塑造了丰富多彩的文学典型，描绘了一幅中国现代社会演变的宏伟历史画卷。

◁ 地理位置：江西省东北部　　◁ 始建年代：唐朝
◁ 面　积：2947平方千米

# 婺源：江南曲阜，山里书乡❀

婺源位于江西省东北部，与安徽、浙江两省交界。这里不仅山明水秀，风光优美，还有着深厚的文化底蕴，素有"书乡"、"茶乡"之称，是全国著名的文化与生态旅游县，也是镶嵌在"黄山—景德镇—庐山"国际旅游黄金线上的一颗绿色明珠。

**婺源风光：**
婺源位于江西东北部，东邻国家历史文化名城衢州，西毗瓷都景德镇，南接江南第一仙山三清山，北枕国家级旅游胜地黄山，是一颗镶嵌在皖、浙、赣三省交界处的绿色明珠，被誉为"中国最美的乡村"。

## ■ 1. 文化底蕴深厚的古城

婺源有着深厚的文化底蕴，自古以来就被誉为"江南曲阜"和"山里书乡"。宋代以后，婺源的文化氛围更加浓厚，有历代仕宦2665人，著作3100多部，其中选入《四库全书》的有172部。

此外，婺源的民间艺术也十分丰富。典雅的徽剧是京剧的源流之一，古朴的傩舞被称为"古典舞蹈活化石"，独特的甲路抬阁艺术享有"中华一绝"的美名，独具韵致的茶艺表演风姿迷人……

## ■ 2. 风格独特的古建筑

婺源是我国明清古建筑保存最多、最完整的县城。这里的古建筑包括古祠堂、官邸、民居、廊桥、亭阁等，它们遍布乡村，掩映在山麓水畔，点缀于古木幽篁之间，为婺源增添了古韵古色。

著名的俞氏宗祠气势雄伟，布局严谨，建造精湛，风格独特，被誉为"艺术殿堂"。它位于婺源县城东北30千米处的江湾镇汪口村，占地面积1000多平方米，建筑格局为清代中轴歇山式。宗祠由山门、享堂、后寝组成，两侧有庑园，园内的三棵古桂树至今仍年年吐芳。祠内斗拱、脊吻、檐椽、雀替、柱础等，无不形制考究、独具特色。

## ■ 3. 遍布乡野的古树

遍布乡野的名木古树，为婺源增添了不少秀色。

汉代的苦槠、隋朝的银杏、唐代的香樟、北宋的紫薇、南宋的牡丹、明代的香榧，以及历时千余年的红豆杉、楠木、柳杉、罗汉松、刨花楠、黄檀等，至今依然碧树虬枝，傲岸苍劲。这些古树中，树龄在800年至1300年之间的有32株，其中最有名的是被称为"江南第一

婺源位于江西省东北部，是一颗镶嵌在皖、浙、赣三省交界处的绿色明珠。婺源拥有1000多年历史，是中国著名的历史文化名城之一，素有"书乡"、"茶乡"之称。

彩虹桥：是中国历史最悠久的廊桥，建于南宋时期，是现存规模最宏大、保存最完整、设计最科学的一座廊桥，被誉为"中国最美的廊桥"。

乡村古镇

樟"的虹关古樟和朱熹亲手种植的巨杉。

## ■ 4. 唯美的彩虹桥

婺源有一种独具特色的桥——廊桥。廊桥是一种带顶的桥，这种桥不仅造型美观，而且具有特殊的功能——在雨天供行人避雨、歇脚。

宋代建造的古桥彩虹桥是婺源廊桥的代表作。这座桥根据唐诗"两水夹明镜，双桥落彩虹"的意思取名。桥长140米，桥面宽3米，由11座廊亭组成，廊亭中有石桌石凳。彩虹桥周围青山如黛，碧水澄清，景色分外优美。

## ■ 5. 三岩九洞绝尘寰

灵岩洞群位于婺源县古坦乡通元观村，总面积达2万多平方米，是一处比较集中的大型溶洞风景区。灵岩洞群主要包括凌虚洞、涵虚洞、卿云洞、琼芝洞、萃灵洞、莲花洞等。洞中景物异彩纷呈，恍若仙府，令人目眩。此外，洞中还有唐、宋、明、清几朝名人留下的不少题刻。

## ■ 6. 全国唯一的鸳鸯湖

鸳鸯湖位于婺源县西部的赋春镇，离婺源县城44千米。湖面面积约80万平方米，湖畔青山环绕，环境幽雅。

该湖是全国唯一的鸳鸯湖，因为湖畔阔叶林的果实是鸳鸯最好的食物，所以每年大约有2000对鸳鸯来这里过冬。

## ■ 7. 驰名中外的婺源特产

婺源的"四色"（红、绿、黑、白）是有着悠久历史和独特文化内涵的地方特色产品。"红"指"水中瑰宝"——荷包红鲤鱼，它肉嫩味美，具有食用、药用和观赏价值；"绿"指婺源绿茶，它以"汤碧、香高、汁浓、味醇"等特色扬名天下；"黑"

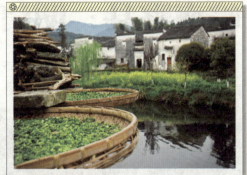

婺源绿茶：
婺源的经济作物种植以茶叶为主，所生产的绿茶在国内外享有很高的声誉，旧有"祁红婺绿"之称。

指"砚国名珠"龙尾砚，其"声如铜，色如铁，性坚滑，善凝墨"的特征广为世人所知；"白"指江湾雪梨，体大肉厚，松脆香甜，属果中上品。

此外，婺源还有甲路工艺伞、竹编、刺绣、木雕、根雕等民间工艺品以及清华婺酒、赋春酒糟鱼、香菇、笋干、干蕨等特色山珍食品，这些都是婺源独具特色的地方特产。

### 【百科链接】

**地理百科：鸳鸯——爱情的象征**

鸳鸯在人们心目中是永恒爱情的象征，是一夫一妻、相亲相爱、白头偕老的表率。据说鸳鸯一旦结为配偶，便彼此陪伴终生，即使一方不幸死亡，另一方也不再寻觅新的配偶，而是孤独凄凉地度过余生。

其实，这只是人们看见鸳鸯的亲昵举动后通过联想产生的美好愿望，是人们将自己的幸福理想赋予了美丽的鸳鸯。事实上，它们在生活中并非总是成对生活的，配偶也非终生不变。

婺源木雕：
婺源古属徽州，婺源木雕是徽文化的重要组成部分。明清时期，婺源民间艺人已形成了独特的艺术风格，是当时最具影响力的一大流派。

# 皖南黟县：明清建筑遗迹

黟县位于安徽黄山南麓，黄山古称黟山，黟县因此而得名。它始建于秦始皇二十六年（公元前221年），迄今已有2200多年的历史，故有"古黟"之称。

黟县文化底蕴深厚，境内保存有大量的明清民居、祠堂、牌坊、园林、桥梁和亭台楼阁等，被称为"东方古代建筑艺术的宝库"、"中国传统文化的缩影"。

## 1. 桃花源里人家

黟县作为全国历史最悠久的文明古县之一，是"徽商"和"徽文化"的发祥地之一。黟县历史上名人荟萃，张小泉、俞正燮、黄士陵、汪大燮、舒绣文等均出自于此。传说，"诗仙"李白也曾在这里留下了"黟县小桃源，烟霞百里间。地多灵草木，人尚古衣冠"的诗篇。

与厚重的"徽文化"底蕴交相辉映的，是黟县钟毓灵秀的山川风貌、田园风光以及淳朴的民俗风情。相传，我国古代文学家陶渊明就正是受到这一特定环境和风情的启发，写下了不朽名篇《桃花源记》，从而使黟县自古享有"桃花源里人家"的美誉。

黟县城内房舍栉比，阡陌交错，斗山街更是古色古香。明清时，徽商在江淮各地赚了大量金钱后就在这里大兴土木，广建豪宅。这些建筑成群连片，屋宇高大，层层递进，该繁则繁，宜简则简，既豪华富丽又曲径通幽。此外，房屋门窗、石壁、屋檐下还遍饰木、砖、石三雕，显示了徽派建筑的灵巧精致。

黟县内至今还分布着几十个聚集而居的古村落，保存着明清时期建造的古民居。这些古民居反映了独具特色的地域文化和中国古人在人与自然方面的和谐统一，具有浓郁的中国传统文化氛围，形成了一道具有中国传统特色的历史文化长廊。

> 黟县宏村风光：
> 湖光山色与层楼叠院和谐共处，自然景观与人文景观交相辉映，这是宏村区别于其他民居建筑群的特色。

## 2. 中国画里的乡村——宏村

宏村位于黟县西北角，始建于南宋绍兴年间，至今已有800余年的历史。

宏村岭秀川媚，民居古朴，有"中国画里的乡村"之称。整个村子呈牛形结构布局，被誉为当今世界历史文化遗产的一大奇迹。

那巍峨苍翠的雷岗当为"牛首"，参天古木是"牛角"，由东而西错落有致的民居群宛如宠大的"牛身"。村西北一溪凿圳绕屋过

户，九曲十弯的水渠将村中天然泉水汇合蓄成一口斗月形的池塘，形如"牛肠"和"牛胃"。水渠最后注入村南的湖泊，俗称"牛肚"。接着，人们又在溪河上先后架起了四座桥梁，作为"牛腿"。

这种别出心裁的科学的村落水系设计，不仅为村民解决了消防用水缺乏的难题，还为居民生产生活用水提供了方便，创造出"浣汲未防溪路远，家家门前有清泉"的良好环境。

村中数百幢古民居鳞次栉比，其中以清末大盐商汪定贵于1855年前后建造的私家住宅"承志堂"最为杰出。承志堂占地2100平方米，建筑面积达3000平方米，共有7处楼层、9间天井、60余间厅堂、136根木柱。全堂由外院、内院、前厅、后堂、小客厅、回廊、厨房、花园、地仓、贮藏室、马厩等组成。前厅上方的拱棚上，有国内罕见的"倒立双狮戏球"式木雕棚托；厅堂两侧

> **承志堂：**
> 建于1855年前后，是清末盐商汪定贵的家宅。据传当时建造承志堂共花白银60万两，其中木雕上镀黄金100两，全屋所有木雕由20个工匠雕刻4年才完成。

> **西递民居：**
> 西递民居空间变化韵味有致、建筑色调朴素淡雅，体现了皖南古村落居民在建筑营造方面的杰出才能，具有很高的历史和艺术价值。

卧室的厢房上，雕有"福、禄、寿、喜"四位神灵，还有各带一名道童的"八仙"；后厅是父母、长辈的住所，厅内每根柱子的基石上都刻有一个"寿"字；梁坊间雕有《郭子仪上寿图》及《九世同堂图》。承志堂的木雕，大多层次繁复，人物众多，且人不同面，面不同神，具有较高的艺术价值。

## ■ 3. 古朴宁静的西递村

西递村是一处以宗族血缘关系为纽带、以胡姓聚族而居为特点的古村落。该村四面环山，两条溪流分别从村北、村东经过村落，在村南会源桥汇聚。村落以一条纵向的街道和两条沿溪的道路为主要骨架，构成以东向为主、向南北延伸的村落街巷系统。所有街巷均以黟县青石铺地，巷道、溪流、建筑布局合理。村落空间变化错落有致，建筑色调朴素淡雅。

村中康熙年间建造的"履福堂"陈设典雅，充满书香气息。厅堂题有"书诗经世文章，孝悌传为报本"、"读书好营商好效好便好，创业难守成难知难不难"的对联，显示了儒学向建筑领域的渗透。

村中另一古宅为"大夫第"，建于清康熙三十年（1691年），楼额悬有"桃花源里人家"六个大字。此楼原本是供人们观景用的，有趣的是，后来的人多将此楼当作古装戏中小姐择婿"抛绣球"的地方。如今，此楼已成为西递村举办民俗活动的一个场所。

> **【百科链接】**
>
> **地理百科·陶渊明**
>
> 　　陶渊明是我国东晋时期的著名诗人，出身于没落的官僚地主家庭，曾任江州祭酒、镇军参军、彭泽令等职。因不满当时士族地主把持政权的黑暗现实，陶渊明任彭泽令不足三月即辞官归隐，并作《归去来兮辞》，自明本志。他长于诗文辞赋，诗文中多描写自然景色以及农村生活的情景，作品感情真挚、朴素自然。

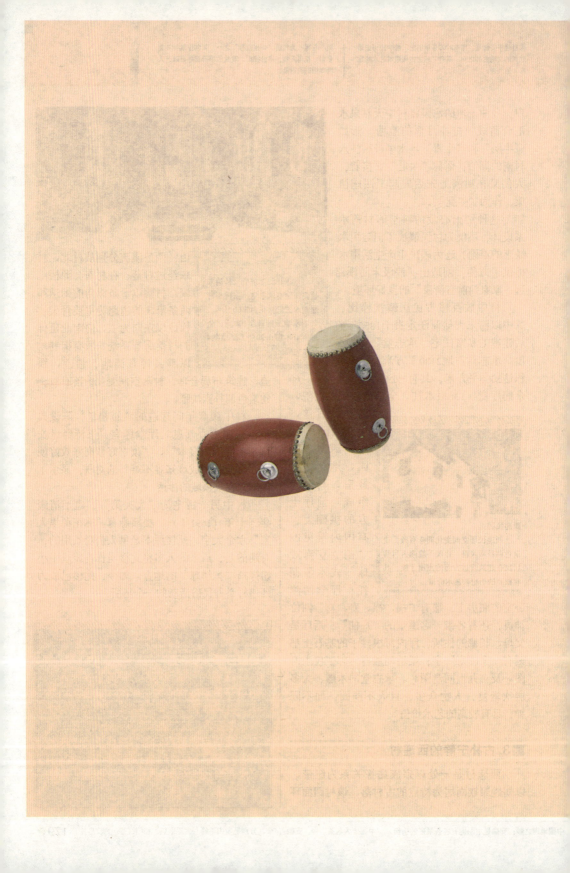